Em defesa do
faz de conta

SUSAN LINN

Em defesa do faz de conta

Preserve a brincadeira em um mundo dominado pela tecnologia

Tradução
Débora Guimarães Isidoro

CIP-BRASIL. CATALOGAÇÃO-NA-FONTE
SINDICATO NACIONAL DOS EDITORES DE LIVROS, RJ.

L729e

Linn, Susan
Em defesa do faz de conta / Susan Linn; tradução:
Débora Guimarães Isidoro. — Rio de Janeiro:
Best*Seller*, 2010.

Tradução de: The case for make believe
ISBN 978-85-7684-273-6

1. Brincadeiras — Aspectos psicológicos. I. Título.

09-2640

CDD: 155.418
CDU: 159.922.7

Texto revisado segundo o novo Acordo Ortográfico da Língua Portuguesa.

Título original norte-americano
THE CASE FOR MAKE BELIEVE: SAVING PLAY IN
A COMMERCIALIZED WORLD

Copyright © 2008 by Susan Linn
Copyright da tradução © 2008 by Editora Best Seller Ltda.

Publicado mediante acordo com The New Press, New York
(www.thenewpress.com)

Capa: Marianne Lépine
Diagramação: editoriârte

Todos os direitos reservados. Proibida a reprodução,
no todo ou em parte, sem autorização prévia por escrito da editora,
sejam quais forem os meios empregados.

Direitos exclusivos de publicação em língua portuguesa para o Brasil
adquiridos pela
EDITORA BEST SELLER LTDA.
Rua Argentina, 171, parte, São Cristóvão
Rio de Janeiro, RJ — 20921-380
que se reserva a propriedade literária desta tradução.

Impresso no Brasil

ISBN 978-85-7684-273-6

Seja um leitor preferencial Record
Cadastre-se e receba informações sobre nossos lançamentos e nossas promoções.

Atendimento e venda direta ao leitor
mdireto@record.com.br ou (21) 2585-2002

Para meu marido, Cliff Craine, com amor

Agradecimentos

As ideias e experiências exploradas neste livro representam uma jornada de muitos anos. Tive a sorte de receber incentivo e orientação de várias pessoas extraordinárias ao longo do caminho.

Muito do que sei sobre crianças e terapia aprendi com William Beardslee, que supervisionou meu trabalho no Boston Children's Hospital e se manteve amigo, colega e mentor. Boa parte do restante, aprendi com Andrea Patenaude. Fred Rogers se interessou por meu trabalho em 1968, e considero um tesouro meu subsequente relacionamento com ele e com a Family Communications, sua produtora. Meu trabalho no Centro de Mídia do Judge Baker Children's Center me permite o privilégio contínuo de me beneficiar da sabedoria, da integridade e da bondade de seu diretor, Alvin F. Poussaint. A Campaign for a Commercial-Free Childhood tem sua base no Judge Baker, e sou grata ao seu presidente, John Weisz, aos membros do conselho diretor e a toda a equipe pelo apoio à nossa missão.

EM DEFESA DO FAZ DE CONTA

Minha mais recente teoria sobre o brincar tem sido amplamente influenciada por quatro amigas e colegas: Diane Levin, Sally Jenkinson, Joan Almon e Nancy Carlsoon-Paige. Sally e Joan leram e comentaram trechos deste manuscrito, como fizeram Barbara Sweeny, que também deu seu habitual e indispensável apoio administrativo, e Eily Pearl, Josh Golin, Allen Kanner, Sharna Olfman, Michele Simon, Celia Shapiro, Sherry Steiner, Lauren Case, Judy Salzman e Susan Wadsworth. Judy, Susan, Linda Barnes e Sharon Bauer estiveram comigo nos momentos mais penosos de minha ansiedade de escritora. Tim Kasser, Michael Rich, Steveanne Aurbach, Ellen Bates-Brackett, Kathy Hirsch-Pacek, Sally Lesser, Marissa Clark, Enola Aird, Amy Aidman e Stephen Sniderman foram generosos com seu tempo e conhecimento. Chris Kochansky me ajudou a organizar os primeiros rascunhos. Courtney Novosat foi uma excelente assistente de pesquisa.

Pude dedicar um tempo significativo à atividade de escrever graças à generosidade da John e Geraldine Weil Fundation e da A. L. Mailman Family Foundation. Muitas crianças cujas brincadeiras descrevo são do SPARK Center do Boston Medical Center e do Corner Co-op Nursery School. Estou em dívida com Martha Vibbert, diretora da SPARK, e com Rosie e Sajed Kamal, diretores da Corner Co-op, e também com as equipes e os familiares ligados a essas instituições.

Meus pais, Anne e Sidney Linn, ofereceram total apoio quando, na infância, me interessei por ventriloquismo, o que acabou resultando em uma carreira. Gerald Whitman, um talentoso ventríloquo, me ensinou, entre outras coisas, a dizer p, b e m sem mover os lábios. Minha mãe fez a Pata Audrey original. Outras Audreys foram feitas e modificadas por Malinda Mayer, Karen Larsen e Chris Godin. Karen Motylewski tem sido uma âncora e um porto seguro durante todas as permutações do meu trabalho, além de grande amiga. Suzanne Gassner lecionava no meu primeiro curso de psicologia e abriu diante de mim um novo mundo de maravilhas.

Minha editora, Ellen Reeves, acreditou neste livro muito antes de mim, e é uma delícia trabalhar com ela. Meu agente, Andrew Stuart, ofereceu o argumento moral que me convenceu a expandir o foco deste trabalho. Agradeço também a Jennifer Rappaport e à equipe da New Press, por sua dedicação incondicional e pelo profissionalismo.

Minha gratidão especial à família — Marley e Isabella Craine, pelas brincadeiras inspiradoras, Josh e Michel, por terem se juntado ao grupo, e Sasha, por me ter ajudado a lembrar o que é realmente importante. Meu marido, Cliff Craine, sempre soube quem realmente são meus bonecos e foi infinitamente paciente ao ler e discutir mais rascunhos deste manuscrito do que o razoável para qualquer ser humano. Eu não poderia ter escrito este livro sem ele.

Sumário

Introdução   13

Parte Um
Em defesa do faz de conta — Por que brincar?   21

1 Em defesa do fingimento — A necessidade do faz de conta   23

2 Esgotado — Comercialismo, tecnologia e brincadeira criativa   43

3 O golpe do bebê — A falsa promessa de tempo da tela para bebês e crianças de até 2 anos   67

4 Romance verdadeiro — Meu caso de amor com D. W. Winnicott   91

Parte Dois
Faz de conta e construção de sentido —
Brincar para superar   121

5   Michael — Em conflito com a mudança   123

12 EM DEFESA DO FAZ DE CONTA

6 Joey, Olivia e Emma — Limites, fronteiras e a liberdade para brincar 147

7 Kara — A verdade no faz de conta 169

8 Angelo — Brincar com segredos 197

Parte Três
As realidades do faz de conta — Brincadeiras e valores culturais 215

9 Soc! Tum! Pof! — Como a violência na mídia está matando a brincadeira 217

10 A armadilha da princesa — Faz de conta e a perda da média infância 235

11 Brincar para viver — O que todos nós ganhamos com o faz de conta 267

12 Sasha, suas ervilhas estão te chamando — Incentivar a brincadeira em uma cultura disposta a esmagá-la 281

Fontes 313

Sugestão de leitura 315

Notas 319

Índice 337

Introdução

Sou uma mulher de certa idade que conversa com uma pata. E acredite se quiser: a pata responde. Entre nós duas, dizemos a verdade. Sem mim, a pata não pode falar. Sem a pata... Bem, não consigo me imaginar sem a pata. Ela faz parte da minha vida praticamente desde sempre.

A pata é um fantoche chamado Audrey. Ela é simultaneamente eu e minha. Já passou por inúmeras encarnações, mas, no momento, é feita de tecido cor de ferrugem, com um bico amarelo, olhos de botões e tranças de fios marrons entremeados com várias cores. Diferente de mim, ela é loira. O que emerge de sua boca sou eu, livre de particularidades como altura, peso, expectativas e convenção social. Falar por intermédio de Audrey liberta meu eu mais profundo e, assim, traz à luz sentimentos, pensamentos e percepções que, de outra forma, poderiam permanecer soterrados ou totalmente desconhecidos por mim. Foi por meio de Audrey que sempre experimentei minhas brincadeiras mais satisfatórias. Por causa dela, passei a maior parte da minha vida adulta engajada com brincadeiras com e para crianças, pensando nos significados do brincar e trabalhando para assegurar sua sobrevivência.

Aos 6 anos, desenvolvi um interesse reconhecidamente misterioso e eterno por ventriloquismo, que nasceu do inesperado presente dado por um amigo da família, um boneco de meia. Adulta, eu me tornei recreadora infantil, apresentando-me ao vivo em locais variados que incluíam as esquinas de Boston e o Smithsonian. Meus bonecos, além do fascínio crescente pelo desenvolvimento infantil, acabaram por me levar ao falecido Fred Rogers, que se interessou pelo meu trabalho. Apareci algumas vezes no *Mister Roger's Neighborhood* e trabalhei em sua produtora, a Family Communications, criando programas de vídeo sobre questões difíceis para as crianças.

O que mais me fascinava em meus bonecos eram a liberdade de expressão que me permitiam e o jeito como meninos e meninas confiavam neles quando conversávamos espontaneamente depois de uma apresentação. Comecei a pensar sobre o valor dos bonecos como instrumento de terapia e convenci o Boston Children's Hospital a me contratar como terapeuta, usando bonecos para ajudar crianças a lidar com a doença e a hospitalização por meio da brincadeira interativa com os fantoches. Em 1990, completei um programa de doutorado em aconselhamento psicológico na Harvard Graduate School of Education. Em 1994, fui trabalhar no Centro de Mídia do Judge Baker Children's Center em Boston, onde estou até hoje. A missão do Centro de Mídia é

INTRODUÇÃO 15

trabalhar com a mídia para promover a saúde e o bem-estar das crianças e para combater os efeitos negativos dos meios de comunicação de massa.

No final da década de 1990, ficou claro que não podíamos falar sobre efeitos da mídia sem discutir marketing e comercialismo. Foi então que alguns colegas e eu fundamos a Campaign for a Commercial-Free Childhood (CCFC — Campanha para uma Infância Livre de Comércio). Sediada no Judge Baker, a CCFC é uma coalizão nacional dedicada a tratar do comercialismo na vida das crianças. Tornei-me defensora e ativista, em trabalho conjunto com outras pessoas, para mitigar os efeitos nocivos da cultura comercial nos pequenos, incluindo sua poderosa ameaça ao faz de conta. Minha própria experiência como criança e os anos que passei trabalhando com o público infantil deixaram em mim uma admiração que beira o fascínio pela capacidade humana de brincar e sua profunda ligação com a saúde, nossa e da sociedade.

Brincar é tão fundamental para a saúde e o bem-estar da criança — e corre tão grande risco — que as Nações Unidas o relaciona como direito garantido em sua Convenção sobre os Direitos da Criança.[1] Para as crianças no terceiro mundo, horrores sociais como a exploração pela escravidão, recrutamento militar infantil e trabalho infantil negam a algumas o direito de brincar. Nos Estados Unidos e em outras nações industrializadas, é a sedução, não o recrutamento militar, que afasta a maioria das crianças da brincadeira criativa.

Adoráveis personagens midiáticos, tecnologia avançada, embalagens coloridas e brilhantes e estratégias de marketing bem fundamentadas, psicologicamente astutas, combinam-se em campanhas coordenadas para atrair o coração, a mente e a imaginação das crianças — ensinando-as a valorizar mais aquilo que pode ser comprado do que suas criações de faz de conta.

Em uma cultura em que brilho é confundido com substância e pessoas influentes apontam a tecnologia como panaceia para a maioria dos males do mundo, as crianças mais do que nunca precisam do tempo, do espaço, das ferramentas e do silêncio essenciais para desenvolver capacidades como curiosidade, criatividade, autorreflexão e envolvimento significativo no mundo. Porém, nos Estados Unidos de hoje, todos os níveis da sociedade conspiram para impedir as crianças de brincar. Em uma sociedade voltada para o mercado, a brincadeira criativa é um fracasso; ela simplesmente não é lucrativa.

Uma grande razão para a brincadeira criativa não gerar lucros é que as satisfações proporcionadas por ela dependem mais da pessoa que brinca que do objeto usado na brincadeira. Crianças que brincam de maneira criativa encontram múltiplos usos para os objetos. Podem transformar um cobertor em barraca num dia, em caverna no outro. Uma vareta pode ser uma varinha de condão, uma espada, um sabre de luz ou um mastro de escuna. Os brinquedos que estimulam a imaginação — blocos, material artístico, bonecas e animais livres de chips de compu-

INTRODUÇÃO   17

tador e ligações com a mídia — podem ser utilizados repetidamente de maneiras variadas. Quando se trata do faz de conta, menos realmente é mais. Nos Estados Unidos, isso significa que incentivar a brincadeira criativa é inerentemente contracultural. É uma ameaça aos lucros corporativos.

As crianças de hoje são bombardeadas por mensagens criadas para convencê-las de que a chave para a felicidade e o bem-estar está na aquisição de marcas e nas coisas que o dinheiro pode comprar. Porém, meus colegas que pesquisam esse tipo de assunto vêm descobrindo que o que nos faz felizes são os prazeres mais efêmeros da vida — como relacionamentos e satisfação no trabalho. Adultos e crianças com valores mais materialistas são, na verdade, menos felizes que aqueles menos voltados para as coisas que o dinheiro pode comprar.[2]

Se acreditamos realmente que produtos comprados vão nos fazer felizes, somos enredados no círculo vicioso comercialmente construído, que funciona assim: compramos um objeto porque acreditamos que ele vai nos fazer feliz. E o que acontece? Ele não nos faz feliz. No entanto, se acreditamos que objetos nos farão felizes, compramos outro maior, melhor — ou até um pouquinho diferente. Mas ainda não estamos felizes. Então, compramos um novo produto. E assim por diante. Lucros são obtidos quando nós e nossas crianças somos convencidos de que a felicidade está na próxima aquisição. É por isso que a engenhosidade eletrônica, que caracteriza os brinquedos mais vendidos da atualidade, investe em grandiosas campanhas publicitárias. Eles *parecem* divertidos. Mas são criados com uma espécie de obsolescência planejada. Não são projetados com o propósito de envolver a criança por anos, ou, pelo menos, meses. São fabricados para vender. Se o interesse míngua, tanto melhor — outra versão do brinquedo logo estará no mercado.

Em meu livro anterior, *Crianças do consumo*, descrevo como o ataque do marketing comercial e nosso caso de amor com a tecnologia minam a capacidade e a inclinação da criança para a brincadeira criativa. Neste, em vez de focar o que está errado, trago à baila o que é possível — a espantosa profundidade de sentimento, autorreflexão e aprendizado que desabrocham quando as crianças têm a possibilidade de gerar faz de conta.

Em defesa do faz de conta trata das minhas experiências sobre por que e como as crianças brincam; por que e como o brincar está correndo risco de extinção; por que é essencial para todos nós impedir essa extinção e como fazê-lo. Ao longo do trabalho, compartilho minhas observações sobre crianças em atividades lúdicas. Trago aqui histórias sobre meninos e meninas com quem trabalhei, que usaram o faz de conta para lidar com os maiores desafios humanos, incluindo doenças graves, morte e perda. Incluí essas explorações mais profundas porque acredito que testemunhar crianças que brincam alegremente e de maneira construtiva mesmo nos piores momentos é necessário para compreender a brincadeira como componente fundamental de uma vida significativa, além de essencial à saúde mental.

INTRODUÇÃO

Meu objetivo ao escrever este livro é defender o faz de conta em um tempo em que sua existência é terrivelmente ameaçada — compartilhar uma vida de fascínio diante da profundidade dos sentimentos das crianças e de sua capacidade de se engajar naturalmente e espontaneamente em jogos de faz de conta dá voz à experiência interior, permitindo a elas atuar ativamente nos desafios da vida. A obra em questão é para todos que se interessam por crianças. Minha esperança primordial é que minha experiência incentive você, leitor, a assegurar às crianças que fazem parte de sua vida, e a outras cuja vida você afeta, que tenham tempo e espaço para a brincadeira criativa. Espero que elas brinquem com amigos. Espero que brinquem sozinhas. Também espero que, quando possível, e à sua maneira, você brinque com elas.

PARTE UM

Em defesa do faz de conta

Por que brincar?

1

Em defesa do fingimento

A necessidade do faz de conta

Uma menina de 4 anos está sentada sozinha em uma cama de hospital. Uma das grades está abaixada. Ela balança uma das pernas na lateral da cama e abraça um velho macaco de pelúcia enquanto me observa entrando. No dia seguinte, ela será levada em uma maca para longe dos pais, receberá medicamentos pesados e será conduzida a uma sala escura e sem janelas. Ela vai ficar deitada sobre uma mesa cercada por máquinas. Adultos com máscaras e aventais a prenderão à mesa e se debruçarão sobre a metade inferior de seu corpo, encoberta por uma cortina. Ela não poderá ver o que eles farão com ela. Depois de algumas horas alternando entre sono e vigília, ela vai sentir uma onda de calor invadindo seu corpo e algo pressionando com força a parte superior de sua coxa. Finalmente, ela será levada de volta para a família.

Ela está me esperando. A mãe e a enfermeira a avisaram sobre a visita da mulher dos bonecos. Vou conversar com ela sobre o iminente cateterismo cardíaco — um procedimento de diagnóstico durante o qual médicos vão introduzir um tubo em uma das artérias que chega ao coração. Ela me olha silenciosa, e eu me sento em uma cadeira ao lado da cama.

— Oi — digo. — Meu nome é Susan e eu tenho aqui alguns bonecos para você brincar. — Entrego a ela quatro pequenos animais, incluindo um cachorro, de aparência muito simpática, vestido como um médico, e um dragão de feltro verde com uma boca enorme e dentes pontiagudos. — E eu também vou brincar com alguns bonecos.

Pego meu fantoche favorito, a Pata Audrey. Confeccionada com tecido macio e colorido, ela tem tranças marrons, olhos de botões e um bico amarelo.

— Eu converso com as crianças nos hospitais — continuo, encaixando Audrey na minha mão. — Às vezes falamos sobre o hospital, às vezes falamos sobre outras coisas. — Audrey olha cuidadosamente para a menina, depois olha para mim. — Quem é essa garota? — ela pergunta. — Parece legal.[1]

Sou uma ventríloqua que se tornou psicóloga. Crio mundos com meus fantoches e, por intermédio deles, posso entrar nos mundos criados por outros. Meu trabalho é brincar. Há mais de trinta anos brinco com crianças de todos os tipos, que vivem os

EM DEFESA DO FINGIMENTO

mais variados desafios, desde a experiência de ter de enfrentar o primeiro dia no jardim de infância a abuso ou doenças graves. Minhas relações com crianças provavelmente não são como as suas. Muitos meninos e meninas conhecidos meus enfrentam sofrimento físico ou emocional raro na América do século XXI. Passar horas incontáveis brincando com crianças e fantoches também não é comum. Mas o que aprendi com meu trabalho é universal: até crianças muito pequenas são capazes de emoções intensas, inclusive amor e ódio, embora às vezes não disponham de palavras para identificar ou expressar seus sentimentos. Aprendi que estão sempre sintonizadas com os altos e baixos do mundo adulto, inclusive estresse e trauma, cujas consequências esperamos que sejam jovens demais para experimentar ou sofrer. Aprendi que o brincar é saudável e passei a reconhecer tudo isso como um tijolo essencial para a construção de uma vida significativa.

Estou envolvida há tanto tempo na análise da relação do brincar com a realidade das crianças que, às vezes, tenho dificuldade para acreditar que nem todos são tão apaixonados pelo assunto quanto eu. Mas sou salva dessa miopia todas as vezes que deixo meu consultório. Quando introduzo a questão da brincadeira em uma conversa, descubro que os olhos das pessoas se tornam distantes. Imagino que pensam: "Mas brincar é tão frívolo! Por que tenho de me importar com isso?"

Sim, por quê? Estive recentemente em uma comemoração em que havia muitos adultos e só algumas poucas crianças pequenas.

Eu estava fazendo o que os adultos fazem nessas ocasiões — rindo e conversando com amigos e familiares — quando senti alguma coisa roçando minha perna. Olhei para baixo e vi duas garotinhas correndo por entre as pessoas. "Irmã, irmã", uma gritava para a outra, "a bruxa vem vindo! Corra! Corra!".

Mergulhadas na fantasia, sem sequer perceber os adultos que as cercavam, a exuberância e a alegria daquelas criaturas eram algo digno de admiração. O fato de causar tanto prazer é razão mais do que suficiente para a brincadeira ocupar posição tão elevada em minha lista de paixões. Mas há muito mais. A capacidade de brincar é um mecanismo de sobrevivência.[2]

Muitos especialistas em desenvolvimento infantil concordam, por exemplo, que brincar é o fundamento da exploração intelectual. É como as crianças aprendem como aprender. Habilidades essenciais para o sucesso acadêmico e para a produtividade na força de trabalho, tais como solução de problemas,[3] raciocínio[4] e alfabetização,[5] se desenvolvem por meio de variados tipos de brincadeiras, da mesma forma que habilidades sociais como cooperação e compartilhamento.

Aprecio e valorizo esses aspectos do brincar, mas minha verdadeira paixão está em outro lugar: em explorar como a brincadeira se relaciona com a criatividade e a saúde mental. Minha paixão particular é o faz de conta, ou a brincadeira de fingir, que entendo por criar personagens de fantasia, imaginar diferentes realidades e transportar-nos para mundos imaginários diferentes daqueles em que vivemos. O faz de conta das crianças tem raízes na experiência única que elas têm com pessoas e eventos. Quando a oportunidade de brincar surge, a brincadeira aflora naturalmente nelas e serve como uma experiência primária essencial de autorreflexão e expressão. É uma bênção, um presente, tanto para as crianças quanto para os adultos que cuidam delas, e pode ser uma janela para o coração e a mente dos pequenos.

Quando pode florescer, o faz de conta de cada criança é único — como impressões digitais. Uma criança de 4 anos com herança religiosa mista fala por intermédio de um fantoche de cachorro para anunciar: "Meu coração é judeu, mas o resto do meu corpo é cristão."

Uma criança de 6 anos diante de uma cirurgia iminente transforma o mesmo cachorro em médico. Outra de 5 anos que acaba de voltar de uma consulta com o dentista manda o boneco "abrir a boca bem grande". Outra criança o transforma em uma mãe se despedindo do filho com um beijo ao deixá-lo na creche. Nas mãos de outra, com uma experiência familiar diferente, o cachorro é uma mãe que observa implacavelmente o filho se afogando. Algumas crianças ignoram o cachorro, preferindo falar por intermédio do hipopótamo, do dragão ou da vaca. Outras rejeitam todos os fantoches durante a sessão, preferindo desenhar, construir com blocos ou fazer música.

Brincadeiras de faz de conta combinam duas maravilhosas características exclusivamente humanas — a habilidade de fantasiar e a capacidade — e necessidade — de dar sentido à nossa experiência. Por fantasia, eu me refiro à imaginação, aos devaneios e às histórias que podemos ou não compartilhar com outros e que dão forma ao nosso futuro, reformam o passado, tornam possíveis novas coisas e ilustram poderosos sentimentos. Quando falo em dar sentido, refiro-me ao impulso de refletir e lidar com informação e eventos de forma que tenham significado para nós, nos enriqueçam e nos ajudem a adquirir um sentimento de domínio sobre nossa experiência de vida.

A brincadeira de faz de conta desabrocha na interseção entre o mundo interior de fantasia e das reflexões e o mundo exterior que existe no tempo e no espaço. Diferentemente dos devaneios ou da maioria das nossas interações com outras pessoas, ela existe sem estar inteiramente no mundo interior ou no exterior — mas pode dar forma aos dois. O faz de conta das crianças permite a elas trazer à luz sonhos e fantasias que, uma vez que não são mais contidos, podem ser examinados e estudados, até alterados pela interferência de outra pessoa.

Sinto uma incrível urgência — do mesmo tipo daquela que os ambientalistas sentem com relação a salvar a floresta tropical — de preservar tempo e espaço para as crianças brincarem. Junto com amor e amizade, as características que o brincar alimenta — criatividade e capacidade para dar significado — constituem muito do que mais valorizo no ser humano, mas elas vêm sendo desvalorizadas a ponto de ficar em risco, ameaçadas pelas normas sociais reinantes, caracterizadas por uma cultura voltada para o comercialismo e pelo bombardeio de sons e imagens eletrônicos.

Tenho notado nos últimos anos — e meus colegas que estudam crianças pequenas e professores de educação infantil com quem converso têm me reforçado tal observação — que não posso mais presumir que as crianças sabem brincar de forma criativa. Aquelas que vejo no centro sempre começam nossas sessões pegando pequenas imagens de animais ou elementais (fadas, duendes etc.) ou pequenas figuras humanas e encenando exatamente a mesma violência que veem nos desenhos animados da televisão, sem trazer nada de sua experiência pessoal e única para a brincadeira. Às vezes, com um mínimo de esforço, posso ajudar as crianças a fazer de conta quando empresto minha voz a diversos personagens ou se faço perguntas abertas ou introduzo temas que sei serem importantes para eles.

— Ela fala? — uma menina de 3 anos pergunta sobre a boneca bebê que acaba de receber.

— Sim! — respondo e finjo que o bebê está chorando. — Mamãe — o bebê se queixa através de minha voz. A menina abre os braços e envolve a boneca num abraço de conforto, mergulhando em um elaborado cenário no qual os pais da boneca se arrumam para a ir uma festa, deixando-a com uma babá. Com grande alegria, ela passa vários minutos representando essa cena com mínimas variações.

Todavia, as crianças não deviam precisar de alguém para ensinar-lhes como brincar. Quando elas têm tempo e oportu-

30 EM DEFESA DO FAZ DE CONTA

nidade no contexto de um ambiente apenas moderadamente propício, brincar é natural. Os bebês nascem equipados para aprender sobre o mundo por meio das interações com adultos que cuidam deles, com os próprios corpos e com objetos, texturas, sons, sabores e cheiros que encontram.

Dada a importância do brincar para a saúde cognitiva, social e emocional, é de se imaginar que faríamos todo o possível para preservar espaço para essa atividade na vida de nossas crianças. No entanto, o que acontece é exatamente o contrário. Estudos sobre como as crianças passam seus dias sugerem que o tempo dedicado à brincadeira criativa, ao faz de conta, está diminuindo. Uma recente pesquisa sobre o uso do tempo entre crianças indica que, de 1997 a 2002 (ao longo de quase cinco anos), a quantidade de horas que crianças entre 6 e 8 anos dedicaram à brincadeira criativa foi reduzida em quase um terço.[6]

Apesar das ligações comprovadas entre a brincadeira e o aprendizado, políticas governamentais como a No Child Left Behind [Nenhuma Criança Deixada Para Trás] promovem hábitos de aprendizagem em detrimento de tempo de qualidade para brincar, mesmo no jardim de infância. O tempo reservado para o recreio — uma oportunidade para brincar dentro da escola — foi severamente reduzido, ou simplesmente eliminado em várias partes do país. As crianças também não têm muito tempo para brincar fora do ambiente escolar.

Hoje em dia, os pais que têm mais recursos matriculam até os filhos menores em aulas de aprimoramento ou em práticas esportivas organizadas. Até os pais que ficam em casa com seus filhos e querem que eles tenham a chance de brincar espontaneamente reclamam de que todas as outras crianças da vizinhança estão ocupadas com atividades extracurriculares. Os pais que trabalham fora e não têm acesso a instituições organizadas de atendimento à criança podem contar com a televisão para manter seus filhos ocupados em casa. E, em muitos bairros, os pais sentem que os filhos não estão seguros brincando fora de casa.

Os bebês chegam ao mundo preparados para brincar. Desde os primeiros dias, juntamos-nos a essas brincadeiras imitando seus gestos e sons, dando a eles oportunidades para sustentar o interesse em suas descobertas, para redescobrir o que é familiar. Inicialmente, o brincar manifesta-se em movimento, toque e vocalização — no prazer sensorial que os bebês extraem do mundo —, em ações e atividades que repetem muitas vezes por puro prazer. Eu estava trocando a fralda da minha neta de 9 meses quando, de repente, Isabella produziu um som muito incomum, uma espécie de grunhido — como "hmpf!" — e olhou para mim com ar de expectativa. O engraçado é que ela soava exatamente como a irmã mais velha fazendo gracinha. Imitando seu tom da melhor maneira possível, respondi com o mesmo som. Ela sorriu e o repetiu e passamos algum tempo fazendo barulhos bobos uma para a outra, simplesmente porque conseguíamos emiti-los.

No início, os bebês brincam tentando repetir prazeres sensoriais, superar desafios físicos e investigar e testar os princípios do mundo físico. Aquele período engraçado e irritante em que os bebês repetida e deliberadamente jogam no chão brinquedos, colheres e todos os objetos nos quais conseguem colocar as mãos é, na verdade, uma exploração da gravidade. Os intermináveis jogos de esconder são, na verdade, manifestações de um enfrentamento precoce das partidas e chegadas da vida, o ir e vir, além de servir para testar uma compreensão recém-formada de que pessoas e objetos continuam existindo, mesmo que não os vejamos.

Foi muita sorte estar visitando uma amiga no momento em que sua filha de 7 meses descobriu uma coisa espantosa: os próprios joelhos. Gritando de alegria, ela estendia os braços para o pai, expressando com absoluta clareza o desejo de ficar em pé. Quando suas mãos agarraram com firmeza o dedo do adulto, ela puxou o corpo para a frente e se apoiou sobre os pés, colocando-se em posição ereta. Depois de alguns momentos de hesitação e incerteza, começou a pular, dobrando as pernas lentamente. Depois, como uma bailarina inebriada se elevando após um plié, ela oscilava mais um pouco. Orgulhosa, a menina repetiu a sequência muitas vezes.

Depois de um tempo, ela viu no chão um gatinho de brinquedo de que gostava muito. Segurando-se com uma única mão, balançando-se ainda mais violentamente, ela se esforçou para alcançar o brinquedo até perceber que (1) estava longe demais para ser alcançado e (2) estava no chão. Com grande deliberação, ela estendeu a mão livre para o gato de brinquedo. Oscilando perigosamente, completamente focada na missão,

EM DEFESA DO FINGIMENTO

ela iniciou o glorioso processo de se curvar — e foi salva de um tombo magnífico pelo braço protetor do pai. A menina descansou por alguns instantes no chão e, em seguida, recomeçou todo o processo.

Os bebês não precisam que alguém ensine a eles como brincar, pois são sensitivos e exploradores naturais, mas nós os *impedimos* de brincar. Eu me lembro de estar andando por um antigo templo budista no sul da Coreia, num glorioso dia de outono. Havia muitas famílias no local. Notei um bebê de cerca de 7 meses — maduro o bastante para sentar-se sozinho, mas ainda incapaz de se movimentar — sentado no meio de um trecho de terra. Ele havia sido posto ali pela dedicada família — mãe, pai, avô, avó — para que pudessem fotografá-lo. Não entendo coreano, mas ficou evidente pelos gestos e pelas interações que os quatro adultos queriam que a criança olhasse para a câmera e sorrisse. Mas o bebê tinha outros planos. Ele estava inclinado para a frente, passando as mãos na terra. Compenetrado, completamente envolvido, ele traçava desenhos com os dedos. Lentamente, ele pegou um punhado de terra e o deixou escorrer por entre os dedos. A avó o pegou, falou com ele, suplicou que olhasse para o pai, que já tinha a câmera preparada, mas foi inútil. Apesar de todo o esforço dos quatro adultos obstinados, ele não abandonou sua sensorial, científica e brincalhona exploração da terra.

As crianças se desenvolvem em ritmos diferentes, mas, em algum momento por volta do final do segundo ano, uma extraordinária mudança ocorre em sua maneira de brincar. Elas adquirem a fabulosa habilidade de criar coisas do nada. Não é simplesmente a capacidade de reter a memória visual de pessoas e objetos importantes, mas o poder de criar fantasias por vontade própria e alterar essas fantasias de acordo com sua necessidade ou vontade. Essa experiência inicial de faz de conta é a base para criar — e se deliciar com — mundos inteiros que ninguém mais pode ver.

É uma característica unicamente humana que nos primeiros anos de vida adquiramos não só a habilidade, mas o desejo de investir objetos ordinários encontrados na vida diária de significados novos e idiossincráticos. Quando as crianças adquirem a capacidade de fazer de conta, objetos inanimados podem ser chamados por nomes próprios e ganhar vida como companheiros, apaziguadores e até bodes expiatórios.

Elas começam a segurar bonecas e bichinhos de brinquedo como bebês de verdade e podem fingir que lhes dão mamadeiras ou comida, trocam sua fralda e os colocam na cama. Querem vestir roupas de adultos e — literalmente — calçar seus sapatos. Em outras palavras, as crianças começam a enriquecer sua vida fazendo de conta e exercitam a imaginação com o que os especialistas chamam de "brincar simbólico", quando reconhecem e usam um símbolo de algo como representação e, algumas vezes, substituto da coisa propriamente dita. Blocos se tornam tijolos, água vira chá e uma caixa gigantesca pode ser uma caverna, uma casa ou um foguete espacial. Mas, mesmo quando eles fazem aparecer de maneira entusiasmada muitos biscoitos no ar, falam com pessoas que não estão ali, ou transformam gravetos em varinhas de condão, ainda estão conectados ao mundo "real".

Aos 2 anos, um menino que conheço tornou-se especialmente ligado a uma velha almofada de brocado verde que ele chamava de Cushy. Depois de um ano, aproximadamente, o tecido, que antes já era desgastado, ficou tão fino que começou a esgarçar. Cushy deixava uma trilha de espuma atrás do garoto. Mas a criança se recusava terminantemente a deixar a almofada em uma prateleira da estante. Finalmente, foi necessário realizar uma cirurgia. Todo o enchimento da almofada teve de ser removido. Cushy ficou murcha, mas não estava derrotada. Em seu estado de esvaziamento, ela adquiriu olhos de botões e cauda de lã, e passou os anos seguintes sendo amada, utilizada como brinquedo e culpada por várias transgressões.

Quando desenvolvem a capacidade de reconhecer simultaneamente uma almofada pelo que ela *é* e pelo que *pode* ser, as crianças se tornam capazes de alterar o mundo em torno de si para encenar seus sonhos e esperanças, seus temores e fantasias. Quando têm tempo e oportunidade, as crianças se voltam espontaneamente para a brincadeira de faz de conta como uma maneira de entender o mundo, lidar com a adversidade, experimentar e ensaiar novos papéis. Elas também desenvolvem a capacidade de usar a brincadeira como ferramenta para cura, autoconhecimento e crescimento.

Não estou dizendo que o faz de conta das crianças é como um replay instantâneo. De fato, ele não é necessariamente, nem mesmo habitualmente, a repetição literal de um acontecimento ou de uma situação particular; antes, representa aspectos importantes de sua *vivência* de eventos particulares e com pessoas. Como num sonho, seus sentimentos, esperanças, medos e desejos se misturam com temas, eventos e pessoas da vida real. Quando Sophie, de 22 meses, repete o gesto de pôr a boneca para dormir colocando-a furiosamente no berço, não é — e eu sei disso — que ela seja tratada assim. Também sei que, àquela altura da vida, ela não gosta de ir para a cama e até protesta veementemente contra essa necessidade. Ela não tem o domínio necessário da língua para dizer aos pais que "sinto que ser posta na cama é ser rejeitada por vocês, e isso me deixa zangada", mas é capaz de ter esses sentimentos e se comunica perfeitamente com eles por intermédio da brincadeira.

Quando Sophie brinca assim na presença dos adultos que a amam, permite a eles ter acesso à sua experiência da hora de dormir de um jeito que pode ajudá-los a tornar mais fácil essa transição para ela. Mas o brincar de Sophie é útil para ela até mesmo quando brinca sozinha sem que um adulto a observe. Além de expressar seus sentimentos de maneira satisfatória, ela tem a oportunidade de recriar uma situação sobre a qual se sente impotente (ser abandonada no berço — contra sua vontade — para o odiado cochilo) e transformar-se em uma pessoa com poder. *Ela* está abandonando, em vez de ser abandonada.

Ela se afasta do berço, em vez de ser deixada nele. E ela pode repetir esse cenário quantas vezes quiser!

Brincadeiras como as de Sophie são componentes fundamentais para uma infância saudável. Estão inextricavelmente ligadas ao aprendizado e à criatividade. A habilidade de brincar é central para nossa capacidade de assumir riscos, experimentar, pensar de forma crítica, agir em vez de reagir, diferenciar-nos do nosso ambiente e tornar a vida significativa. As crianças sempre usam o faz de conta para refletir sobre a própria vida, como muitos adultos ao escrever diários.

Quando a habilidade das crianças para acompanhar histórias aumenta, a brincadeira se tornar mais elaborada. Passam a criar histórias mais complexas e, depois de um tempo, são capazes de assumir outras personagens e personalidades, diferentes das suas próprias.

Este livro tem suas raízes em minhas experiências com o uso de bonecos para intervenção terapêutica com crianças, mas não é um manual de terapia. Meu trabalho com crianças — como o trabalho de qualquer terapeuta — é baseado em anos de treinamento, experiência e numa sólida fundação nos princípios da psicologia e do desenvolvimento infantil. Tampouco esta publicação tem o propósito de incentivar os pais a vasculhar as profundezas das fantasias de seus filhos em busca de neuroses ocultas. A maioria dos pais não tem o treinamento necessário para ser terapeuta. E é uma irresponsabilidade deles — mesmo os que são terapeutas — pensarem que podem diagnosticar os própios filhos. Não somos suficientemente objetivos: nós os amamos profundamente, investimos muito no futuro deles e — como qualquer pai — descobrimos que é difícil enfrentar e suportar todos os sofrimentos que podemos tê-los causado.

Dito isso, os pais podem reconhecer a importância fundamental da brincadeira de faz de conta. Podemos proporcionar oportunidades para nossas crianças brincarem, podemos deixá-las brincar sozinhas. Podemos brincar *com* elas, e podemos deixá-las criar os temas e as histórias com as quais querem brincar.

Quando me preparava para escrever este livro, retornei à pré-escola que minha filha de 22 anos frequentou, a Corner Co-op, porque queria dedicar algum tempo à observação de crianças "comuns" — isto é, crianças que não estivessem lidando com os desafios extremamente difíceis que fazem parte da vida da maioria das crianças com quem trabalho. Também queria estar com crianças em um ambiente que permitisse, incentivasse e fosse basicamente voltado para o brincar, sem ser terapêutico num sentido clínico.

Como em qualquer boa pré-escola, as crianças na Corner Co-op têm a oportunidade de explorar o mundo por meio de uma grande variedade de brincadeiras, incluindo construção com blocos, escultura com argila, pintura, escalada, livros, música, bolas, quebra-cabeças, jardinagem e projetos de artesanato. Elas brincam com água e areia, e passam tempo ao ar livre sempre que possível. Também há muitas oportunidades para brincar de faz de conta e apetrechos que o facilitam: roupas

EM DEFESA DO FINGIMENTO

diferentes, uma estrutura de madeira sobre pés de cadeira de balanço, uma plataforma elevada, como um loft, e algumas caixas de madeira carpetadas que podem servir como ambientes variados, como barcos, casas e cavernas. Por causa dos meus interesses particulares, foquei a atenção primordialmente nas crianças que se envolviam no faz de conta.

Os professores no Corner Co-op são mestres em entrar construtivamente na brincadeira infantil, sem impor suas escolhas de temas, personagens e enredo. Todos os dias, voluntariamente, as crianças sob seus cuidados encenam alguns dos mais profundos problemas humanos enquanto, simultaneamente, passam pelas tarefas mais mundanas que enfrentam. Com alegria e energia aparentemente inesgotáveis, as crianças mergulham em temas como morte, isolamento e agressão, ao mesmo tempo em que tratam de compartilhamento, cooperação e das propriedades do mundo físico.

Fazer de conta é um meio natural de lidar com medos profundos e fantasias, mesmo para os pequenos, que são muito protegidos. Às vezes pode ser pavoroso, pois serve a dois propósitos. É um meio para elas obterem noção de domínio sobre as coisas que as assustam ou oprimem. É também um tempo no qual as crianças pequenas, esforçando-se tanto para se adequar às exortações de "seja bonzinho", têm a chance de dar voz aos seus desejos muito humanos de expressar o inaceitável — raiva, egoísmo, crueldade e medo. As crianças que se envolvem no faz de conta na Corner Co-op não são diferentes.

EM DEFESA DO FAZ DE CONTA

Observo duas meninas vasculharem um baú cheio de roupas e fantasias até encontrarem um chapéu vermelho, amarelo e azul com sinos pendurados em suas várias pontas. Elas o identificam como "o chapéu favorito de Beth". Uma delas o pega, e, juntas, elas correm atrás de Beth, uma das professoras.

— Meu chapéu favorito! — ela brinca. — Posso pegar?

— Não! — as meninas respondem rindo, correndo para longe da professora.

Fica claro que é um jogo antigo. Elas percorrem a sala, param em várias estações de brincadeiras e o chapéu se transforma.

— É um chapéu *mau* — uma delas proclama.

— Um chapéu mau — concorda a outra e elas correm por ali com o chapéu durante algum tempo, até que, sem esforço, transformam-no em um bebê e o mimam por alguns momentos. Depois, elas depositam cuidadosamente o chapéu sob uma estrutura de escalar e começam um novo jogo cujo tema central são castanhas envenenadas.

Enquanto isso, duas outras meninas estão ocupadas colocando comida de mentira em pequenos pratos de plástico. Elas correm ao encontro de outro professor e oferecem a ele um doce de faz de conta. Ele o "come" e diz:

— Hummmm, delicioso!

— Bala de limão e erva venenosa! — elas gritam rindo. — Aqui. — Uma delas exibe o prato cheio de comidinhas de brinquedo. — Bala de limão e erva venenosa! Você vai morrer!

Elas riem muito e saem correndo.

EM DEFESA DO FINGIMENTO

No meio do que pode parecer caótico para os não iniciados, entre toda aquela encenação de morte e destruição, os professores permanecem calmos e atentos, engajados na atividade. Quando as crianças os envolvem em outra brincadeira, eles permitem que elas manifestem seu conteúdo. No contexto do cenário de fantasias em que coisas terríveis acontecem, quando uma criança "morre" ou um animal de pelúcia é "morto", os professores expressam sentimentos apropriados como tristeza e medo. Ao fazê-lo, tornam-se modelos de como expressar sentimentos, mesmo aqueles que a sociedade pode considerar inaceitáveis.

Não é permitido que uma criança realmente agrida ou fira outra pessoa. Os professores nunca fazem o papel de mau, daquele que assusta. Eles deixam as crianças brincarem sozinhas e em grupos e participam apenas quando são convidados. Não impõem as próprias histórias e fantasias ao que está sendo encenado. Assim, ajudam as crianças a aprenderem a não impor as próprias fantasias àqueles que não querem participar.

— Somos dinossauros maus — um garoto diz a outro.

— Não, eu não sou — responde o amigo.

Os professores também não analisam a fantasia das crianças em busca de significados mais profundos, atribuição que deve caber a um terapeuta treinado. Em vez disso, dão às crianças a chance de usar a imaginação para levá-las virtualmente a qualquer lugar aonde queiram ir — e só até onde estiveram prontas para chegar. As crianças têm à disposição tintas, blocos, quebra-cabeças, argilas e diferentes roupas e fantasias, material que usam para se expressar. Não é terapia. Mas, sem dúvida, é terapêutico.

Como psicóloga, tenho interesse particular nos poderes de cura do brincar — nas maneiras como conduz ao autoentendimento e ao crescimento pessoal. Mas o faz de conta dá à criança muito mais que isso. Ele confere a oportunidade de aprender habilidades valiosas: mergulhar na experiência, solucionar problemas, criar possibilidades onde não existem, aprender como é ser outra pessoa e fazer algo novo a partir do que já existe. Nosso futuro como sociedade não depende dessas habilidades? Arte, música, curas para doenças, novas tecnologias, enredos, temas e linguagem para poemas, romances, canções e peças, bem como resoluções de conflito, tudo isso tem suas raízes no brincar criativo. Porém, hoje, nos Estados Unidos, a sociedade em todos os níveis conspira para impedir as crianças de brincar.

2

Esgotado

*Comercialismo, tecnologia e
brincadeira criativa*

Em uma conferência para educadores da primeira infância, em Seul, há alguns anos, vi um filme feito na Índia que mostrava crianças de vilarejos terrivelmente pobres brincando. O jovem cineasta responsável pela filmagem era Haemoon Phyen, chefe do Korean Institute for Old-Fashioned Children's Play, Songs, and Tales [Instituto pelas brincadeiras, músicas e histórias infantis à moda antiga], que dizia se lembrar de ter brincado daquela maneira na infância. Sentindo que as brincadeiras que observava em seu país não tinham a espontaneidade alegre e criativa de sua infância, levou sua pesquisa para o exterior — e encontrou o que procurava no meio daqueles vilarejos empobrecidos.

Não estou romantizando as lutas diárias da pobreza ou minimizando seu terrível efeito sobre as crianças. Porém, ao mesmo tempo em que as crianças no filme vasculhavam terrenos baldios, transformando paus e pedras em brinquedos, a riqueza da brincadeira era inconfundível. Imersos como estamos na era digital, é fácil desqualificar o Instituto de Phyen e sua missão, rotulando-a de antiquada. Mas seu trabalho é altamente relevante e mostra um pensamento bastante avançado. Brincar — tão essencial para a saúde e o bem-estar — já foi a atividade padrão das crianças em sua hora de lazer, mas não podemos mais presumir que isso seja verdade. Nem devemos subestimar as ramificações dessa mudança. Brincar é essencial ao desenvolvimento da criatividade, da empatia, do pensamento crítico, da solução de problemas e da atribuição de sentido.

Considerando o que está em jogo, não temos todos a obrigação moral, ética, política e social de garantir às crianças tempo, espaço e ferramentas para gerar brincadeira? Como nossa capacidade de brincar é inata e sempre se desenvolveu naturalmente, é estranho que agora tenhamos de fazer um esforço consciente para garantir às crianças oportunidades para o faz de conta. Mas essa é a realidade. Na infância de hoje, o brincar e seus benefícios essenciais estão perdidos, a menos que façamos conscientemente a escolha de resistir às normas sociais prevalecentes, trabalhemos para modificá-las ou ambos. Não é somente o fato de o brincar não ser mais apoiado pela cultura dominante. A brincadeira tem sido ativamente minada.

Como a maioria das questões sociais, a contínua subestimação do brincar tem raízes em vários fatores, todos eles dignos de atenção. Falta de recursos públicos para a construção de parques e playgrounds acarreta menos espaço aberto nos quais as crianças possam se reunir e brincar. Outro fator é a noção — justificada em algumas comunidades, mas não em outras — de que não é seguro para as crianças brincar fora de casa. Ouço repetidamente de pais que podem ficar em casa depois do horário escolar que, mesmo em bairros equipados com espaços seguros, seus filhos não têm com quem brincar. As crianças dos vizinhos estão envolvidas, por necessidade ou opção, em estruturados programas extracurriculares.

Escolas públicas, sempre enfrentando falta de recursos e limitadas pela legislação, que as obriga a produzir alunos comprovadamente proficientes em matemática, leitura e ciências, concentram seus esforços em orientar as crianças para o bom desempenho nas provas padronizadas, o que costuma exigir mais memorização e menos aprendizado de como pensar. Nessa tendência do "ensinar para provar", as escolas consideram dispensáveis os programas que promovem o brincar e a criatividade, como recreio, educação física, arte, música e teatro. O brincar vem sendo eliminado da educação infantil, especialmente nos bairros pobres.[1] Está desaparecendo até nas pré-escolas, em que o foco está se transferindo para as chamadas habilidades acadêmicas, como memorização de letras e números e cujos projetos de arte consistem primordialmente de colagem de figuras pré-recortadas, como perus, folhas de outono, ou árvores de Natal, sobre folhas de cartolina.

Para as crianças privilegiadas, o tempo antes dedicado a brincadeiras criativas agora é ocupado pela sobrecarga de atividades altamente estruturadas, esportes de equipe e aulas de aperfeiçoamento. Crianças pobres passam mais tempo assistindo à televisão do que seus pares mais ricos[2] — em parte, porque têm menos acesso a parques, playgrounds e áreas livres seguras. Brinquedos mais baratos, encontrados em grandes lojas de departamentos, são sempre promoções para programas da mídia.

Além da divisão entre classes, a imersão desde a infância na cultura comercializada — manifesta especialmente na mídia eletrônica e nos produtos que ela vende — interfere nos impulsos naturais da criança para gerar as próprias criações. A sinergia entre comercialismo irrestrito, proliferação da mídia eletrônica e outros avanços na tecnologia da mídia pode gerar lucros corporativos, mas está prejudicando muito a brincadeira das crianças.

Antes de seguir em frente, devo explicar que não sou ludista nem tecnofóbica. Como psicóloga e recreadora infantil, passei boa parte da minha vida adulta criando programas de tevê destinados a ajudar as crianças a falar sobre questões difíceis. Ainda jovem, aparecia regularmente em programas em Boston e trabalhei em campanhas televisivas de utilidade pública. Tive a boa sorte de ter como mentor o falecido Fred Rogers, aparecendo ocasionalmente no *Mister Rogers' Neighborhood*, e desenvolver, em sua produtora, vídeos de material didático abordando assuntos como racismo e abuso infantis.

ESGOTADO

Não considero a mídia televisiva inerentemente prejudicial. Entretanto, uma séria ameaça à saúde e ao bem-estar das crianças é o *negócio* da mídia para crianças e o marketing que conduz virtualmente toda a sua produção.

Pesquisas nos revelam que é possível que a mídia televisiva consciente sirva de gatilho para o brincar criativo.[3] No meu caso, horas de faz de conta e uma vida inteira de trabalho foram inspiradas pela televisão e pelo cinema presentes na minha infância. Eu me apaixonei por Flash Gordon, um precursor dos super-heróis modernos, vendo-o nos velhos filmes transformados em série para a tevê. Ele e Peter Pan eram figuras constantes nas minhas brincadeiras. Meu interesse em ventriloquismo — que se revelou mais tarde, vocação — começou aos 6 anos e foi inspirado pelo mestre do ventriloquismo, Paul Winchell, e seu Jerry Mahoney, sempre presentes na telinha. Já adulta, assistindo à antiga versão de *Kukla, Fran e Ollie*, de Burr Tilstrom, percebi que um dos meus bonecos — um menino-leão chamado Cat-a-lion — tem suas raízes em Oliver J. Dragon, ou "Ollie", uma criação de Tilstrom.

Não estou afirmando que a vida das crianças seria melhor se pudéssemos trazer de volta os programas da década de 1950. Eles veiculavam para todo tipo de estereótipo cultural e técnicas de marketing subliminar. O retrato dos índios como desastrados e ineptos em *Peter Pan*, tanto no filme de Disney quanto na peça adaptada para a televisão, é racista. Wendy é uma menina fraca e chorona. Recentemente, passei algumas horas nostálgicas rindo dos efeitos especiais primitivos e do melodrama exagerado em *Flash Gordon no Planeta Marte*, veiculado nos cinemas da década de 1930 e pela televisão vinte anos mais tarde. Mas não é engraçado que o único personagem negro seja um criado subserviente e a principal personagem feminina, Dale Arden, elegante em *tailleur* e salto alto, passe uma quantidade absurda de tempo desmaiando, gritando ou exclamando, arfante, "Flash! Oh, Flash!" a cada movimento feito pelo herói. Os personagens em *Kukla, Fran e Ollie* exibiam marcas como Whirpool, a revista *Life* e RCA durante todo o programa, como fazia o elenco do primeiro fenômeno infantil na televisão norte-americana, *Howdy Doody*.[4]

Portanto, não é que o conteúdo da mídia televisiva fosse melhor quando eu era criança. Em alguns sentidos, era pior. Porém, havia muito menos disso. Hoje, a exposição das crianças à mídia televisiva vai muito além da tevê ou do cinema. Mp3 players, celulares e DVD players personalizados exibem conteúdo de mídia voltado para crianças. Elas são submetidas às telinhas dentro de casa, nos restaurantes, na escola, na sala de espera do pediatra, nos assentos traseiros das vans, nos aviões e até nos carrinhos de supermercados. Explicando que a programação da mídia visual hoje é direcionada para as crianças nos momentos intersticiais de sua vida — quando estão entre um lugar e outro —, um executivo da Nickelodeon disparou: "A Nickelodeon está em todos os lugares onde as crianças estão."[5]

Quando J. Paul Marcum, chefe do grupo interativo Sesame Workshop's, comentou sobre o contrato de sua empresa com a Verizon para baixar conteúdo da televisão para telefones celulares, negou que a venerada companhia de mídia para crianças defenda a venda de celulares para crianças pequenas. Depois, acrescentou: "Mas não se pode ignorar o fator conveniência quando as pessoas estão em movimento. Um pai pode deixar seu telefone com as crianças no banco traseiro do carro. E esse é um aparelho que as famílias vão levar para todos os lugares."[6] De acordo com o *New York Times*, o celular é o novo chocalho.[7]

Para entender até que ponto muitas crianças de hoje estão imersas na cultura da mídia comercializada, pense nas que você conhece. Quanto tempo elas passam lidando com mídia eletrônica — muitas delas de base comercial? Em média, crianças com idades entre 2 e 18 anos ficam "sintonizadas" cerca de quarenta horas por semana depois do horário escolar.[8]

A televisão ainda é o veículo primário da propaganda voltada para crianças, mas o marketing na internet está progredindo. O site norte-americano da Nickelodeon teve um rendimento de 9,6 milhões de dólares entre julho de 2004 e julho de 2005 — mais recursos publicitários do que qualquer outro site para crianças ou adultos.[9] Quando a Kaiser Family Fundation examinou os 77 sites que as companhias de alimentos usam para atingir o público infantil, descobriu que eles receberam mais de 12,2 milhões de visitas de crianças com idades entre 2 e 11 anos no segundo trimestre de 2005.[10]

De fato, à medida que a tecnologia digital foi se tornando mais sofisticada, tevê e Internet se fundem para ser uma inteiramente nova experiência de marketing e mídia interativa voltada para crianças.

Quando telas dominam a vida dos pequenos — independentemente do conteúdo —, tornam-se uma ameaça, não um aprimoramento para a criatividade, as brincadeiras e o faz de conta.[11] Se as crianças estão constantemente diante de telas, quando terão tempo para explorar e desenvolver novos pensamentos, sentimentos e ideias que o conteúdo da mídia pode engendrar? Pesquisas sugerem que, quanto mais tempo a criança tem para desenvolver e ampliar as próprias interpretações, maior é a probabilidade de ir além do script a que assistiu.[12]

Além de substituir o brincar criativo como atividade de lazer, essa mídia tem menos capacidade de gerar criatividade e imaginação que o rádio e os livros — que requerem mais de nós. Ler exige a criação de imagens visuais e sonoras. O rádio fornece som, mas ainda necessita de nós para imaginarmos como é a aparência do que está sendo relatado.[13] A mídia de tela faz todo esse trabalho por nós e, além disso, parece auxiliar na retenção do conteúdo na memória, o que pode ser um bônus para certos tipos de aprendizado, mas um prejuízo para a ampliação da imaginação.[14]

Parte do problema, é o fato de que os DVDs, Mp3 players, telefones celulares e aparelhos de gravação doméstica, que fornecem a programação "sob encomenda", tornam as múltiplas reprises do mesmo programa um novo dado na vida das crianças. Com a opção de acesso ilimitado, elas conseguem entrar no mundo de suas histórias e de seus personagens favoritos sempre que quiserem. Tornam-se capazes de repetir a programação inteira praticamente como se a tivessem gravado — outro dano à brincadeira do faz de conta. Mesmo que leiamos nossos livros favoritos várias vezes (um dos meus prazeres secretos), ainda teremos de usar nossa imaginação para "ver" como os personagens são e soam, e nossas imagens podem mudar ou se aperfeiçoar com o tempo.

Aqui vai uma breve explicação sobre como funciona a mídia de tela. Quando eu era criança, os filmes de Flash Gordon eram transmitidos pela televisão na forma de série, mas só ocasionalmente. O *Peter Pan* da Disney não passava na televisão, e a adaptação da peça da Broadway para a tevê foi reprisada anualmente por alguns anos. Em vez do acesso ilimitado aos programas que adorávamos, tínhamos acesso ilimitado apenas às nossas lembranças imperfeitas das histórias e dos personagens que víamos na tela. A única maneira de satisfazer meu desejo de mergulhar no mundo criado pelas versões televisivas de *Peter Pan* era construí-lo eu mesma. De certa forma, eu *precisava* brincar. No processo, eu podia tornar minha a Terra do Nunca.

A realidade é que, se eu pudesse assistir ao *Peter Pan* todos os dias, certamente o teria feito. Fico feliz por não ter tido essa opção. Não é necessário imaginar nada sobre uma história cujos personagens e roteiro estão indelevelmente gravados em nossa memória.

Quando o primeiro episódio da trilogia original de *Guerra nas Estrelas* estreou em 1977, as pessoas que hoje têm seus trinta e poucos anos só puderam assistir a ela nos cinemas locais, porque os videocassetes domésticos ainda não existiam. Em 1983, quando o terceiro episódio foi lançado, os VCRs eram muito comuns, e a trilogia foi lançada em vídeo um ano mais tarde. As crianças, a partir de então, tiveram acesso ilimitado a incontáveis reprises de filmes e programas de televisão.

Guerra nas Estrelas foi introduzido no fenômeno, agora comum, do marketing cinematográfico estendido aos brinquedos. Em 1984, desferindo outro golpe contra o faz de conta, a Federal Communications Commision (FCC) desregulou a televisão infantil, possibilitando a criação de programas cujo propósito era vender produtos licenciados, e, num período de um ano, todos os dez brinquedos mais vendidos tinham ligação com um tipo de mídia de tela.[15] Hoje, a ampla variedade de brinquedos ligados à mídia é outro fenômeno comercial que inibe o brincar criativo.[16]

Vinte anos mais tarde, em 2004, *Bob Esponja* rendeu a Nickelodeon cerca de 1,5 bilhão de dólares só pela venda de comida, brinquedos, roupas e outros produtos relacionados do desenho.[17] Cerca de 97 por cento das crianças americanas até 6 anos possuíam alguma coisa — uma boneca, um bichinho, uma *action figure*, roupas de cama ou vestuário — com a imagem de um personagem da mídia.[18] É cada vez mais difícil encontrar produtos infantis — de comida a brinquedos — que não sejam adornados por personagens e logotipos midiáticos. Até os livros infantis são sempre relacionados com a mídia.[19] "Meu filho está no terceiro ano" — contou-me uma mãe. — "Ele fez um desenho do Olho-Tonto Moody, da série Harry Potter. Ele leu os livros, mas não assistiu aos filmes. Uma menina na escola viu o desenho e o informou de que estava 'errado'. Quando ele me contou sobre isso, tentei explicar que Olho-Tonto Moody é um personagem fictício, por isso não existe um jeito certo ou errado de imaginá-lo. Mas ele se mostrava irredutível. 'Sim', meu filho suspirou, 'mas ela viu o filme'."

A menina que criticou o desenho de Olho-Tonto Moody não disse que estava malfeito, ruim ou que aquela imagem do personagem não estava de acordo com a que tinha dele. Ela disse que estava *errado*. De acordo com Dan Anderson, conhecido pesquisador sobre mídia para os pequenos, "as crianças estão criando vínculos afetivos com imagens da mídia. [A cada marca comprada], você entrega uma parte do amor de seu filho a uma gigantesca corporação".[20] Eu acrescentaria que você também entrega a imaginação de seu filho aos interesses corporativos.

O que antes servia de ferramenta para autoexpressão agora tem o propósito de lembrar as crianças constantemente dos programas e seus produtos. Brinquedos que representam personagens midiáticos conduzem as crianças para "scripts" internalizados, dos quais é difícil desviar.[21] Como no caso do menino que desenhou a imagem "errada" de Olho-Tonto Moody, tenho notado uma rigidez surpreendente quando lido com crianças em atividades de faz de conta enraizadas em imaginário de tela e tento modificar as personalidades da televisão ou os personagens de filmes. Elas criam todo tipo de personalidade inventiva com os fantoches — a menos que tenham à mão um personagem conhecido através da mídia. Nesse caso, elas costumam se agarrar a um retrato rígido do personagem exatamente como aparece na televisão ou no cinema: um fantoche do Come-Come, da Vila Sésamo, é sempre um Come-Come e faz pouco mais do que comer biscoitos.

Adultos fazem a mesma coisa. Quando organizo workshops sobre o uso de fantoches com crianças, sempre levo uma variedade de bonecos para os participantes poderem praticar. Muitos deles são animais genéricos ou criaturas fantasiosas, reunidos ao longo dos anos, mas tenho também alguns baseados em filmes e programas de televisão. Quando os participantes começam a falar espontaneamente pela boca dos fantoches, sempre vejo todo tipo de personagens maravilhosamente criativos — exceto para quem fica com o Come-Come ou algum outro personagem da tevê. Esses não variam muito de sua *persona* na mídia. Associados às repetidas vezes que as crianças assistem a determinado programa, o que lhes possibilita memorizar os scripts, os brinquedos fabricados com base nos personagens midiáticos podem ser particularmente aniquiladores no que diz respeito à criatividade.

Além dos personagens, os acessórios usados nos programas também são postos no mercado infantil, acarretando maior constrição do faz de conta. Os jovens fãs dos livros de Harry Potter não precisam realizar o esforço imaginativo de transformar varetas em varinhas mágicas, porque há réplicas detalhadas delas nas lojas. Esses brinquedos são enfaticamente anunciados. Por isso a mensagem enviada a crianças e adultos não é apenas a de que esses acessórios são melhores do que as criações infantis ou que é preciso ter os tais adereços para poder aproveitar o filme. A mensagem subjacente é que as crianças não vão poder brincar sem eles.

É um engano subestimar o poderoso impacto que a mídia de tela e seus apetrechos comercializados exercem sobre as crianças — mesmo aquelas cujos pais limitam a televisão ou as que ainda são pequenas demais para entender o que estão vendo. Depois de uma recente palestra em Charlottesville, Virginia, conheci uma mãe cuja filha de 2 anos não assiste à televisão em casa. Porém, depois de passar as férias na praia com outros parentes, ela assistiu ao canal Nickelodeon pela primeira vez; todas as outras crianças na casa estavam assistindo à programação, e ela se juntou ao grupo. "Minha filha não parecia estar prestando muita atenção à tevê", contou a mãe. "Mas, quando voltamos para casa, notei que ela havia acrescentado mais um personagem à sua casa de bonecas — Nick Junior. Era 'Nick Junior' fez isso, 'Nick Junior' fez aquilo. Ela até inventou um personagem chamado 'Nick.com'. A situação ainda persiste, e já faz um mês que voltamos da praia!"

Passei a considerar esse tipo de mídia da mesma forma que considero doces e comida industrializada. Consumir esses alimentos pode ser gostoso, mas tem de haver um limite. E também há o risco de esse consumo se tornar um hábito. Boa parte da comida industrializada não contém nada de essencial para a saúde e o bem-estar das crianças. Não é recomendada para bebês. Quando a dieta infantil é dominada por alimentos impróprios, a criança é privada do alimento que sabemos contribuir positivamente para seu crescimento e desenvolvimento. Enquanto esses alimentos inadequados podem variar em sua relativa falta de benefícios para as crianças e são guloseimas gostosas, as crianças podem retirar nutrientes essenciais de outros alimentos. É mais fácil adiar o acesso das crianças a doces do que limitá-lo depois de iniciado o consumo. E acho que isso também vale para o consumo da mídia.

É claro, mídia de tela e brinquedos baseados na programação midiática não são as únicas maneiras pelas quais a cultura comercial erode o brincar criativo: o mesmo vale para muitos brinquedos com chips de computador. Graças à moderna tecnologia, eles vêm equipados com voz, sons e movimento que privam as crianças da oportunidade de adquirir a experiência essencial de criar, explorar, resolver problemas, expressar-se e dar sentido.

Certa vez, comprei uma boneca on-line para presentear uma criança pequena sem perceber que era tecnologicamente "incrementada". Quando ela chegou, descobri que uma bateria podia fazer a boneca rir, chorar, balbuciar e fazer praticamente tudo. O brinquedo precisava da bateria até para piscar. Por outro lado, a peça necessária para a boneca fazer tudo aquilo a deixava com o peito tão rígido e pesado que a tornava desconfortável para uma menina pequena manusear. Nenhuma das características que fazem das bonecas bebês um brinquedo tão apropriado para as crianças pequenas estava presente. A boneca não podia ser abraçada ou aninhada no colo. Não exigia que a criança criasse uma voz, uma personalidade ou sons, como chorar, falar, ou balbuciar pela boneca, limitando-a, em vez disso, a observar passivamente o brinquedo. Tão logo percebi que a boneca nada acrescentaria à vida de fantasia daquela criança, senti que, em sã consciência, não podia dar aquele presente à menina. Por isso, decidi dar a boneca a um amigo artista que cria arte a partir de objetos variados e que, tenho certeza, está fazendo bom uso dela, embora certamente de forma bizarra.

No Natal de 2005, um dos brinquedos mais procurados nos EUA foi uma boneca chamada Amazing Amanda. Equipada com microchip, ela realizava verdadeiras maravilhas, como, por exemplo, pedir cereal no café da manhã e comentar, ao se ver diante de um prato de macarrão microchipado: "Macarrão no café da manhã? Que engraçado!" Ela possui um relógio interno que diz a hora e diferencia as épocas do ano. Pode ser programada para sorrir e fazer caretas engraçadas e tristes. Reconhece pizza equipada digitalmente. Amazing Amanda foi chamada de uma "maravilha da tecnologia digital" no *New York Times*,[22] e um dos brinquedos mais vendidos daquele ano.[23] Ela foi maciçamente anunciada na televisão e em sites como o da Nickelodeon. Amazing Amanda vendeu tão bem que não foi nenhuma surpresa encontrar Amazing Allysen — irmã mais velha de Amanda — no mercado, no ano seguinte. Mas, naquele ano, o brinquedo da vez era Butterscotch, um pônei eletronicamente incrementado, cujo conceito era semelhante ao de Amanda. Allysen não chegou nem perto da popularidade da irmã mais nova.[24]

Não é surpreendente que Allysen não tenha vendido tão bem. É fácil perceber por que muitas crianças pequenas que viram os anúncios de Amazing Amanda ficaram fascinadas. Mas há um problema. Ela não é tão divertida para as brincadeiras do dia a dia. Cada resposta programada que Amanda oferece priva as crianças da chance de exercitar a própria criatividade falando por elas, substituindo sua voz e suas respostas. Alguns adultos devem ter se divertido muito pensando em coisas que ela poderia fazer e tentando pensar em como isso poderia acontecer — mas não as crianças que brincaram com ela. Uma mãe que deu Amazing Amanda para a filha de 8 anos disse: "Ela ficou eufórica quando abriu a caixa no Natal. E brincou intensamente com a boneca por alguns dias. E, depois, foi como se tudo parasse. Ela pega a boneca de vez em quando, mas, para dizer a verdade, agora nós a chamamos de 'Annoying Amanda' (Amanda Irritante)."

Se uma criança possui apenas um ou dois brinquedos caracterizados por respostas programadas, a ameaça a seu mundo imaginativo é mínima. O problema surge quando brinquedos pré-programados dominam suas brincadeiras. "Minha filha de

4 anos não gosta das velhas e simples bonecas", explicou outra mãe. "Ela gosta de brinquedos que interagem com ela."

Porém, brinquedos "interativos" como a Amazing Amanda não são realmente interativos — ou melhor, a interação não é igual. Os brinquedos são ativos e as crianças para quem eles são projetados são reativas. O criador de Amazing Amanda diz que brincar com ela é como conduzir "uma criança pela brincadeira".[25] Porém, crianças que têm oportunidades adequadas para brincar desde a tenra infância não precisam de brinquedos para "conduzi-las".

Esse tipo de anúncio, que promove desconfiança sobre a capacidade infantil de crescer e se desenvolver naturalmente, sem depender de marcas, não é incomum em brinquedos e mídia para crianças. Como comentei, o *New York Times* elogiou Amazing Amanda como uma inovação da indústria dos brinquedos; porém, especialistas do desenvolvimento infantil se mostraram menos deslumbrados e significativamente mais céticos. Alguns dias depois, o *Times* publicou uma carta de Ed Miller, da Alliance for Childhood. Miller foi perspicaz ao apontar que "bonecas sempre foram capazes de 'falar' e 'mostrar emoções' por meio da inventividade das crianças. Essas palavras e emoções brotam da experiência que a criança tem do mundo, não de um roteiro fixo, gravado em um software de reconhecimento de voz".[26] Como diz Joan Almon, diretora da Alliance, "um bom brinquedo é 90 por cento criança e 10 por cento brinquedo".[27] Quanto mais um brinquedo contribui para o processo interativo, menos

60 EM DEFESA DO FAZ DE CONTA

esforço a criança faz para pensar criativamente, para encontrar soluções ou agir espontaneamente — e, portanto, menos benefício é extraído desse brinquedo.

Uma criança brincando com um simples bichinho de pelúcia precisa exercitar a imaginação criando um personagem — determinando sua idade, sexo, voz, personalidade e movimentos, até sua espécie. Se a criatura usa um vestido, elimina a escolha de sexo. Uma criatura com saia de balé, botas de combate ou uma coroa restringe a escolha da identidade. Uma criatura que representa um personagem específico da mídia — como Elmo, da Vila Sésamo — elimina a oportunidade de criar uma personalidade. Um Elmo incrementado com um chip de computador que o faz falar rouba da criança a chance de inventar uma voz e limita as situações que ela pode imaginar para aquele personagem específico e as respostas que pode criar. Brinquedo como as versões norte-americanas do personagem da Vila Sésamo, Elmo Chicken Dance, Elmo Hokey Pokey, Elmo YMCA, ou outro dessa série, em que um personagem específico da mídia se move e faz barulho de forma independente, rouba a criança de praticamente toda a valiosa experiência lúdica.

Em *Crianças do Consumo*, escrevi sobre uma visita que fiz em 2002 ao Jewish Museum em Nova York para ver uma exposição chamada "Mirroring Evil: Nazi Imagery/Recent Art". Uma das obras mais controversas na exposição, toda ela altamente polêmica, era *Lego Concentration Camp Set*, de Zbigniew Libera. Num primeiro olhar, a clássica caixa de cores brilhantes e o bloco de construção ao lado dela evocam horas intermináveis de diversão criativa. Coerente com os Legos dos tempos modernos, é claro que o conjunto é planejado como um kit, não como uma coleção de blocos de formas variadas. A imagem na caixa, cuidadosamente reproduzida na construção ao lado dela, sugere que as peças contidas se unem numa construção particular que parece ser, de início, uma espécie de forte ou acampamento militar moderno. Um exame mais próximo mostra que, de fato, esse brinquedo infantil, aparentemente inofensivo, contém os blocos de construção para um campo de concentração nazista — incluindo figuras de esqueletos que servem para representar os debilitados prisioneiros.

A crítica da exposição decidiu que era um ultraje criar um campo de concentração como brinquedo de criança. Certamente, a ideia de crianças construindo um modelo de campo de morte por diversão é horripilante. Alguns críticos acusaram Libera de "contaminar" um brinquedo excelente. Notei, inclusive, uma declaração do fabricante exposta ao lado da embalagem modificada, eximindo-se de qualquer apoio ou concordância com a obra de arte. Mas o que me intrigou foram as ligações entre o imaginário nazista e minhas preocupações sobre como o comercialismo restringe a brincadeira das crianças. O conjunto Lego simultaneamente *representou* o fascismo (um campo de concentração) e *foi* ditatorial em sua insistência de que havia um único objeto correto a ser construído com os blocos. A tendência crescente de oferecer brinquedos de construção e materiais de arte na forma de kits também reduz para as crianças as possibilidades de expressão criativa. É verdade que construir com Legos tem sido uma maravilhosa experiência criativa para crianças ao longo dos anos, mas as peças do campo de concentração me fazem pensar em outra perturbadora tendência dos comerciais de brinquedos: a de afastar as crianças da brincadeira criativa e promover uma experiência mais constrita. Legos, como outros brinquedos de construção criativa, agora são embalados em kits, em vez de serem oferecidos como uma coleção de blocos de formas livres. As caixas de cores vivas, e as instruções dentro delas, oferecem um argumento veemente sobre a maneira "correta" de unir os blocos. Nos últimos anos, tenho notado com frequência esse tipo de rigidez nas crianças com quem lido.

Estou sentada no chão da sala de brinquedos do hospital com Annie, uma menina de 7 anos. Ela pega uma caixa de bloquinhos do quebra-cabeças Pequeno Construtor e os derruba no chão. Além das peças, o conjunto contém um telhado plástico, uma soleira de porta, três molduras de janelas e um conjunto de instruções detalhando exatamente como construir três diferentes estruturas. Os conjuntos originais desse tipo de brinquedo, existentes nos EUA desde a década de 1930, continham apenas peças: os primeiros construtores simplesmente deixavam espaços que serviam como janelas e portas. Naquela época, os kits não continham acessórios pré-construídos, por isso as crian-

ESGOTADO

ças podiam colocar as aberturas em qualquer lugar. Como ocorre com as versões modernas de Lego, o Pequeno Construtor de hoje oferece instruções, em vez de algumas imagens sugestivas de múltiplas possibilidades.

Mantendo um olhar bastante ansioso voltado para a imagem oferecida como modelo na caixa, Annie tenta duplicá-la. Antes de conseguir a réplica exata, ela coloca o telhado, que não encaixa. Não construímos a estrutura de acordo com as especificações exatas. Recusando minha sugestão de construirmos algo nosso, ela tenta novamente imitar a imagem. Na verdade, não está claro para mim se poderíamos criar uma estrutura muito diferente dos três modelos sugeridos. Um jogo de construção que propicia criatividade deveria conter peças de muitos tamanhos distintos: esse kit contém apenas as peças em número e tamanhos exatos para a construção das estruturas ali representadas.

Se, desde o berço, as crianças receberem cada vez mais kits e brinquedos eletrônicos ou baseados na mídia, não terão a chance de aprender como desfrutar ou mesmo enfrentar desafios que requerem imaginação, experimentação, inventividade, ou solução criativa de problemas — e nós vamos deixar de propor esses desafios. Uma consequência preocupante de um ambiente lúdico comercializado é que começamos a desconfiar da capacidade das crianças para o brincar imaginativo. Começamos a acreditar que elas não são capazes de gerar atividade construtiva por conta própria. Nós e nossas crianças começamos a pensar que seus instintos naturais não são suficientemente bons e que elas precisam dos produtos que as corporações vendem para se ocupar de forma construtiva.

Uma infância privada de faz de conta, ou de brincadeiras abertas, priva as crianças de oportunidades para desenvolver a capacidade de imaginação e pensamento criativo. Recentemente eu estava visitando um pequeno museu para crianças, um local cheio de exposições maravilhosas, destinadas a estimular o brincar criativo. Quando chegamos à sala de arte, porém, notei que as crianças estavam engajadas na criação de imagens que consistiam de colar botões sobre moldes de cartolina. Quando especulei por que eles não proporcionavam atividades menos limitadas, o diretor respondeu tristemente: "Já tentamos. As crianças simplesmente não sabem o que fazer com o material."

É desconcertante que instituições como um museu para crianças agora se encontrem cuidando de crianças que passam por suas portas sem a habilidade e a inclinação de usar criatividade aberta e não dirigida. Em resposta, eles são menos propensos a oferecer essas atividades, e as crianças perdem mais uma oportunidade para criatividade e autoexpressão.

Se estamos, como parece, construindo uma infância moderna dominada pela experiência que promove reatividade, conformidade e a ideia de que desafios só têm uma solução, então o campo de concentração feito de Lego por Libera é um prodígio agourento. O brincar criativo permite pensamento divergente, a capacidade de expandir horizontes, imaginando ideias e soluções não convencionais para os problemas. O pensamento divergente é uma ameaça ao totalitarismo.

Se restringirmos as oportunidades das crianças para o brincar criativo desde o nascimento, elas nem sequer iniciarão a aprendizagem de como gerar novas ideias, desafiar normas existentes ou se realizar na própria criatividade. É por isso que, talvez, a tendência mais perturbadora de uma cultura comercializada, repleta delas, é o esforço escancarado da mídia e da indústria de marketing para conseguir prender bebês e crianças com menos de 2 anos às telas e aos aparatos eletrônicos desde o momento em que nascem. O que está em risco é nada menos que o desenvolvimento das habilidades essenciais da vida — incluindo a indispensável capacidade para gerar diversão olhando para dentro de si e de se acalmar em momentos de estresse.

3

O golpe do bebê

A falsa promessa de tempo diante da tela para bebês e crianças de até 2 anos

Estou cuidando de Marley, uma menina de 20 meses, que está sentindo falta da mãe. De pé sobre o trocador, ela se deixa vestir para ir dormir e parece triste, ultrajada, como se pensasse "como isso pode estar acontecendo comigo?". De repente, esse sentimento se manifesta em um lamento.

— Mamãe. — Ela começa a chorar. — Mamãe!

— Sua mãe e seu pai saíram para jantar — explico. — E eles vão voltar.

A informação provoca uma nova enxurrada de lágrimas, mas algo surpreendente acontece. Os soluços pela "mamãe" começam a se intercalar com uma espécie de mantra entrecortado:

— Tudo bem — ela diz. — Tudo bem. — E fala como a mãe.

Estou testemunhando um fenômeno maravilhoso e absolutamente normal: um bebê se consolando. A capacidade de buscar recursos internos para obter conforto — de lançar mão não só de uma lembrança de ter sido consolado, mas da internalização da voz confortante repetindo "está tudo bem" — é um dom maravilhoso para lidar com as condições humanas de desespero e solidão. Bebês que, por alguma razão, não têm a experiência do conforto parental podem seguir pela vida sem esse indispensável mecanismo e, então, voltar-se para forças externas de conforto, como comida, álcool, drogas ou comportamentos compulsivos, cujo propósito é promover conforto em tempos de estresse.

Nos anos recentes, os bebês — inclusive aqueles que têm pais amorosos e saudáveis — começaram a enfrentar outro desafio para o desenvolvimento da capacidade de se consolar: vídeos, DVDs, programas de computador e os produtos licenciados para todos esses aparelhos. Elegendo os bebês como alvo, as companhias de mídia levam ao mercado não só programas e personagens, mas também hábitos de vida, valores e comportamentos. Essas companhias criam a dependência da mídia antes de os bebês terem a chance de crescer e se desenvolver, e, ao mesmo tempo, afastam cada vez mais os bebês e as crianças pequenas de experiências essenciais para o desenvolvimento saudável. Uma dieta estável de mídia de tela priva os bebês das oportunidades de desenvolver os recursos internos para se divertir ou se consolar sem uma muleta eletrônica. Pa-

O GOLPE DO BEBÊ 69

recemos destinados e determinados a criar uma geração de crianças entediadas ou ansiosas — literalmente desconfortáveis —, a menos que estejam diante de uma tela.

A mídia e as indústrias de marketing têm tido incrível sucesso em convencer os pais de que o tempo de tela é benéfico para os bebês e essencial para a criação dos pequenos. O fato de as duas afirmações serem falsas e de dados da ciência até sugerirem que o tempo de tela pode ser prejudicial aos bebês não parece ter importância. É um tributo distorcido ao poder da propaganda que a indústria da mídia para bebês esteja crescendo assustadoramente, apesar de toda as evidências contrárias a ela e das preocupações manifestas de respeitados defensores da infância, como T. Barry Brazelton, Alvin F. Poussaint e David Elkind.[1] A American Academy of Pediatrics (AAP) recomenda que não haja exposição a telas antes dos 2 anos de idade.[2] Porém, quase 50 por cento dos pais acreditam que os vídeos para bebês exercem efeitos positivos sobre o desenvolvimento da criança.[3] Quando os bebês chegam aos 2 anos, 90 por cento estão envolvidos cada vez mais nas telas, em média por uma hora e meia ao dia,[4] e 14 por cento mais de duas horas por dia.[5] Quarenta por cento dos bebês de 3 meses "assistem" regularmente à televisão e a DVDs durante cerca de 45 minutos por dia.[6] E 19 por cento dos bebês abaixo de 1 ano possuem um aparelho de tevê no quarto.[7]

Enquanto as crianças americanas são convencidas por brilho, luz e por adoráveis personagens da mídia a abrirem mão do faz de conta, adultos são convencidos a privá-las dele — frequentemente, em nome do aprendizado. Bilhões de dólares são investidos anualmente em eletrônicos e equipamentos variados para ensinar às crianças, inclusive aos bebês, um pouco de tudo, do alfabeto às boas maneiras. O telefone didático Aprender e Brincar, da Fisher-Price, para bebês com menos de 6 meses — um celular que funciona movido a pilha com uma pequena tela — afirma permitir as duas coisas.[8] Vender telas como ferramentas educativas explora duas vulnerabilidades que parecem comuns à maioria dos pais que conheço hoje em dia. Eles estão preocupados com o sucesso acadêmico e são horrivelmente estressados. Essa última característica é particularmente verdadeira para pais e mães que criam seus filhos sozinhos e para as famílias que têm pai e mãe trabalhando fora. O grau em que os pais acreditam no valor educativo da mídia de tela influencia o tempo de exposição dos filhos a esse fenômeno. Uma pesquisa nacional descobriu que, entre as crianças cujos pais acreditam que a televisão ajuda no aprendizado, 76 por cento assistem à tevê todos os dias. Dentre as crianças cujos pais a consideram prejudicial ao aprendizado, só 48 por cento assistem diariamente.[9] Outro estudo descobriu que mais de 28 por cento dos pais citam a crença de que a mídia de tela é educativa como principal motivo para colocar seus bebês diante dela, e 20 por cento citam seu valor como babá enquanto eles realizam tarefas pela casa.[10]

Para os pais estressados, sobrecarregados, seria uma bênção se os bebês realmente se beneficiassem dos diversos vídeos e programas de computador que alegam educá-los. O problema é que isso não acontece. Não existe evidência comprovada de que a mídia de tela seja educativa para bebês e crianças de até 2 anos ou benéfica para eles em qualquer aspecto.[11] Tudo que sabemos sobre como os pequeninos aprendem aponta para longe das telas e para o que eles fazem naturalmente: relacionar-se com as pessoas que amam e que os amam e explorar o mundo que os cerca usando os cinco sentidos. Pesquisas sugerem que, quanto mais tempo o bebê passa sujeito à mídia de tela, menos tempo tem para essas duas atividades essenciais. Um estudo sobre como crianças de 3 a 5 anos usam seu tempo descobriu que, para cada hora diante da televisão, menos 45 minutos são dedicados ao brincar criativo. Bebês e menores de 2 anos perdem ainda mais tempo que os mais velhos — 52 minutos para cada hora diante da televisão.[12]

O psicólogo Jean Piaget chamou os primeiros anos de vida de estágio "sensório-motor" do desenvolvimento, porque é assim que os bebês aprendem — pelo toque e pelos outros sentidos. Quando começam a engatinhar ou andar, o impulso de se mover é irresistível e a arena para a exploração se expande. Diferente dos irmãos mais velhos, eles ainda não conseguem usar a linguagem e o pensamento simbólico como ferramentas para compreender o ambiente.

Imagine um jantar com Max, de 3 anos, e Anna, sua irmã de 1 ano. Max está sentado em uma daquelas cadeiras altas. Seu prato e seus talheres podem ser de plástico, seu copo pode ter uma tampa e os pais ainda cortam os alimentos para ele, mas ele já tem autocontrole suficiente para sentar-se à mesa por certo tempo sem criar confusão. Anna está sentada no colo do pai. Ela tem uma colher para batucar, um biscoito que pode mastigar com os novos dentes frontais, e saboreia outros pequenos pedaços de alimentos que eventualmente chegam à sua boca. Às vezes, ela e o pai fazem ruídos engraçados um para o outro. Seu lugar à mesa se diferencia pelo amplo espaço vazio em torno dela. Pratos, copo, vasilhas e utensílios foram empurrados para o mais longe possível, de forma que o pai de Anna ainda consiga comer, mas ela não possa alcançar os objetos. Max pode não apreciar a necessidade de passar longos períodos sentado, mas ninguém se preocupa com a possibilidade de ele se ferir com os talheres ou furar a mão de alguém com o garfo. É seguro deixá-lo perto da tigela de salada. Enquanto Anna mastiga sua colher e estende uma das mãos, tentando alcançar o saleiro, Max faz perguntas. Por que a alface é verde? Por que os cabelos do vovô sumiram? O que tem dentro da minha pele?

Empurramos pratos e copos para longe de uma criança de 1 ano porque, à medida que os bebês crescem, seu alcance motor ultrapassa seu bom-senso e seu autocontrole. É por isso que, quando eles começam a se movimentar, modificamos salas e casas inteiras para garantir sua proteção e manter seguros também os pequenos tesouros da família. Para ampliar ao máximo a liberdade de exploração dos pequenos, re-

O GOLPE DO BEBÊ

movemos objetos quebráveis e potencialmente perigosos e os substituímos por outros que podem ser manuseados e derrubados repetidas vezes.

O impulso natural de uma criança pequena para explorar pelo movimento, pelo toque e pelo paladar pode propiciar entusiasmo e exaustão para os pais. Ao final de certo período, as crianças começam a conquistar a capacidade de associar imagens mentais aos objetos reais e aos desejos — começam a obter satisfação simplesmente pensando em alguma coisa, em vez de realmente fazê-la. Eles também se tornam mais capazes de resistir aos impulsos de tocar e manusear tudo que encontram. A necessidade de explorar torna-se um hábito da mente e, superado esse estágio inicial do bebê, eles podem satisfazer parte da curiosidade de forma mental ou verbal. Permanece ainda a necessidade de explorar, mas agarrar e tocar cedem espaço às perguntas; eles conseguem antecipar as consequências de ações, como, por exemplo, tocar um forno quente.

E se alguém batesse na mão de Anna quando ela derrubasse o copo de água do pai ou tentasse agarrar seu purê de batatas? O que aconteceria se as perguntas de Max ficassem sem respostas ou se ele fosse ridicularizado por sua curiosidade? Suponha que seu ambiente seja tão cheio de distrações eletrônicas que ele não tenha tempo ou espaço sequer para formular essas questões.

Com socialização e estímulo do autocontrole, Anna vai aprender a não agarrar os objetos. Com progressivo domínio da linguagem e do pensamento simbólico, ela também vai passar a formular perguntas. Com o tempo, se eles puderem prosseguir com a divertida exploração do mundo, os dois irmãos terão os recursos para responder, eles mesmos, a algumas de suas perguntas por meio do pensamento. Eles expandirão suas ferramentas para satisfazer a curiosidade indo além das perguntas, com a exploração ativa. O que desperta tais curiosidades e como eles as satisfazem varia, dependendo de seus interesses e predileções.

Na primavera de 2007, um grupo de pesquisadores de renome internacional no campo do aprendizado inicial fez uma afirmação sobre crianças e aprendizado com base em evidências científicas disponíveis. Afirmaram que as crianças são aprendizes ativos, não passivos, e adquirem conhecimento examinando e explorando seu ambiente.[13] É através do brincar que adquirem as habilidades essenciais ao aprendizado ativo. Para as muito pequenas, brincar e aprendizado ativo são indistinguíveis.

Uma decorrência de colocar os pequenos diante de telas é que assistir à televisão parece gerar um hábito. Quanto mais os bebês e os menores de 2 anos assistem à tevê, mais a desejam quando crescem.[14] Pesquisa e bom-senso nos dizem que, se permitirmos que a mídia de tela desempenhe um papel muito importante na vida das crianças com menos de 2 anos, elas procurarão cada vez mais atividades com a presença de telas quando ficarem mais velhas. Bebês acostumados a contar com a mídia de tela para amenizar o tédio ou se acalmar vão continuar precisando delas quando forem maiores. Como todo pai sabe, é mais difícil remover um privilégio ou uma atividade estabelecidos do que aumentar os pri-

O GOLPE DO BEBÊ

vilégios gradualmente. "Mas pai", a discussão se repete, "você me deixava assistir à tevê o tempo todo quando eu era pequeno. Por que não posso assistir agora?".

Para os pais envolvidos com a sempre espantosa e exigente experiência de criar filhos pequenos, é difícil antecipar como nossas decisões presentes afetarão nossa família daqui a vários anos. Mas, considerando a proliferação da mídia eletrônica e uma indústria de marketing que investe quase 17 bilhões de dólares anualmente para atingir as crianças,[15] as discussões envolvendo telas podem fomentar a tensão familiar até os filhos saírem de casa.

Além de afastar os bebês do brincar, a televisão para crianças menores de 3 anos também está relacionada ao desempenho menos satisfatório em testes de matemática e leitura aos 6 anos — independentemente da quantidade de tempo que a criança passava em frente à televisão aos 3 anos.[16] Pesquisadores encontraram uma ligação entre assistir à televisão no início da infância e padrões irregulares de sono, o que pode interferir no aprendizado.[17] O risco para obesidade em um pré-escolar aumenta até 6 por cento para cada hora diária na frente da tevê. Se há um aparelho de tevê no quarto da criança, as chances ganham um adicional de 31 por cento para cada hora diante da tela.[18] Os índices de obesidade são mais elevados entre crianças com quatro ou mais horas de exposição diária à tevê, e mais baixos entre crianças que passam uma hora ou menos por dia diante da televisão.[19] Para crianças com menos de 3 anos, ou-

EM DEFESA DO FAZ DE CONTA

tros estudos sugerem que, quanto mais televisão, maior será sua probabilidade — quando entrarem na escola — de obterem índices menores em testes de QI e nas provas, e de se envolverem com bullying.[20]

É horrível quando a vida de uma criança é ameaçada por desastres, como fome, pobreza, doença, abuso ou guerra. Mas o mais estranho e triste é a nossa sociedade privar até mesmo as que não têm fome, não são sem-teto, nem vítimas de tragédias da oportunidade de crescer e desenvolver as habilidades e os hábitos essenciais para terem uma vida criativa, significativa. Porém, apesar de um índice de risco-benefício que sugere ser prudente manter nossos pequenos e as crianças mais vulneráveis longe das telas, o "entretenimento educacional" para bebês, no qual a cultura comercial encontra a genialidade eletrônica e o jargão pedagógico, cresce vertiginosamente.

Em *Crianças do consumo*, atribuo o sucesso da indústria dos vídeos para bebês a *Teletubbies*, o primeiro programa de tevê criado para bebês, que a PBS (rede norte-americana de tevê pública) importou da Inglaterra em 1998 — e comercializou valendo-se de todo tipo de alegações sem fundamento. Entre outras supostas virtudes, os *Teletubbies* facilitariam o desenvolvimento da linguagem infantil, ensinariam aos bebês como brincar e ajudariam as crianças a se sentirem confortáveis com a tecnologia.[21] Em 2007, a série e seus brinquedos licenciados, roupas e parafernália para bebês e crianças pequenas geraram mais de 1 bilhão de dólares em vendas em todo o mundo.[22] Esse

O GOLPE DO BEBÊ

sucesso financeiro selou o destino da mídia para bebês e crianças pequenas nos Estados Unidos.

Em 2001, a Disney adquiriu sua fatia da mídia para bebês — *Baby Einstein*, uma série de vídeos supostamente educativos voltados até para recém-nascidos.[23] Cinco anos mais tarde, apostando na lealdade de marca cimentada pela devoção dos pais a *Baby Einstein*, os executivos da Disney criaram *Mini Einsteins*, um programa para crianças em idade pré-escolar hoje veiculado pelo Disney Channel. Com a máquina de marketing da Disney por trás e uma infinidade de brinquedos licenciados, a marca está crescendo. Os executivos da Disney alegam que duas em cada três mães nos Estados Unidos já compraram um produto Baby Einstein. A marca gerou 200 milhões de dólares em 2005 e a Disney espera que, em 2010, gere 1 bilhão de dólares ao ano.[24]

Tudo na estratégia de marketing *Baby Einstein* — do nome da marca ao slogan da companhia "Great minds start little" (Grandes mentes começam pequenas) assim como títulos dos vídeos, como *Baby Wordsworth: First Words Around the House; Baby Galileo: Descobrindo o Céu; Números e Rimas; Baby Da Vinci: From Head to Toe* — transmite aos pais a mensagem de que o conteúdo é educacional. Algumas caixas de DVD contêm até um adesivo na frente anunciando "Aprendizado Bônus!".

Baby Wordsworth é comercializado como instrumento de desenvolvimento da linguagem. *Baby Galileo* supostamente

78 EM DEFESA DO FAZ DE CONTA

apresenta os bebês ao céu da noite. *Números e Rimas* afirma introduzir o mundo dos números. *Baby Da Vinci* "traz uma divertida e interativa introdução ao corpo humano em três idiomas".[25] Não importa que a televisão tenha se mostrado uma ferramenta pobre para ajudar os bebês a aprender palavras;[26] que eles aprendam o significado dos números manuseando blocos, cenouras ou biscoitos; ou que identifiquem partes do corpo humano explorando o próprio corpo. Quanto a aprender francês ou espanhol, não é comprovado que a televisão seja uma ferramenta eficiente para ensinar idiomas estrangeiros aos bebês.[27] E um estudo recente da Universidade de Washington sugere que, para bebês entre os 8 e os 16 meses de vida, assistir a tais vídeos pode até afetar de forma negativa a aquisição das palavras.[28]

Steveanne Auerbach, conhecida como Dr. Toy (Dra. Brinquedo) e veterana observadora das tendências da indústria do brinquedo, vê a chegada da Leapfrog, fundada em 1995, como o ponto inicial da indústria do "entretenimento educacional" como hoje conhecemos.[29] A Leapfrog, especializada em mesclar a tecnologia dos jogos de computador portáteis com a qualidade estelar de personagens da mídia licenciados para criar supostos jogos educacionais de computador para crianças, direcionou seus produtos originalmente para a faixa dos 4 aos 8 anos. Em 2003, a empresa já tinha como alvo os bebês.[30] Atualmente, ela é a terceira maior corporação de brinquedos nos Estados Unidos, ameaçando gigantes como a Mattel e a Hasbro, que agora também desenvolvem e comercializam "entretenimento educacional".[31]

O GOLPE DO BEBÊ

A Leapfrog fabrica um dos mais preocupantes produtos de "entretenimento educacional" para crianças pequenas disponível no mercado — a Magic Moments Learning Seat, uma cadeirinha anunciada como adequada para recém-nascidos.[32] Ela tem a aparência de uma típica cadeira para bebês — estofada, com cinto de segurança para sustentar a criança, que não fica exatamente sentada, mas confortavelmente reclinada num ângulo de aproximadamente 45 graus. O que diferencia a Magic Moments é que, diretamente na linha de visão do bebê — obstruindo parcialmente sua visão do mundo e, portanto, limitando, e não ampliando, as possibilidades de aprendizado — há um espelho que se transforma em uma tela cada vez que se movimenta. O assento é descrito dessa maneira:

Com um assento ultra-aconchegante, base larga e barra de atividade com espelho mágico, o bebê vai criar momentos mágicos de aprendizado. Para cada toque em um animal, o espelho mágico revela imagens coloridas, e o bebê é apresentado a novas canções educativas, palavras e música clássica, que promovem o desenvolvimento inicial da linguagem e da leitura no futuro, ao mesmo tempo em que incentiva o desenvolvimento geral da coordenação motora e a exploração tátil! O bebê também pode chutar para produzir as canções, a música e as luzes! Os três modos de operação permitem que o pai estabeleça níveis para a experiência de aprendizado e estimule o bebê, oferecendo mais opções. Acessórios adicionais incluem um sistema de vibração Gentle Touch™ que libera três vibrações relaxantes na forma de ondas que ajudam a acalmar o bebê.[33]

Um dos argumentos que os pais oferecem para colocar telas diante dos bebês é que estes olham para elas tão atentamente que os pais se convencem de que a experiência de fitá-las é significativa. Porém, o pediatra Dimitri Christakis, que pesquisa o impacto da mídia sobre bebês, apontou o seguinte em uma entrevista para o programa de rádio *All Things Considered*: "A mídia de tela direcionada para os bebês explora o reflexo de orientação. Modificando os temas constantemente, contando com luzes piscando e sons, eles mantêm as crianças focadas na tela. E esse tipo de efeito é mesmo necessário, porque os bebês não entendem o conteúdo, certo? Eles não sabem realmente o que estão olhando. São estimulados pelo cenário em constante modificação."[34] O fato de a Leapfrog ter encontrado uma forma de interpor uma tela entre o bebê e o restante do mundo é assustador — quase tanto quanto seu marketing. A tela de Learning Seat é descrita como fonte dos "momentos de aprendizado mágico" do bebê, insinuando que ela, não o mundo que o cerca, é a fonte das oportunidades educacionais.

Ao mesmo tempo, os objetos pendurados diante do bebê não estão ali para ser explorados e investigados por eles mesmos. Só têm valor na medida em que ativam a tela. Quando o leão se move, um sol amarelo e abstrato lampeja na tela e uma voz sem corpo soa dizendo coisas como "Leão amarelo", "Leão grande", "Toque minha juba" e "Leão ruge para o sol". Frases como essas parecem ser a base para os anúncios da Leapfrog, que sugerem que o assento estimula o desenvolvimento da linguagem inicial e da alfabetização. Considerando que o leão nunca muda de tamanho, que não há explicação para o que é uma juba e que não existe nem mesmo a ameaça de um rugido, é difícil entender como uma dessas frases — sem nenhum contexto — pode ser educativa, inclusive para crianças mais velhas. De qualquer maneira, a pesquisa sugere que a mídia de tela não é um meio eficiente para ensinar novo vocabulário para crianças pequenas, que adquirem a linguagem com muito mais rapidez e qualidade ouvindo vozes humanas ao vivo.[35]

Os brinquedos para bebês que funcionam mecanicamente, em vez de possuir tecnologia computadorizada, atualmente são desprezados por serem considerados antiquados; todavia, são esses brinquedos que promovem a coordenação visomotora, estimulando o puxar, torcer, virar, girar e empurrar. Um bebê instalado na Magic Moments Learning Seat só precisa encostar em alguma coisa para obter um efeito espetacular. Brincar — e a satisfação obtida com isso — requer esforço. Se todos os bebês nunca tiverem de fazer mais que encostar em um objeto ou pressionar um botão, perderão oportunidades para aprender como explorar e criar. Uma colega recentemente me contou que dera um urso de pelúcia à neta de 22 meses.

— Ela insistia em esfregar as mãos dele e apertar sua barriga — ela comentou —, e finalmente percebi: ela estava tentando fazer o urso ter alguma reação!

A cadeira vem com um guia sugerindo formas pelas quais os pais podem interagir com os bebês nela acomodados. No entanto, claramente, com todo aquele movimento barulhento e as imagens e os sons na tela, a Magic Moments Learning Seat é projetada para ocupar os bebês sem a participação dos pais. Como muitos produtos de entretenimento educacional, entre eles os vídeos Baby Einstein, que têm uma opção de exibição repetida,[36] os pais recebem uma mensagem dupla. Por um lado, os produtos são vendidos com sugestões de interação com os bebês. Por outro, são criados com todos os aparatos para remover a necessidade de envolvimento dos pais.

Outra noite, quando eu jantava em um restaurante de que gosto muito, vi duas famílias — cada uma delas formada por pai, mãe e um filho de menos de dois anos — lidando de maneira muito diferente com os desafios de sair para comer fora com crianças, especialmente as que estão naquele estágio do desenvolvimento em que o prazer da exploração ativa é maior do que qualquer outro, inclusive o de comer.

Uma família chegou equipada com um DVD player portátil vermelho brilhante. O filho estava concentrado em *Thomas e seus amigos*, um programa de televisão altamente recomendado para crianças em idade pré-escolar, e assim permaneceu durante todo o jantar. Ele se mantinha completamente silencioso, sem notar o ambiente que o cercava, e mastigava distraidamente os pedaços de comida que a mãe retirava do próprio prato para oferecer-lhe. Os pais dessa criança conseguiram apreciar a refeição sem inter-

O GOLPE DO BEBÊ 83

rupções. Conseguiram até conversar demoradamente, uma experiência rara para pais de filhos ainda tão pequenos.

O outro casal teve uma refeição menos tranquila. Depois de o filho chegar ao limite de sua tolerância por estar confinado em uma daquelas cadeiras enormes, em vez de dissuadi-lo do impulso de explorar as imagens e os sons no restaurante, os pais se revezavam acompanhando-o pelo local. Segurando uma colher de plástico, ele passou vários minutos com o nariz colado na vitrine de sobremesas artisticamente decoradas. Depois, fez gestos de cavar com a colher e a ofereceu à mãe.

— Vai me dar um pedaço? — ela perguntou. — Hum!

Rindo, ele repetiu o gesto.

— Cima — disse o pequeno, apontando para a fileira de bolos na prateleira mais alta.

— Isso mesmo — confirmou a mãe. — Os bolos cor-de-rosa estão em cima.

— Baixo! — exclamou o menino, dobrando um pouco os joelhos para apontar a prateleira inferior.

Em seguida, segurando a mão da mãe, ele voltou à mesa, onde foi entregue ao pai, que foi parar também na frente da vitrine de sobremesas enquanto a mãe acabava de comer. Com a ajuda desses pais, sua capacidade inata para a exploração divertida transformou o restaurante em um laboratório para a exploração de cor, conceitos espaciais e faz de conta.

E quanto ao menino com seu DVD player portátil? Vi um modelo semelhante em um anúncio de tevê, um comercial composto por trechos do altamente recomendado *Pistas de Blue*, da Nickelodeon, que terminava com a frase "Assista a esse programa educativo". *Thomas e seus amigos* é divulgado como instrumento para promover a imaginação. "Com *Thomas e seus amigos*", declara o site oficial norte-americano, "as crianças entram em um mundo de imaginação pelos trilhos de um trem e pelas palavras de uma história. As crianças se divertem com seus amigos motorizados e acompanham aventuras que as levam a lições de vida atemporais. Pais e filhos desfrutam de uma conexão única durante toda a jornada".[37]

Certamente é possível que uma criança em idade pré-escolar cuja única experiência com telas seja um episódio diário de *Thomas* seja inspirada a brincar com esse conceito de maneira criativa. Mas, como sabemos, crianças de todas as idades estão consumindo significativamente mais de trinta minutos diários de mídia de tela. Graças aos milagres da tecnologia moderna e a agressivas campanhas de marketing, programas como *Thomas e seus amigos*, *Dora, a Aventureira* e *Arthur* acompanham as crianças no jantar, vão com elas para a escola no banco traseiro do carro e as seguem em viagens aéreas. Como explicou um vice-presidente sênior da Nickelodeon, "existem muitas evidências de que as crianças estão usando [conteúdo de mídia em] telefones celulares para se divertir nas partes intersticiais de sua vida, e decidimos começar com algo que vai envolver os pais".[38] Mas, enquanto a mídia e as indústrias de marketing pressionam as crianças para adotar uma vida sempre cheia de telas, precisamos nos fazer algumas perguntas sobre o valor educativo da mídia eletrônica, que vão além das preocupações com o conteúdo.

Quais são as lições primordiais de vida que uma criança absorve assistindo regularmente a DVDs enquanto come em um restaurante? Ela aprende a olhar para uma tela, em vez de estudar o ambiente em busca de estimulação, a esperar ser entretida, em vez de entreter-se. Aprende que interagir com a família durante as refeições é tão tedioso que é necessário o auxílio de uma tela para suportar a provação. E aprende que comer é algo para acompanhar outra atividade.

E quanto às lições que as crianças não aprendem enquanto estão grudadas em uma tela, mesmo que estejam fora de casa e em movimento? Elas deixam de experimentar aqueles inquietantes arroubos de curiosidade que levam às delícias da exploração ativa e desconhecem a deliciosa sensação de domínio e o orgulho que acompanham a descoberta e a solução de problemas. Elas perdem chances de praticar o adiamento da gratificação, essencial para qualquer tarefa que envolva o estabelecimento de um objetivo e o esforço para sua realização, desde o sucesso no trabalho até economizar para a aposentadoria. Elas não aprendem a descobrir o que é único com relação a elas no mundo — o que provoca seu interesse a ponto de se tornarem apaixonadas por esse ou aquele assunto. Perdem oportunidades de brincar no e com o ambiente de maneira única, própria.

EM DEFESA DO FAZ DE CONTA

Em uma grande loja de departamentos, enquanto eu esperava do lado de fora do provador onde minha filha experimentava algumas roupas, observei uma menina de uns 8 anos que esperava pela mãe. A loja havia instalado aparelhos de televisão no alto em toda a área dos provadores para entreter (e anunciar para) as pessoas que esperavam por alguém ali. Aquele aparelho estava quebrado. A menina se sentou em um banco e ficou balançando as pernas em determinado ritmo. O tempo passou, e ela se levantou e começou a pular. O piso era de linóleo e alternava quadrados pretos e brancos. Ficou evidente que ela havia inventado um jogo que envolvia saltar e cair apenas nos quadrados pretos. Ela parecia perfeitamente contente. Imagino que, se a tela estivesse funcionando, seus olhos estariam grudados nela. Já notou como é difícil ignorar uma tela quando estamos em sua presença? É um instinto de proteção que faz nossos olhos buscarem a luz e o movimento rápido. Mas, como a tela estava quebrada, ela teve de fazer o que todas as crianças faziam até alguns poucos anos atrás, quando tinham de esperar pelas mães diante de um provador em uma loja de departamentos: teve de lançar mão dos próprios recursos para obter entretenimento. Conseguiu usufruir do ambiente, exercitando corpo e mente enquanto esperava.

Um anúncio da Chevy Venture, um dos primeiros automóveis a lançar telas nos bancos traseiros, mostrava um menino totalmente hipnotizado, olhando para uma tela. O texto, repleto de cinismo e ironia, proclamava em meia página da revista: "Vídeos: definitivamente, eles estão mudando o comportamento das crianças hoje em

O GOLPE DO BEBÊ

dia", e acrescentava logo abaixo: "Assim, todos podem apreciar a viagem." A indústria de marketing gasta bilhões de dólares visando ao público infantil e disparando mensagens de "fortalecimento" que induzem as crianças a importunar os pais, levando-as a pensar que os adultos são miolos moles dignos somente de desrespeito.[39] Ao mesmo tempo, comercializam, para os adultos, a sedação como um meio de lidar com o comportamento impróprio que foi incentivado. O subtexto do anúncio do Ventura é: "Mantenha as crianças na frente de uma tela para dominá-las: elas são um aborrecimento."

Resistir às campanhas onipresentes e inteligentemente desenvolvidas é difícil para os pais superestressados de bebês e crianças pequenas, especialmente porque elas manipulam seu pior temor (seu filho não vai se sair bem na escola) e oferecem a merecida chance de descanso livre de culpa (uma babá eletrônica benéfica para as crianças). As falsas afirmações da indústria do marketing sobre a mídia de tela ser benéfica para os bebês tornam-se ainda mais difíceis de refutar quando organizações cuja reputação é construída sobre a dedicação ao bem-estar das crianças começam a atrair bebês para a frente das telas. Quando a Disney começou a visar aos bebês num esforço de inculcar a eterna lealdade à marca Disney, a Sesame Workshop, os venerados produtores de *Vila Sésamo*, também ingressou no mercado, por meio de uma parceria com a Zero to Three, uma empresa igualmente venerada de saúde pública, para criar vídeos para bebês e crianças com menos de 2 anos. Mesmo deixando de lado a competição com a Disney, não surpreende que a Sesamo Workshop

88 EM DEFESA DO FAZ DE CONTA

quisesse ingressar no mercado de vídeos para bebês. Uma coisa que os bebês *realmente* aprendem com os vídeos é se familiarizar com os personagens que estão vendo e gostar de reconhecê-los.[40] A Sesame Workshop ganhou 46,8 milhões de dólares em direitos de licenciamento em 2006 — é uma importante fonte de lucro. A companhia criou uma nova linha completa de produtos licenciados para acompanhar os novos vídeos.[41]

Havia pelo menos 750 vídeos para bebês no mercado em 2006, e eles continuam se multiplicando como coelhos.[42] Michael Eisner, ex-diretor da Disney, comprou a Team Baby, uma produtora de vídeos destinada a incutir na memória dos bebês os esportes universitários.[43] A BabyPro, outra companhia, alega que "assistir a esses vídeos vai incentivar seu bebê a chutar, arremessar, nadar, surfar, dançar e torcer — por toda a vida!".[44] Na seção de pesquisa de seu site — e sem citar nenhum estudo senão o desacreditado e mal compreendido "efeito Mozart", adorado por muitas companhias de vídeos para bebês* — a BabyPro proclama que seu produto promove "autoconfiança, constrói profundas habilidades e proporciona uma base de prática esportiva saudável e ativa para toda vida!".[45]

---

*Muitos dos vídeos para bebês a que assisti citam pesquisas sobre a ligação entre ouvir música clássica e o desenvolvimento intelectual do bebê. Nunca houve pesquisas comprovando que seja esse o caso. Em 1993, Frances H. Rauscher *et al.* publicaram um estudo intitulado "Music and Spatial Task Performance", que sugeria que universitários que haviam escutado Mozart antes de fazer o teste de QI Stanford-Binet obtinham melhores resultados nos subtestes espaciais. O estudo nunca foi replicado, mas continua sendo citado no mercado de vídeos para bebês.

Não devemos deixar de mencionar as grandes religiões. Cristãos podem encontrar os vídeos *Praise Baby* para promover os ensinamentos do cristianismo para seus pequenos, enquanto judeus podem lançar mão de *Oy Baby* 1 e 2, e os budistas que desejarem podem utilizar o *Zen Baby* — e assim passar menos tempo com seus bebês inculcando os conceitos básicos espirituais de amor, compaixão, empatia e apreciação pelos inefáveis esplendores da vida, qualidades que se desenvolvem com o tempo por meio da interação com adultos amorosos. Nunca vi um vídeo muçulmano para bebês, mas isso não significa que não existam.

O encanto do tempo de tela como uma solução rápida para o estresse parental, em associação às políticas educacionais e outras forças sociais que privam as crianças de tempo e espaço para brincar — tais como excesso de atribuições, falta de espaço para brincar ao ar livre, falta de creches adequadas —, constitui um ataque tão poderoso ao tempo de brincar criativo das crianças que se fica tentado a levantar as mãos em desespero e criar uma série de vídeos para bebês — *Bebê Robô*, poderíamos chamá-la, incluindo títulos individuais como *Bebê Plástico*, *Bebê Blasé* e *Bebê Tédio*.

Mas, antes de irmos todos ganhar dinheiro no mercado de vídeos para bebês e voltarmos as costas para o brincar, quero falar mais sobre por que não devemos jogar a toalha — como e por que as brincadeiras criativas são essenciais para o bem-estar das crianças, as maneiras extraordinárias pelas quais as vejo utilizando o faz de conta e o que podemos fazer para preservá-lo.

4

Romance verdadeiro

Meu caso de amor com D. W. Winnicott

Eu me apaixonei pelo pediatra e psicanalista britânico D. W. Winnicott há mais de 25 anos e, desde então, tenho me mantido fiel a ele. Não importa que (1) ele fosse casado e (2) já não estivesse mais vivo quando nos tornamos íntimos. Foi Winnicott quem nos deu a confortante noção de educação "suficientemente boa" — a ideia de que os pais não precisam ser perfeitos para criar filhos felizes e saudáveis — e relacionou o brincar com criatividade e saúde mental.[1]

Em 1974, quando ingressei na graduação, eu ganhava a vida como recreadora infantil. Tinha uma vaga ideia de que podia usar meus bonecos de alguma forma contínua com as crianças, mas não sabia como. Havia passado um ano em um programa Head Start no South End de Boston, no qual, sob a rubrica do desenvolvimento da linguagem, eu me sentava com meus bonecos e conversava com crianças de 4 e 5 anos. O que nunca deixava de me espantar era a intimidade das revelações que aquelas crianças faziam à Pata Audrey — sobre seus pais, por exemplo, ou sobre ir ao dentista, ou sobre morrer, ou sobre raiva. No mesmo período, comecei a refletir sobre as maneiras específicas pelas quais eu usava minha brincadeira com os bonecos para lidar com questões difíceis da vida.

Naquela primavera, fiz um curso de desenvolvimento do brincar e dos símbolos. A lista de leitura era cheia de esoterismo erudito, e boa parte daquilo não fazia sentido para mim. Portanto, foi com certo desespero que abri o livro de Winnicott, *O brincar e a realidade*. Cerca de uma hora mais tarde, emergi dos primeiros cinco capítulos completamente transformada, mas sem qualquer compreensão intelectual do que acabara de ler.

O que eu entendia era que minha experiência e minhas brincadeiras com os fantoches tinham ambas fundamento e valor potencialmente significante para outras pessoas. Embora naquele momento não pudesse entender realmente por que, Winnicott me deu o empurrão necessário para começar a pensar em fantoches e no brincar no contexto da teoria e da prática psicológica. Adquirir um entendimento sistemático sobre como e por que os bonecos funcionam como instrumentos terapêuticos é essencial para usá-los efetivamente como agentes de crescimento e mudança, para entender os temas e os conteúdos que invocam e para tomar decisões sobre como utilizá-los terapeuticamente em uma grande variedade de situações.

Comprei uma cópia de *O brincar e a realidade*, que ficou na minha estante por anos, mais como um talismã do que qualquer outra coisa, e me dediquei a tentar ser terapeuta e usar bonecos.

Depois de trabalhar no Boston Children's Hospital por vários anos fazendo ludoterapia com bonecos, após anos de supervisão clínica e depois de ter voltado a estudar para obter um doutorado em psicologia, reli *O brincar e a realidade* e segui em frente, lendo outros livros de Winnicott. Àquela altura, eu entendia o suficiente para ver que minha reação instintiva a Winnicott fazia sentido. Sua teoria sobre brincar, saúde e criatividade era uma validação da minha própria jornada e criava tanto um contexto para os fantoches terapêuticos quanto as raízes de uma filosofia de vida. Não consegui deixar de sorrir quando li o que um de seus discípulos escreveu sobre ele: "Você só consegue entender Winnicott se já sabe sobre o que ele está falando." Essa era certamente a minha experiência.

Winnicott fala sobre o brincar. O brincar como uma manifestação de saúde. O brincar como cura. O brincar como um meio de autoexpressão honesta. O Brincar como criatividade. O brincar como... e enquanto escrevo, me surpreendo imaginando um diálogo com meu fantoche, a Pata Audrey, algo mais ou menos assim:

AUDREY: Estou à disposição.

EU: Para quê?

AUDREY: Vai precisar de mim para toda essa coisa de teoria.

EU *(aborrecida)*: Não é "coisa". É uma forma fabulosa de entender as ligações entre brincar, criatividade e saúde. Sabe, eu gostaria muito de explicar tudo isso por mim mesma.

AUDREY: Eu sou você. Confie em mim. Vou ser útil a qualquer parágrafo. Winnicott teria me adorado. Então, por que estamos falando sobre isso?

EU: Tenho esperança de que, se as pessoas realmente entenderem os comos e porquês do brincar criativo, vão entender como ele é importante.

AUDREY: E aí?

EU *(rindo como se me desculpasse — estou constrangida com minha objetividade)*: E aí vão garantir que as crianças tenham tempo e espaço para brincar de maneira a permitir a imaginação e o pensamento criativo.

AUDREY: E aí?

EU: E aí vão parar de bombardear as crianças com entretenimento pré-fabricado que só requer que elas observem ou reajam, em vez de participarem ativamente.

AUDREY *(manhosa)*: Entretenimento pré-fabricado como televisão? Ou jogos de computador? Ou brinquedos eletrônicos?

EU: Hum, hum.

ROMANCE VERDADEIRO

AUDREY: E aí?

EU: Aí eles vão entender que a brincadeira criativa é uma excelente maneira para a criança expressar — e lidar com — pensamentos e sentimentos difíceis, poderosos ou assustadores. E também vão entender que até as crianças muito pequenas podem ter sentimentos fortes, passionais.

AUDREY: E então?

EU: E que a capacidade para brincar — mesmo para os adultos — é essencial para se levar uma vida significativa.

AUDREY: E aí?

EU *(ainda constrangida — estou me sentindo bastante vulnerável)*: E aí servirá para a sociedade, para manter viva a democracia. As habilidades que as crianças adquirirem com o brincar criativo — como solução de problemas, cooperação, empatia e pensamento divergente — são essenciais para as pessoas viverem em uma democracia.

AUDREY: E então?

EU *(exausta)*: Não é o bastante?

AUDREY: Para mim, é. Odeio simplesmente reagir. Gosto de pensar por mim mesma! Ser original! Criar! Agir!

EU *(admirada)*: Você está realmente envolvida com isso.

AUDREY: Envolvida com isso? Eu *sou* isso!

Meu pensamento sobre o faz de conta e sua ligação com a saúde, não só individual, mas da sociedade, tem raízes profundas na minha compreensão de Winnicott e suas teorias, mas ele tem sido significativamente influenciado por muitos dos gigantes da teoria psicológica do século XX. Essas ligações entre fantasia e vida interior foram encontradas pela primeira vez nas palavras de Sigmund Freud, tal como a noção do brincar como um meio de domínio psicológico — ou obtenção de uma sensação de controle — sobre eventos aparentemente opressivos. Sua filha, Anna Freud, explorou o uso da brincadeira como meio para ajudar as crianças a superar traumas. Jean Piaget também escreveu sobre domínio, mas de um ponto de vista cognitivo. O psicólogo Erik Erikson, escrevendo principalmente sobre brincar com blocos, propôs a ideia de que um conflito central ou tema é inerente na construção do brincar de todas as crianças e que o tema reflete o atual desafio desenvolvimental da criança. Eu, inclusive, sugiro leituras ao final deste livro para quem se interessar em explorar estas e outras fontes por conta própria. Contudo, boa parte de meu atual pensamento sobre como e por que fazer de conta é importante também tem por base minha experiência como terapeuta, como recreadora infantil, e como alguém que, desde a infância, se delicia na experiência paradoxal de me achar me perdendo num determinado tipo de brincar: falar para e pelos bonecos.

Muito tempo se passou desde meu primeiro encontro com Winnicott, e mais ainda desde que ele escrevia e clinicava. Como em qualquer relacionamento longo, minha paixão cega inicial transformou-se em algo mais real, na medida em que comecei a

ROMANCE VERDADEIRO

reconhecer as limitações e os pontos fortes do objeto de meu afeto. Como todos nós, Winnicott foi limitado pelo tempo em que viveu. Ele escrevia em um período no qual as famílias eram menos propensas a ser vistas no contexto de uma sociedade maior, quando as mães eram quase sempre as provedoras primárias de cuidados e quando "normal" era definido pelos costumes das classes média e alta da sociedade branca. Ele não levou em conta o fato de que as crianças e famílias por ele estudadas viviam em uma sociedade maior, nem considerou o terrível impacto da pobreza sobre a saúde e o bem-estar das crianças, tampouco reconheceu normas culturais diferentes na educação dos filhos. Não obstante, suas teorias são um presente para qualquer um que eduque crianças. Ele não acreditava que os pais tinham de ser perfeitos — apenas "suficientemente bons". E, ainda hoje, acredito que o pensamento de Winnicott sobre o brincar é fundamental para uma compreensão do fenômeno, seus elos com a saúde e a criatividade e as características de ambientes que permitem seu florescimento.

AUDREY: Espere! Espere! Espere!

EU: Qual é o problema?

AUDREY: Criatividade. Fiquei entalada com essa parte. Não podemos ser todos artistas. Não somos todos artistas. Eu não sou. *(Pomposa.)* Não me considero criativa. Penso em mim como criada.

EU: Mas não estou falando apenas sobre criar arte. Estou falando sobre vida criativa.

AUDREY: Vida criativa? Parece até nome de revista cara de decoração.

EU: Estou falando sobre criatividade como a capacidade de *gerar* — interagir com a vida e torná-la significativa. A capacidade de imaginar possibilidades onde não existia nenhuma óbvia. Resolver problemas. Lidar com novas ideias e repensar as antigas. Refletir sobre nossa experiência e crescer a partir dela. É o que fazemos quando brincamos.

AUDREY: Ah, entendi. Viver criativamente.

Um conceito básico do trabalho de Winnicott é que o brincar floresce a partir da infância em ambientes que são, simultaneamente, protegidos o bastante para ser seguros e relaxados o bastante para permitir expressão espontânea. As diferentes formas pelas quais podemos segurar e interagir com bebês proporciona uma boa metáfora para o impacto do ambiente sobre o brincar. Um bebê que é segurado sem muita firmeza não se sente seguro para produzir movimento e tem de permanecer absolutamente quieto por medo de cair; um bebê segurado com força excessiva não tem espaço para gerar movimento e nunca tem a experiência de originar ação. No entanto, quando os bebês são segurados com a firmeza necessária para se sentirem seguros e com liberdade suficiente para descrever algum movimento no curso de seu desenvolvimento, têm a oportunidade de experimentar o que é gerar ação — escolher fazer um gesto. Winnicott chama os ambientes que são seguros, mas permitem liberdade de expressão, de "holding". É um excelente termo. Os braços de alguém que cuida da criança podem ser um ambiente de holding. Uma sala de aula também pode. Ou um relacionamento. Ou uma família.

Pense em todas as diferentes maneiras possíveis para se responder a um bebê. Quando um bebê faz um gesto que parece proposital, sempre respondemos — sem sequer pensar nisso — com um ruído ou um sorriso ou uma risada. Nesse intercâmbio, estão as sementes de duas importantes mudanças desenvolvimentais essenciais para a criatividade.

Originando uma ação que provoca uma reação distinta do ambiente, o bebê começa a aprender a se diferençar dos pais e estabelecer uma noção de si mesmo como um ser separado. Saber que somos diferentes do nosso ambiente e das pessoas à nossa volta é uma base essencial para o crescimento e o desenvolvimento saudável. Se, quando bebês, nossas primeiras ações provocam respostas amorosas dos adultos importantes em nossa vida, cada um de nós experimenta o desabrochar do eu como algo capaz de fazer coisas boas acontecerem no mundo. Experimentamos criatividade.

Um ambiente de holding *inadequado* pode ser cheio de falhas que comprometem a segurança, ou pode ser aquele que bombardeia constantemente o bebê com demandas para reagir, em vez de iniciar a ação. Suponha que o bebê faz um gesto e ninguém responde. Suponha que seus gestos provo-

100 EM DEFESA DO FAZ DE CONTA

quem raiva, em vez de incentivo. Suponha que as pessoas mostrem-se tão ocupadas tentando arrancar respostas do bebê ("Faça isso!", "Sorria!", "Faça aquilo!") que ele não tem espaço nem para *arriscar* gerar uma ação própria. Como ele vai aprender quem realmente é?

Os trabalhos de Winnicott indicam que uma criança que cresce em um ambiente destituído de segurança em consequência de negligência ou muito exigente em resultado de estímulo constante e demandas de resposta pode desenvolver um eu reativo, ou "falso", no lugar de um eu "verdadeiro", ou criativo, que floresce em um ambiente de holding que ofereça apoio. Criatividade, ou espontaneidade construtiva, em oposição à concordância constante ou reatividade exigida por um ambiente que Winnicott chama de "invasor", está na essência de sua concepção da diferença entre saúde mental e doença.

À medida que as crianças vão crescendo, seu ambiente se expande para muito além da segurança dos nossos braços. Mas a necessidade de holding para brincar espontaneamente e de maneira criativa continua tanto no ambiente físico quanto nos relacionamentos. Elas precisam se sentir seguras tanto no aspecto físico quanto no emocional. Precisam de espaço para explorar e experimentar dentro dos limites que as protegem sem restringi-las. Precisam de espaço físico seguro para brincar e precisam de relacionamentos com adultos que, simultaneamente, incentivem a liberdade de expressão e delineiem limites claros que as impeçam de machucar ou se machucarem. Elas também precisam de silêncio e tempo sozinhas para experimentar a diferença entre reagir ao estímulo externo e gerar as próprias ideias ao brincar.

Brincar é frequentemente descrito como o "trabalho" das crianças, para enfatizar o papel essencial da brincadeira no desenvolvimento infantil e convencer uma sociedade adulta, cada vez mais rígida e voltada para resultados, a valorizar e promover essa prática. É uma forma de dizer: "Estão vendo? Brincar parece perda de tempo porque dá a impressão de ser muito divertido. Mas, na verdade, quando estão brincando, as crianças estão trabalhando duro para aprender todo tipo de habilidade." Recentemente, eu estava fazendo visitas a uma pré-escola e fiquei surpresa ao deparar com várias inscrições nas paredes como: "Quando eu brinco com água, estou aprendendo sobre o mundo físico e a natureza dos materiais." Cada inscrição relacionava determinada brincadeira (blocos, areia, roupas) com a aquisição de habilidades específicas. Quando perguntei sobre aquelas frases, a diretora da pré-escola me explicou que as pusera lá em resposta aos pais que se mostravam ansiosos com relação ao fato de os filhos passarem o dia todo "só brincando". Estrategicamente, para impedir o fim absoluto da educação baseada no brincar para crianças na primeira infância, talvez tenhamos de nos referir à brincadeira como trabalho, mas, na verdade, existem distinções importantes entre as duas coisas.

O brincar pode ser um componente do trabalho. Ele é sempre a parte que mais apreciamos — quando geramos ideias e projetos ou solucionamos problemas. Porém, quando atingir um objetivo, cumprir um prazo, buscar aprovação ou ganhar dinheiro passa a ser de importância primária, a experiência deixa de ser divertida. Os resultados do trabalho são de suprema importância. Mas a *experiência* de brincar, sozinha, é muito satisfatória. Brincar é um fim em si mesmo e, paradoxalmente, é quando nos abandonamos no processo de brincar que mais contribuímos para nosso crescimento e desenvolvimento.

Brincar implica movimento (pense em "brincar" de corda), ação ("brincando") e encenação ("desempenhar um papel", "fingir" ser). Em um ambiente de holding, brincar nos permite trazer à tona o que Winnicott chama de "potencial onírico". Podemos expressar nossos mais profundos desejos, esperanças, medos e fantasias sem o risco das consequências do mundo real. Podemos experimentar ativamente nossos sonhos (ou pesadelos) em um espaço excepcionalmente seguro. Com o tempo, somos capazes de usar o brincar para lidar com experiências de vida que podem parecer incompreensíveis ou opressoras e obter domínio sobre elas. Assim, podemos integrar experiência — e nossos sentimentos sobre essa experiência — numa noção coesa, significativa de nós mesmos e do mundo. Os terapeutas chamam essa experiência de "elaboração".

A necessidade de obter uma sensação de domínio ou competência em um mundo complicado é a motivação por trás de uma característica essencial da brincadeira infantil que muitos adultos consideram frustrante: o prazer da repetição. As crianças sempre usam o brincar repetitivo para entender e dominar um desafio que pode parecer opressor, confuso ou simplesmente interessante. "Quantas vezes ela consegue brincar de esconder?", murmura entrecortadamente o pai de uma menina de 6 meses. A resposta, provavelmente, é "infinitamente" ou quase isso. O esconder de uma pessoa é o meio de outra entender e lidar com a separação — ou realmente compreender que pessoas e objetos amados não vão desaparecer para sempre quando somem do campo de visão. "Jéssica quer brincar sempre da mesma coisa, e estou cansada disso", suspira a mãe de uma menina de 2,5 anos. "Ela é a mãe, e eu sou a filha. Ela me deixa na creche, vai trabalhar e volta para me buscar — muitas e muitas vezes." De certa forma, o brincar de Jéssica é um jogo de esconder um pouco mais sofisticado. O mesmo princípio se aplica: ao criar uma situação que permite que seja ela a autora do "deixar", Jéssica tem a oportunidade de obter o domínio sobre a dor de ser deixada e reafirmar para si mesma que aquelas separações não são para sempre. Às vezes, crianças que estão tentando elaborar uma situação difícil e nova encenam diversas variações do mesmo tema por meses seguidos.

Com quase 3 anos, Megan é uma menina feliz e bem-ajustada, que digere em silêncio a novidade da chegada de um irmão. Depois de um longo momento, ela desce do sofá para ir buscar a boneca preferida. Segurando-a pela perna, ela bate com a boneca no chão e a arrasta pela sala. Virando-se para os pais, perplexos, ela sorri e anuncia alegremente: "Não tem mais bebê!"

104   EM DEFESA DO FAZ DE CONTA

Quando contei essa história a um amigo que nutre aversão confessa por demonstrações de emoção tão veementes, ele ficou horrorizado. A intensidade do sentimento de Megan o apavorara. "E se ela fizer mesmo algo parecido com o bebê?", ele perguntou. Eu não estava apreensiva.

É raro o filho único que recebe com pura alegria a notícia de um novo bebê na família. Os intensos sentimentos negativos de Megan com relação à chegada do irmão não são incomuns. Raiva, dor e medo de perder o lugar são reações comuns — e compreensíveis — mesmo em crianças muito pequenas. Não defendo esse tipo de atitude, como arremessar brinquedos, mas considero o comportamento de Megan um sinal de saúde. O que me enche de admiração é sua capacidade de usar o brincar para lidar com os sentimentos e comunicá-los numa idade tão tenra. Ninguém ensinou isso a ela. Megan nunca esteve em sessões de ludoterapia. Mas ela está crescendo em um ambiente que lhe proporciona oportunidades de brincar espontaneamente. Embora seu lar não esteja livre da televisão, esta não desempenha papel dominante em seu cotidiano. Na incipiente vida de Megan, há bastante espaço destinado a meios e oportunidades de gerar a brincadeira do faz de conta. Ninguém disse a ela para brincar em relação a seus sentimentos, mas ela sabia instintivamente que isso é possível. O fato de Megan ter fortes sentimentos concernentes à chegada do bebê não é surpreendente. O que me encanta, e encanta também meus colegas da área do desenvolvimento infantil, é como ela escolhe de forma tão clara expressar esses sentimentos.

Nos meses seguintes, os pais de Megan tiveram a astúcia de dar a ela infinitas possibilidades para brincar sobre a chegada do novo bebê. Ela começou a usar roupas e sapatos da mãe e carregar a boneca para todos os lugares. Alimentava o "bebê", trocava sua fralda e o deixava na creche. Um dia, ela anunciou: "Quando eu ficar muito brava [na verdade, ela ainda tinha dificuldades com o *r*, por isso disse "bava"] com o bebê, vou chutá-lo."

Os pais brincavam com ela e, assim, davam o exemplo de ternura e delicadeza ao lidar com as bonecas. Eles a tranquilizaram sobre a chegada do novo bebê, explicando que todo mundo fica bravo de vez em quando, mas que não chutamos as pessoas por causa disso. Ao permitirem que Megan brincasse com seus sentimentos, medos e fantasias relacionados ao novo bebê, eles a ajudaram a desenvolver mecanismos para lidar com a frustração.

Enquanto o feto se desenvolvia no útero da mãe, a brincadeira de Megan evoluía. Ela assumiu a identidade da mãe, literalmente, e enfiava bonecas sob as roupas, dando à luz várias vezes por dia. Ela e os pais davam banho nas bonecas e trocavam fraldas. Num ritmo próprio, de maneira particular, e em um espaço seguro, ela se debateu com uma infinidade de questões cognitivas e emocionais promovidas pela chegada do irmão. Como era estar grávida? Como o bebê ia parar lá dentro, aliás? O que significava deixar de ser filha única? Como ela iria lidar com o compartilhar? Havia algum problema em sentir raiva de tudo isso de vez em quando? O que ela podia fazer com esse sentimento? Quando a irmã nasceu, Megan a recebeu com ternura. Ela não atacou o bebê, como meu amigo temia. E continuou sendo gentil — na maior parte do tempo — com a irmãzinha, embora, com suas bonecas, ainda seja agressiva em algumas ocasiões. O brincar com o parto e com os bebês diminuiu consideravelmente. Não que ela não tenha mais sentimentos de inveja e raiva. Às vezes, é um pouco ríspida com a bebê. Mas, como teve a oportunidade de trabalhar esses sentimentos "negativos" através da brincadeira, eles se tornaram administráveis. Não comandam seu comportamento. Ela pode continuar a expressá-los, quando necessário, em seu brincar. Por ter brincado tanto com esses temas antes de a irmã nascer, ela também é capaz de falar sobre como se sente com os adultos que a amam.

Suponha que ninguém houvesse incentivado o brincar de Megan. Suponha que os adultos em torno dela estivessem ocupados, estressados ou deprimidos demais para prestar atenção. Suponha que tivessem ficado horrorizados diante da primeira explosão e a houvessem castigado. Suponha que houvessem exigido apenas demonstrações de entusiasmo incondicional relacionadas às mudanças na família. Ela certamente teria continuado com os sentimentos de raiva e ciúme, mas não teria brincado com eles nem falado a respeito. Talvez tivesse adicionado a vergonha à sobrecarga de sentimentos já tão desconfortáveis relacionados ao bebê. Ela podia ter ido além da situação envolvendo o neném, generalizado a resposta negativa dos pais à sua expressão de sentimentos para uma esfera mais ampla, decidindo que nunca, em nenhuma circunstância, poderia reco-

ROMANCE VERDADEIRO

nhecer a raiva. Aparentemente, teria continuado agindo como o anjo doce e sorridente que os pais esperavam que fosse.

Em outras palavras, sem oportunidades para expressar os verdadeiros sentimentos, uma criança como Megan teria desenvolvido o que Winnicott chamou de "falso self". Ela poderia ter se tornado uma adulta incrivelmente doce e sorridente que estaria, na verdade, sentada sobre um vulcão de raiva não expressada. Todos nós conhecemos pessoas assim: pessoas que sorriem o tempo todo, mas parecem horrivelmente falsas e amargas. Pessoas que negam sentir raiva, dor ou medo, mesmo que sejam atingidas em cheio por situações que, em qualquer outra pessoa, provocariam essas respostas — gente incessantemente alegre que nunca parece estar aborrecida, mas sempre age de maneira a ferir outras pessoas.

Sentimentos poderosos podem ser sufocantes para as crianças pequenas se elas não tiverem nenhuma saída admissível para expressá-los. É importante aprender o autocontrole, mas também é importante que as crianças aprendam a reconhecer, e tenham escapes aceitáveis para toda a gama de sentimentos. Ao permitirem que Megan expressasse seus sentimentos por meio do brincar, os pais dela a ajudaram a aprender a entender e a experimentar a diferença entre sentimento e ação. Quando as crianças criam situações frustrantes para a Pata Audrey, posso fazê-la responder dizendo: "Estou zangada. Estou tão zangada que sinto vontade de bater." Quando isso acontece, digo ao meu fantoche (e às crianças que nos

108   EM DEFESA DO FAZ DE CONTA

escutam): "É normal sentir raiva, mas você não pode bater [chutar, socar, ferir] nos outros."

Mais tarde, ainda na mesma conversa, posso fazer Audrey dizer: "Estou tão zangada que sinto vontade de bater... mas não vou bater." Reconheço sua raiva e a elogio pela capacidade de se controlar. As crianças podem testemunhar alguém lidando de maneira bem-sucedida com o controle de um impulso. Elas também ouvem um adulto validando seus sentimentos.

A capacidade de brincar é inata e pode ser estimulada desde o início da infância no contexto de relacionamentos encorajadores, que permitam à criança se mover com segurança, indo da total dependência da infância para a independência. O que torna tão desafiador o papel dos pais de bebês é o fato de se lidar com criaturas que — numa sucessão rápida, às vezes quase simultaneamente — têm necessidades conflitantes de estarem ligadas e desligadas dos adultos que amam.

Para lidar com essas necessidades normais e conflitantes de separação e união, os bebês sempre recorrem a um objeto que já existe em seu mundo — um brinquedo, um bichinho ou um cobertor — sobre o qual têm total controle.

Essa coleção variada de cobertores, ursos e outros objetos que Winnicott chamou de "objeto transicional" surge quando o bebê começa a transição da total dependência para a independência. Esses objetos "tornam-se cruciais para o conforto ou para dormir à noite. De fato, às vezes parecem ser mais importantes que os pais de verdade, porque as crianças não toleram se separar deles.

ROMANCE VERDADEIRO

Objetos transicionais não parecem ser excepcionais para o mundo externo, mas seus donos investem neles especial significado. Eles dão ao criador-proprietário enorme conforto. Você já deve ter ouvido a expressão "cobertor de segurança". Por um lado, é só um cobertor; por outro lado, esse cobertor em particular ajuda uma criança a se sentir segura, e nenhum outro cobertor pode substituí-lo. O bebê não cria o cobertor. Mas cria o sentido do cobertor. E o que é interessante: quando os objetos transicionais surgem, em parte é porque o adulto que cuida dessa criança reconhece seu significado para o pequeno proprietário.

Esse fenômeno é praticamente universal, razão pela qual tornou-se cultura popular. Talvez o exemplo mais conhecido de objeto transicional seja o cobertor que Linus carrega para todos os lugares nas aventuras de Snoopy, criadas por Charles Schultz. E, da metade da década de 1980 até a metade de 1990, o cartunista Bill Watterson baseou sua tira cômica *Calvin e Haroldo* no relacionamento entre um menino e um tigre de pelúcia de quem ele não suportava se separar.

Uma das características dos objetos transicionais é que outras pessoas reconhecem sua importância para as crianças que os criaram, mas não dão a eles o mesmo significado. Aos olhos de familiares e amigos, essas preciosas posses são simplesmente um cobertor ou um animal de pelúcia. Mas, para Linus e Calvin, são amigos, protetores, tábuas de salvação, inimigos eventuais a serem banidos, e quem sabe o que mais. Eles vivem na interseção da experiência interior e da realidade externa e, paradoxalmente, pertencem a ambas. São fonte de grande alegria e também podem criar grande comoção quando são inadvertidamente separados de seus criadores.

Eu visitava recentemente minha sobrinha e sua família em outro estado quando ela, grávida, teve de ser levada ao hospital às pressas. Suas duas filhas pequenas e eu, não muito íntima das meninas, fomos deixadas à nossa própria sorte repentinamente, mais do que todos nós, inclusive o pai e a mãe delas, gostaríamos. Tudo foi muito bem até a hora de dormir. Sarah, a mais velha, então com 4 anos, me explicou que a irmã mais nova, Emily, precisava do seu cobertor "Didi" para dormir, e que eu tinha de encontrá-lo. De início, não me preocupei, sempre pronta a encorajar esse tipo de relacionamento. Comecei a procurar pelo cobertor. Vasculhei a casa inteira e, já em pânico, admiti que não encontraria "Didi". Foi uma longa noite. Emily, esforçando-se para enfrentar a situação, ficou em sua cama em silêncio, mas, periodicamente, eu a ouvia murmurar: "Didi... Didi... Didi..." Sarah, a protetora irmã mais velha, olhava para mim e dizia, com ar de reprovação: "Emily não consegue dormir sem seu Didi", e repetia isso diversas vezes, soando triste.

Eu alternava entre me sentar com elas oferecendo consolo e procurar o cobertor pela casa. Finalmente, Emily acabou adormecendo. A mãe das meninas passou a noite no hospital, embora estivesse bem e tudo houvesse sido apenas um alarme falso de parto prematuro, e o pai delas voltou para resgatar Didi de algum canto onde eu não havia estado. Didi estava na cama de Emily quando ela acordou na manhã seguinte.

Ouvi colegas que trabalham com pais e crianças pequenas manifestando preocupação por observarem menos objetos transicionais na vida delas. Eles especulam que os pais podem estar estressados demais para se lembrarem de validar o relacionamento, que telas estão ocupando o lugar de objetos de conforto e que até a orientação da saúde pública para evitar colocar animais de pelúcia no berço de bebês de até 1 ano pode estar contribuindo para o desuso. Não existem pesquisas sobre isso, mas espero que não seja esse o caso.

Winnicott acreditava que, embora os objetos transicionais percam a importância à medida que as crianças vão crescendo, o espaço psicológico que eles ocupam permanece, e é nesse espaço que ocorre o brincar criativo. Nossa vivência infantil do que Winnicott chamou de "espaço transicional" nos permite ter acesso, quando adultos, a uma rica variedade de experiências que não são inteiramente internas nem completamente externas, mas, de alguma forma, são as duas coisas. Símbolos religiosos e patrióticos, como um crucifixo, uma estrela de Davi ou uma bandeira, por exemplo, têm significados além de suas propriedades físicas que variam dependendo da sua experiência. Muitos tipos de psicoterapia ocorrem na interseção do real com o não real, ou da realidade interna com a externa. Suas interações com um terapeuta, por exemplo, são reais, na medida em que acontecem de fato, mas são um

EM DEFESA DO FAZ DE CONTA

tipo de realidade diferente daquela que comanda o restante de sua vida. A resposta de um terapeuta às emoções que você expressa, como raiva, costuma ser muito diferente das reações de seus amigos e familiares. A arte visual é outro exemplo de paradoxo no trato da realidade interna e externa, ou de real e não real. A pintura de um vaso de flores é real, na medida em que existe no tempo e no espaço, mas o vaso no quadro também é irreal, na medida em que não é de fato o objeto que representa. Juntos, artista e observador "criam" o vaso simbólico: o artista faz uma imagem e a imbui de seu significado; o observador acrescenta outro nível de significado com base na própria experiência.

Quando as crianças crescem e se desenvolvem, esses animais de pelúcia e cobertores tornam-se cada vez menos importantes para seus criadores e, no final, são postos em uma gaveta e deixam de fazer parte da vida diária. Mas, nesse ponto, algo maravilhoso acontece. O que permanece, pelo restante da vida, é a capacidade de experimentar um tipo de espaço psicológico que é simultaneamente interno e externo, real e não real, eu e não eu — um espaço transicional. Nesse espaço, antes ocupado por amados objetos transicionais, as pessoas continuam atribuindo sentidos pessoais e poderosos aos objetos do mundo externo, moldando esses objetos para dar forma tangível a sonhos, ideias e fantasias. Em outras palavras, o brincar criativo se torna possível, e, no brincar, podemos ser realmente nós mesmos.

AUDREY: Então, o que brincar tem a ver comigo?

EU: É interessante. Fantoches existem no espaço transicional e, quando são usados na brincadeira, eles se tornam instantaneamente como o ambiente que Winnicott chamou de holding. Muitas pessoas parecem sentir que, com os fantoches, é seguro expressar pensamentos ou sentimentos que, de outra forma, talvez não expressassem. É praticamente instantâneo.

AUDREY: E os fantoches são seguros?

EU: Sim, na maior parte do tempo. Desde que ninguém obrigue as pessoas a estabelecer conexões entre seus sentimentos e o brincar com fantoches antes de elas estarem preparadas para isso.

AUDREY: Eu sou seu self verdadeiro?

EU: Você certamente é parte dele.

É claro que o falso self é necessário para se viver em sociedade. "Etiqueta profissional", por exemplo, é um tipo de fenômeno de falso self. Mas ele pode ser mantido mesmo quando reconhecemos e temos acesso ao que realmente somos. Permitindo às crianças tempo e espaço para o brincar imaginativo, damos a elas a oportunidade de experimentar seu self "verdadeiro" mais criativo.

Na brincadeira, de forma semelhante aos artistas, expressamos sentimentos reais usando ideias ou objetos que são símbolos de objetos reais. Por exemplo, em vez de esganar um bebê de verdade, Megan usou, para expressar a sua raiva, uma boneca que pôde servir de símbolo para o novo bebê. A criação da arte por qualquer meio nasce no brincar, expandindo-se de um espaço e circunstância que nos permitem usar o que nos oferece o mundo material para a expressão de nossa experiência única interior. Para citar Winnicott uma última vez, brincamos "a serviço de um sonho".[2]

Por terem raízes no brincar, todas as formas de arte são poderosas ferramentas para a autoexpressão. Considero os fantoches particularmente poderosos. Pessoas que falam por intermédio de um boneco parecem se sentir protegidas de exposição e, sem sequer atinar para isso, frequentemente usam a *persona* de um fantoche para expressar pensamentos ou sentimentos que poderiam não divulgar de outra forma. Isso acontece de forma praticamente instantânea com adultos e crianças, e, nesse sentido, os fantoches podem funcionar como o ambiente de holding de Winnicott. Eles proporcionam um espaço seguro para um faz de conta simultaneamente real e não real, interno e externo.

Há anos, quando eu participava de um workshop sobre o brincar criativo com fantoches para um grupo de professores em New Hampshire, notei que um deles havia feito um boneco que identificava como assaltante de banco. Para ajudar os professores a praticar o uso dos fantoches, orientei cada professor a se envolver em diálogos espontâneos com o boneco criado por ele, falando sobre o que achasse melhor, sobre o que quisesse. Cada vez que a professora com o assaltante de bancos se manifestava, fazia seu boneco tentar convencê-la a assaltar um banco — um pedido que ela, falando com voz própria, recusava. Na última rodada do exercício, ela criou o seguinte diálogo:

LADRÃO DE BANCO: Vamos lá. Roube um banco. Vai ser fácil.
PROFESSORA: Não. Eu vou ser pega. Veja Susan Saxe.
LADRÃO DE BANCO: Ah, ela foi estúpida.
PROFESSORA: Não foi. Ela tirou um A naquela prova de Francês em que eu tirei B.

Um dia antes do nosso workshop, Susan Saxe, uma aluna da Brandeis University que participara de um assalto a banco caracterizado como ato político, fora capturada depois de vários anos de vida no submundo. A professora estudara com ela e, portanto, tinha uma conexão muito pessoal com a história. Posteriormente, ela contaria que não tinha consciência sobre por que havia criado um ladrão de banco, nem mesmo de que a captura de Susan Saxe a havia perturbado tanto, até aquele diálogo brotar de sua boca. Esse certamente não era um assunto que ela teria abordado em uma sala cheia de estranhos, mas surgiu como tema central na segurança de seu brincar criativo, espontâneo.

Esses exemplos não são incomuns. Em um workshop recente com um grupo de administradores de creche, pedi aos participantes para criarem uma sentença que pudesse ser atribuída a cada um dos cinco fantoches que havia mostrado a eles, um de cada vez. A sala estava bem cheia, e era o meio da tarde de um dia muito longo. Uma das primeiras frases oferecidas ao primeiro boneco que exibi foi: "Preciso de um cochilo!" Todos riram, incluindo a mulher que dissera a frase. Ela percebeu imediatamente que falava sobre si mesma.

Meus anos de experiência explorando fantoches como ferramenta terapêutica são um componente essencial do meu enorme respeito pela natureza profundamente pessoal do brincar criativo e seu potencial para ajudar-nos a entender a nós mesmos e a lidar com os desafios da vida. Por essa razão, vou compartilhar com vocês histórias de algumas crianças com quem trabalhei e que usaram brincadeiras terapêuticas para elaborar uma variedade de questões e preocupações. Incluo essas histórias para ilustrar a complexidade e a profundidade do relacionamento psicológico da criança com o brincar que ela cria, e como um argumento para assegurar que proporcionemos às crianças as oportunidades de que elas precisam para o faz de conta. Como terapeuta, minha tarefa é trabalhar com crianças que, por uma razão ou outra, precisam de ajuda extra para lidar com a vida. Muitas não precisam de terapia, mas o relacionamento entre nosso brincar criativo e nossa experiência de vida existe mesmo quando a criança brinca por conta própria e a experiência do brincar tem benefícios psicológicos que vão além dela. Essas histórias, que incluem alguma discussão sobre

ROMANCE VERDADEIRO

como o conteúdo dessas brincadeiras influenciam minhas decisões como terapeuta, não devem ser tomadas como um manual sobre como realizar ludoterapia, mas como janelas para experimentar o poder de brincar como meios de autoexpressão e uma ferramenta para a saúde psicológica.

Nos próximos capítulos, descreverei crianças comuns. Com exceção de Michael, todas estão lidando com circunstâncias extraordinariamente perturbadoras, por crescerem em famílias amorosas com recursos limitados, e muitas dessas famílias enfrentam terrível estresse. Ainda assim, cada uma delas traz uma fascinante profundidade de sentimento e percepção ao seu faz de conta. Sua brincadeira é simultaneamente única para elas e universal em sua reflexão da condição humana. Todos se envolveram livremente no nosso faz de conta compartilhado. Todos tinham liberdade para parar de brincar a qualquer momento, e alguns deles pararam por um breve período, só para recomeçar. Cada um escolheu usar o faz de conta para trazer à tona e explorar pensamentos e sentimentos profundamente pessoais e, em alguns momentos, aterrorizantes, relacionados à vida deles. Mesmo assim, havia um elemento inconfundível de alegria e alívio em cada uma de suas criações.

Escolhi essas histórias porque cada uma delas ilustra uma importante faceta do brincar criativo — as formas pelas quais ele nos permite dar às crianças modelos do mundo real para enfrentarem a necessidade de limites, as maneiras pelas quais o faz de conta nos permite ser quem realmente somos e como o brincar de uma criança pode educar-nos sobre o impacto do nosso comportamento e dos nossos valores sobre sua vida.

No início, você pode considerar que as crianças sobre as quais escrevo são completamente diferentes daquelas que você conhece e ama — em parte, porque o que algumas delas experimentam pode parecer excessivamente extremo. Mas elas não são diferentes. Em essência, são crianças como qualquer outra, usando o brincar para lidar com os desafios que a vida colocou diante delas. Pequenas e grandes tragédias invadem até as infâncias mais protegidas. Todas as crianças merecem uma chance de desenvolver seus recursos internos para superar os desafios que enfrentam.

Meu relacionamento com essas crianças em particular é o de uma terapeuta com seu cliente. Também brinquei com crianças como professora e como adulta responsável. Nesses papéis, deixei o brincar das crianças se desenrolar sem aprofundamento, sem muita orientação, embora tenha feito dos fantoches modelos de como falar sobre sentimentos ou usar a brincadeira como um meio de introduzir um assunto difícil. Como ventríloqua, sempre usei os bonecos para criar histórias cujo objetivo era ajudar as crianças a pensar nos assuntos mais desafiadores ou lidar com problemas que variavam de racismo a abuso.

Os bonecos são um meio poderoso e pouco utilizado para o brincar dramático, de encenação, mas não o único: bonecas, desenhos, areia, blocos e contação de histórias (só para citar alguns) são todos excelentes condutores para a autoexploração

ROMANCE VERDADEIRO

e a autoexpressão. Meu objetivo não é persuadir o leitor a fazer as mesmas coisas que eu faço com as crianças, mas a usar tais histórias como um argumento para respeitá-las como as pessoas complexas e de sentimentos profundos que são; para celebrar o brincar de faz de conta como um valioso recurso inato; e para agir de forma a fazer o que for possível para proporcionar às crianças os ambientes e relacionamentos que permitem o desabrochar do faz de conta.

PARTE DOIS

Faz de conta e construção de sentido

Brincar para superar

5

Michael

Em conflito com a mudança

O ano de 1967 foi difícil para estrear no vaudevile, então morto havia três décadas. Mas eu não ia deixar isso me deter. Imbuída do otimismo inabalável e de um incrível desprezo pela realidade, tão típicos dos jovens, saí da faculdade e me tornei Suzi Linn, a ventríloqua socialmente consciente.

Eu passava por três estações de metrô para chegar à esquina da Boylston com a Tremont, onde os fantasmas do vaudevile ainda pairavam sobre Boston, na frente de um velho e dilapidado cemitério no qual repousavam os restos de Mamãe Gansa. Todas as semanas, eu me dirigia esperançosa e séria aos escritórios de Adams & Soper e James T. Kennedy, agentes de mágicos, cantores e comediantes, bem como de uma variada coleção de exóticas dançarinas.

Foram James T. e a irmã dele, cujo nome não figurava na placa da porta, que me deram meu primeiro emprego. Eu pas-

124 EM DEFESA DO FAZ DE CONTA

saria três semanas viajando com uma trupe de artistas na Jordan Marsh Christmas Caravan. Na correria que precede o Natal, seríamos aquele presente da loja de departamentos para as crianças pobres e carentes de Boston e das comunidades próximas. Eu iria estrear!

O espetáculo foi um sucesso. Abríamos com um tocador de banjo chamado Pat, vestido com jaqueta vermelha, calça listrada e chapéu de palha. Depois, a Pata Audrey e eu subíamos ao palco, fascinando a plateia com um truque de mágica envolvendo uma flor murcha. Éramos seguidas por Sammy Mylman, Stripe-O, o Palhaço (cujo apogeu na carreira foi um comercial de pasta de dentes) e suas criações com balões, e depois Ruth Tingley entoava emocionantes versões de canções natalinas, acompanhada por seu acordeão cravejado de vidrilhos brilhantes. No final do show, Pat, que permanecia todo o tempo nos bastidores bebendo, aparecia como Papai Noel e distribuía presentes.

Os espetáculos ficaram gravados em minha memória como um evento esplêndido. O que mais me impressionou foi a vida entre um show e outro e alguns membros da plateia. Dirigíamos por horas seguidas, eu no banco traseiro do carro, sempre lutando contra o enjoo provocado pelo movimento e pela combinação da fumaça dos cigarros de Sammy Lyman com a colônia que nosso Papai Noel usava com generosidade depois de seu almoço líquido. O cheiro acre de atum e maionese velha me leva imediatamente às cafeterias de duas ou três cidades de Massachusetts, então chamadas de "o atraso". Uma imagem indelével é a de uma ala no Boston City Hospital e um menino que estava morrendo de leucemia — naquela época, a doença não era nem remotamente curável. Seus olhos tinham círculos escuros como se alguém os houvesse esmurrado, e sua atitude era passiva. Durante todo o tempo da minha apresentação, senti que aparecer por ali para uma hora de entretenimento era um gesto bem inadequado.

Eu evitava Pat, mas conheci melhor Sammy Lyman e Ruth Tingley Seabury. Sammy me levou a Revere Beach, então uma cidade agitada no norte de Boston — para conhecer sua namorada, uma ex-stripper de 23 anos chamada Felicia Vale. Uma úlcera hemorrágica pusera fim à sua carreira. Em uma pequenina cozinha perto do oceano, ela preparava matzoh enquanto distribuía generosamente conselhos e algumas relíquias de sua vida profissional. "Sempre se pode ganhar a vida dançando", ela dizia, com alegria. Obviamente, não me conhecia.

Mais ou menos na metade da turnê, Ruth me levou para almoçar no Charlestown Navy Yard (seu ex-marido fora membro da marinha). Ela e a irmã sempre haviam tido o tipo de vida teatral com a qual eu sonhava — no caso dela, tocando acordeão e cantando, usando trajes coloniais e perucas empoadas. Sobre o Porto de Boston, cercada por decoro militar, ela se debruçou ansiosa sobre sua alface coberta de molho. Nem o rosto cuidadosamente maquiado conseguia esconder sua sinceridade: "Nunca se case com um homem do mundo artístico, Susan", ela me aconselhou naquele dia. "Eles acabam com você!"

A Jordan Marsh Christmas Caravan foi o ponto alto da minha carreira de saltimbanco e durou algumas semanas mais do que minha carreira de artista de boate, que começou e terminou com uma apresentação no Jacques, um bar no centro do pequenino bairro artístico de Boston.

Àquela altura, eu já começava a me dar conta de que não tinha vocação para o mundo artístico no sentido tradicional. Não conseguia me livrar das raízes familiares na responsabilidade social, o que sempre me levava desejar "fazer algo de útil". Ao mesmo tempo, eu estava determinada a tornar meus bonecos o centro do que quer que eu fizesse de útil. Certamente, a experiência de visitar instituições públicas e hospitais naquela temporada pré-natalina foi um fator preponderante na minha decisão de criar um trabalho terapêutico com bonecos no Children's Hospital, quase dez anos mais tarde.

Cerca de um ano depois, eu havia desistido do vaudevile e ainda tentava encontrar um caminho para mim e meus bonecos; nessa época, o *Mister Roger's Neighborhood* estreou. O programa era incrível, pela maneira como usava bonecos e fantasia para falar sobre questões realmente importantes para as crianças. Todo o programa era uma aula sobre o desenvolvimento infantil, mas era o segmento Vizinhança do Faz de Conta que mais me interessava. Fred Rogers usava conscientemente a televisão e os bonecos de maneira geral para ajudar crianças em idade pré-escolar a lidar com seus medos e fantasias, com as mudanças desenvolvimentais que iam da ansieda-

MICHAEL

de relacionada ao uso do banheiro à preocupação com a chegada de um irmãozinho.

Inspirada e intrigada, escrevi para Fred Rogers, que aceitou receber-me, uma menina de 19 anos sem muitas credenciais, e viajei para Pittsburgh para começar uma relação que se tornou profundamente importante e durou até a morte de Rogers, em 2003. Eu aparecia em seu programa periodicamente e trabalhava com sua produtora na criação de programas cujo propósito era ajudar as crianças a lidar com assuntos difíceis, como ter um pai mentalmente doente ou voltar para a escola depois de ter sido submetido a um tratamento para câncer. Talvez nosso trabalho mais desafiador tenha sido a série de nove episódios criada para ajudar crianças do primeiro ao terceiro ano a enfrentar racismo, preconceito e diferença.

Esses vídeos tinham por base a pesquisa que mostrava que histórias ao vivo e televisadas, incluindo as encenadas por bonecos, eram uma boa maneira de estimular o comportamento pró-social — o que, em psicologia, é chamado de "modelo". Apresentações com bonecos ou personagens de fantasia explicitamente criados para promover comportamento pró-social têm impacto no comportamento das crianças, especialmente quando os ensinamentos nas histórias são reforçados por discussões ou atividades posteriores relacionadas às histórias.[1]

Em meu livro anterior, *Crianças do consumo*, relato uma experiência que foi fundamental para minha compreensão de como bonecos, teatro e mídia podem funcionar como influência comportamental. No início da minha carreira artística, decidi incluir alguma coisa sobre xingamentos nas minhas apresentações ao vivo. Eu ia fazer a Pata Audrey chamar outro boneco, Cat-a-lion, de "burro", e depois passaria algum tempo lidando com as ramificações — a mágoa de Cat-a-lion e a culpa e a vergonha de Audrey. A apresentação começou muito bem. Audrey chamou Cat-a-lion de "burro" usando seu melhor tom de provocação. E repetiu o xingamento várias vezes. As crianças estavam fascinadas. Porém, num dado momento, ouvi uma vozinha na plateia gritar: "Burro!" Depois, outra voz se juntou à primeira. "Burro!" De repente, eu tinha uma plateia inteira de alunos do primeiro ano chamando Cat-a-lion de burro. Aquela não era a resposta que eu previa.

O incidente foi uma lição poderosa sobre como as crianças sempre imitam o comportamento que observam na vida real, na encenação ou mesmo — seja ele bom ou ruim — na mídia. Quando brinco com crianças, sou sempre muito cuidadosa com o comportamento dos meus bonecos. Por exemplo, eles verbalizavam o desprazer de tomar vacina ou passar por qualquer procedimento médico que as crianças imaginam para eles — mas sempre cooperam com médicos e enfermeiras. Ao mesmo tempo, meus bonecos possuem e identificam sentimentos e expressam o que apreciam e o que não apreciam.

Para mim, engajar as crianças em brincadeiras é um meio valiosíssimo para ajudá-las a lidar com situações frequentemente extremas. Mas é importante lembrar que esse brincar tem benefícios também para as crianças que lidam com simples

MICHAEL 129

altos e baixos da vida diária. A vida pode ter momentos difíceis até mesmo para crianças que não estão enfrentando doença, hospitalização ou problemas familiares sérios. As mudanças que ocorrem no curso normal do crescimento — incluindo as transições do berço para a casa, da fralda para o penico, de ser filho único a ter um irmão, da pré-escola à escola — podem ser muito estressantes.

Michael, por exemplo. Um menino de 5 anos que descobriu que logo estaria se formando na educação infantil, na qual havia passado, muito feliz, mais da metade de sua vida.

Comecei a trabalhar com Michael porque algumas crianças de sua sala estavam passando por problemas graves, e ocasionalmente eu levava meus bonecos para fazer apresentações para toda a turma. Embora estivesse em boa forma emocional e física, o fascínio de Michael por meus fantoches convenceu a mim e aos professores a incluí-lo no grupo de crianças com quem eu trabalhava individualmente todas as semanas. Foi uma experiência deliciosa — e no final pude ajudar Michael durante um período difícil para ele. Assim, aprendi muito sobre como o brincar pode ajudar as crianças a lidarem com desafios ordinários, também, além dos extraordinários.

Aos 5 anos, Michael tinha um temperamento animado. Encenava, em nossas sessões, fantasias maravilhosamente elaboradas. Um dia, porém, sua encenação me pareceu mecânica e desprovida de alegria. Ele esmagou um dinossauro e começou outra fantasia violenta. Rindo, ele disse que eu devia avi-

130   EM DEFESA DO FAZ DE CONTA

sar aos bonecos que ele estava apenas brincando. Mas o riso soou forçado, e ele não parecia feliz.

Eu vi que algo o aborrecia, mas não consegui deduzir o que era, e ele não se mostrava muito comunicativo. Finalmente, tive de informá-lo de que nosso tempo estava terminando e de que eu o veria novamente na semana seguinte. "Eu sei disso!", Michael respondeu apressado. "Eu não sabia disso!", Audrey respondeu. "Bah!" Michael então me disse para fazer com que Audrey ficasse chateada por ele estar indo embora, e foi então que finalmente chegamos ao cerne do que o estava incomodando.

MICHAEL: Audrey tem que ficar zangada, porque eu estou indo embora.

AUDREY: Estou zangada porque Michael tem que ir!

MICHAEL (*de repente e com grande sentimento*): Queria que essa fosse minha escola para poder ficar aqui para sempre.

AUDREY (*igualmente emocionada*): Queria que essa fosse minha escola para poder ficar aqui para sempre. Queria não ter que me formar nem coisa nenhuma!

MICHAEL: Queria não ter que mudar de escola. Queria não ter que ir embora daqui. Não quero ir embora. Esta é minha melhor escola. Eu amo esta escola!

AUDREY: Eu gosto da escolinha! Não quero ir embora!

MICHAEL: Por que tudo tem que acabar? Estamos brincando e temos que parar. Por que tenho que brincar e depois tenho que parar?

MICHAEL 131

AUDREY: Não gosto de ter que parar!

MICHAEL: É! Toda vez que quero, não posso nem ver você. Só sonhar com você. Toda vez que sonho com alguma coisa, sinto como se você não estivesse lá. E agora tem que terminar.

AUDREY (*triste*): Muitas coisas estão terminando.

MICHAEL: Odeio isso.

AUDREY: Eu também.

Assim que Michael começou a falar, seus sentimentos jorraram em uma enxurrada. Na verdade, ele não estava triste apenas por ter de deixar a pré-escola — tinha medos específicos sobre o que estaria esperando por ele na nova escola. "Por que tenho de ir para a escola se sou simplesmente assim [acho que ele queria dizer que ele era pequeno] e as crianças vão me empurrar?" Audrey respondeu: "Parece assustador!"

Aquela era a primeira vez que Michael falava sobre seu iminente desligamento da pré-escola. Como trabalhar com questões difíceis normalmente não é uma experiência instantânea, ele voltou a esse tema várias vezes nas semanas seguintes.

"Espere!", exclamou ele um dia. "Tenho uma boa ideia! Se eu tiver uma namorada na escola, ela vai poder me beijar e fazer tudo ficar melhor!" Audrey ficou intrigada. "Se ela o beijar, tudo vai ficar melhor?" "É!", Michael se entusiasmou. "Sim, se ela me beijar, vai me dizer que sou bonitinho. Sim! É uma ótima ideia! Cara, vou adorar a escola!", ele suspirou profundamente aliviado.

Eu não sabia de onde Michael havia tirado a ideia de que ter uma namorada o faria tão poderoso, mas ele vinha de uma cultura na qual homens e mulheres tinham de se comportar de acordo com papéis rigidamente prescritos. Como muitas crianças pequenas nos tempos atuais, ele era exposto a uma grande quantidade de mídia destinada a adolescentes e adultos, e isso bem pode ter alimentado suas fantasias. De fato, ter uma namorada e explorar papéis ligados ao gênero ocupava grande parte do tempo das brincadeiras de Michael, mas eu decidi, para começar, me concentrar na essência por trás dessa fantasia e reforçá-la. "Se alguém gosta de você, os lugares já não parecem tão assustadores", opinou Audrey.

Da perspectiva de um adulto, o fato de Michael terminar a educação infantil pode ser simplesmente uma etapa do fluxo normal da vida. Sabemos que ele ficaria entediado se tivesse de voltar ano após ano para a mesma fase escolar e que as crianças precisam de novos desafios enquanto crescem e se desenvolvem. Mas, da perspectiva de Michael, ele estava sendo arrancado — sem seu consentimento — de um ambiente confortável e seguro, no qual todos o conheciam e amavam, só para ser jogado em uma situação que lhe parecia perigosa. Por que ele não estaria ansioso e aborrecido?

No início da nossa sessão seguinte, Michael atacou as almofadas ainda mais vigorosamente, dando chutes que imitavam movimentos de caratê e produzindo os apropriados efeitos sonoros. Entre um chute e outro, ele explicou que elas

MICHAEL

eram os "caras maus". Meu objetivo era ajudá-lo a encontrar uma saída mais construtiva para sua raiva e para expressar seu medo de partir. Decidi deixar Audrey verbalizar os sentimentos que ele expressava de maneira não verbal como se fossem dela.

— Cara — disse Audrey —, quando fico zangada, tenho vontade de fazer isso aí. Mas não quero machucar ninguém.

Michael passou a chutar com mais força.

— Os caras maus podem fazer picadinho de você — ele resmungou. — E vão cozinhar você para o jantar!

Audrey repetiu algo que já dissera:

— Quando fico zangada, tenho vontade de fazer isso também. Mas não faço. Eu digo "Estou zangada!", em vez disso.

Michael parou de chutar.

— Diga isso de novo — ele ordenou.

Audrey gritou:

— Estou zangada!

— Você *está* zangada — Michael comentou. — Parece zangada.

— Adivinhe por que estou zangada — disse Audrey.

— Porque eu estou brigando — respondeu Michael, voltando a chutar.

Mas Audrey discordou dele:

— Estou zangada porque vou embora daqui no final do verão — anunciou, comovida.

Michael parou de chutar e olhou para Audrey.

— Tem certeza? — ele perguntou. E olhou para mim. — Audrey, tem certeza?

Audrey assentiu.

Quando Audrey está em conflito com outro fantoche, as crianças a estimulam a agredir, morder ou chutar. Porque a imitação de qualquer ação que testemunhem é um componente poderoso no aprendizado das crianças, e porque vê-los tornar física a manifestação da raiva ferindo alguém seria um sinal de aprovação desse comportamento. Meus bonecos nunca são violentos. Porém, eles reconhecem sentimentos muito intensos. Às vezes até admitem que sentem *vontade* de bater, ou chutar, ou morder, mas escolhem exercer o autocontrole em vez disso.

Chutar almofadas é certamente melhor do que chutar outra pessoa, mas esse comportamento não contribuía para aumentar o repertório de habilidades de Michael, por isso decidi manter Audrey verbalizando "seus" sentimentos sobre deixar a escola. Ao agir assim, esperava dar a Michael permissão para falar sobre o que o aborrecia e ajudá-lo a encontrar a linguagem para isso.

O envolvimento com crianças no faz de conta — falar por criaturas de fantasia ou assumir um papel imaginário — nos dá a chance de introduzir importantes pontos de vista que eles podem não ser capazes de — ou não estar dispostos a — ouvir diretamente e de apresentar-lhes alternativas de lidar com o problema. Ao atribuir sentimentos de raiva a Audrey, pude abordar o que sabia com certeza estar aborrecendo Michael

MICHAEL

sem colocá-lo no centro da questão, sem forçá-lo a se apoderar de sentimentos que ele não estava preparado para reconhecer.

Mais de uma vez me perguntaram se estou, em resumo, "colocando sentimentos na cabeça das crianças" quando meus bonecos expressam fortes emoções negativas. Mas minha experiência sugere que esse não é o caso. Se estou errada, as crianças me informam ao ignorar os sentimentos que Audrey expressou ou mesmo se distanciando explicitamente deles ao dizer alguma coisa como: "Eu não estou triste." Também não estou sugerindo que devemos pressionar as crianças para que reconheçam o que sentem antes que estejam preparadas para isso. No entanto, a experiência de ouvir sentimentos reconhecidos e aceitos é importante, e o fato de ser um boneco — e não eles — expressando esses sentimentos torna tudo mais seguro.

Vamos supor que eu não tivesse certeza sobre como Michael se sentia com relação a deixar a pré-escola. Quando isso acontece, digo algo como: "Audrey, como se sente sobre sair da pré-escola?" E Audrey responderia: "Eu não sei como me sinto." Eu me voltaria para a criança e perguntaria: "Como acha que Audrey está se sentindo?" Normalmente — mas não sempre — a criança responde me contando como *ela* se sente.

Por ser difícil para o adulto suportar a ideia de uma criança amada estar amedrontada ou infeliz, costumamos minimizar a profundidade de suas respostas aos eventos da vida. Mas não é fato que todos já experimentamos graus variados de raiva, tristeza e medo em resposta a transições, perdas, separações e injustiças? Na verdade, quando sentem que é seguro, as crianças costumam comunicar seus sentimentos com muita clareza, de um jeito ou de outro. Considerando o repentino vigor com que Michael atacava aquelas almofadas, não era exagero presumir que estava furioso. Meu objetivo era informá-lo de que esse sentimento era compreensível para ajudá-lo a encontrar meios de expressá-lo sem se ferir ou ferir outras pessoas.

"Vou me formar no final do verão", Michael contou triste, retomando os chutes.

Mais uma vez, Audrey manifestou sua raiva por ter de partir. Michael se aproximou e a abraçou.

— Nunca mais vou ver você — ele suspirou.

— Isso me deixa muuuito triste — Audrey respondeu.

— Você vai para um lugar novo — Michael acrescentou solene. — E eu não quero isso. Estou muito zangado.

Depois de trocar com Audrey comentários cheios de piedade e compreensão por ambos terem de partir, Michael ainda tinha mais a dizer sobre o lugar para onde ia.

— Por que temos que ir para um lugar novo? Todos os garotos vão me bater. Vão socar minha cara.

Audrey se solidarizou:

— É disso que tenho medo. Aquelas pessoas vão me bater.

— Eles vão me chamar de "gordinho"! — Michael acrescentou.

— É! — concordou Audrey. — Vão chamar você de gordinho e vão me chamar de gordinha. Estou com medo disso.

MICHAEL   137

Michael assentiu novamente e disse:

— Estou com medo. Não quero que um brigão venha me dizer que sou fedido.

— É! — Audrey concordou. — Também não quero nenhum valentão me dizendo isso.

Eu não sabia de onde Michael tirava suas ideias sobre a vida na escola, por isso fiz uma pergunta a ele:

— Por que acha que é isso que vai acontecer com você depois daqui?

Michael respondeu prontamente:

— Toda vez que vou para uma escola nova, todo mundo me bate. Socam minha cara, me chamam de gordinho, brigam comigo. Todos! Todo mundo! Fazem minha boca ficar com gosto de sangue.

Eu também não sabia se algo dessa natureza havia realmente acontecido com Michael, ou se aquilo era simplesmente a manifestação do medo do que poderia acontecer. Quando perguntei diretamente se ele já havia sido ofendido ou agredido por outras crianças, Michael balançou a cabeça negativamente. Começamos a conversar sobre o que fazer, caso ele realmente deparasse com um encrenqueiro. Àquela altura, Michael tinha uma pergunta para Audrey.

— O que aconteceria se um monstro enorme aparecesse e dissesse "Vou cozinhar você"? — ele quis saber. — O que você faria?

Quando Audrey respondeu que procuraria um adulto para pedir ajuda, Michael se mostrou cético, até ameaçador.

138   EM DEFESA DO FAZ DE CONTA

— Ah, é? Conheço um cara que estava aqui... e você ia ficar muito assustada. Ele pode surrar qualquer um. Pode bater, bater muito e bater em todo mundo.

Audrey estava impressionada.

— É um adulto ou uma criança?

— Um menino — Michael explicou, com alegria. — Ele tem 4 anos. Seu nome é B. J. Ele pode bater em qualquer um! É o melhor batedor do mundo!

Tentei levar Michael de volta à pergunta sobre o que ele faria se encontrasse um encrenqueiro na escola e sugeri que procurasse os novos professores, caso estivesse amedrontado, mas ele nem me ouvia. Tinha outras questões ocupando seus pensamentos.

> MICHAEL: Por que tenho que ir para uma droga de... uma droga de escola?
>
> EU: Uma droga de escola?
>
> MICHAEL: É, por que tenho que ir para uma droga de escola idiota?
>
> AUDREY: É, por que tenho que fazer isso? Por que devo ir para uma escola idiota?
>
> MICHAEL: Sim, como vou para um lugar idiota, lugar idiota, e tenho que... tenho que ficar lá para sempre?
>
> AUDREY: Michael ainda vai estar morando com a mãe dele quando for para uma escola diferente?
>
> EU: Sim. É claro.

MICHAEL (*confiante*): Eu *sempre* vou morar com minha mãe.
Audrey, você vai morar com sua mãe?

AUDREY: Hum, hum.

EU: Então, isso não vai mudar, mas você não vai estar *aqui*.

AUDREY: Mas por quê?

EU: Porque vocês estão crescendo, estão ficando mais velhos,
e a educação infantil não tem um programa adequado
para crianças com mais de 5 anos.

MICHAEL: E, quando você faz 6 anos, pode parar de crescer.

EU: Hã-hã! Você está sempre crescendo.

MICHAEL: A gente cresce como meu pai. Meu pai é muuuito
grande!

AUDREY: Você é muito forte, não é?

MICHAEL: E agora vou mostrar uma coisa muito, muito,
muito legal.

Ele ergueu uma almofada cilíndrica acima da cabeça, como se fosse
muito pesada, depois cambaleou pela sala como se fosse um halte-
rofilista, enquanto Audrey emitia sons de admiração. Não acho ter
sido por acaso que Michael, que se sentia muito pequeno e vulnerável com a ideia de ir para uma nova escola, tenha se transformado
em um homem forte. Diante de situações desafiadoras, as crianças
sempre usam o brincar de encenar para experimentar ser mais fortes, mais corajosas e mais poderosas do que realmente são.

Quando as crianças — especialmente os meninos — têm
4 ou 5 anos, já captaram a mensagem social de que admitir a

próvria fraqueza ou sentir-se fraco, ou amedrontado, não é aceitável. Como muitos adultos, uma criança que enfrenta um desafio ou uma situação assustadora pode precisar preservar as aparências. Se eu tivesse dito: "Michael, sei que está se sentindo fraco e impotente nesse momento", é muito provável que ele tivesse negado. Ele poderia até ficar magoado ou furioso. Em vez disso, como estávamos apenas "brincando" juntos, eu podia atribuir esses sentimentos à Pata Audrey.

> AUDREY: Sabe de uma coisa? Acho que, se pudesse ficar um pouco mais forte, eu estaria mais segura na nova escola.
>
> EU: Audrey, há algo que quero lhe dizer. Todo mundo fica um pouco assustado quando vai para uma escola nova pela primeira vez.
>
> AUDREY: *Todo mundo* fica assustado quando vai para uma escola nova?
>
> EU: Todo mundo.

Michael relaxou perceptivelmente ao ouvir nossa conversa. Ao falar com Audrey sobre os sentimentos "dela" e garantir que muitas crianças sentiam a mesma coisa sobre ir para uma escola nova, consegui acalmar Michael também. Além disso, usando Audrey para dizer o que eu sabia que Michael estava sentindo, mas não podia ou não queria expressar, fui capaz de informar a ele que estava disposta a conversar sobre esses sentimentos difíceis e que não estava zangada por Audrey experimentá-los.

MICHAEL 141

Michael começou a brincar com o cabelo de Audrey. Ele o amontoou no topo da cabeça do fantoche.

— Como estou? — ela perguntou.

— Bem! — ele respondeu, abraçando-a com força. — Agora você é a tristeza.

Audrey parecia confusa:

— Eu sou a tristeza? — perguntou.

— Você precisa cantar uma música sobre a tristeza — explicou Michael.

— Ah — respondeu Audrey. — Entendi. Como é a canção?

Depois de uma pausa dramática, Michael segurou um microfone de faz de conta perto dos lábios e começou a cantar: "Ohhhhh, eu estou triste!" E parou. Segurando o microfone diante de Audrey, ele anunciou que *ela* devia cantar. E ela cantou·

Estou triste.

Porque vou sair da creche e não quero ir.

Quero ficar aqui,

Para sempre.

E não quero ir para a escola.

Estou triste. É a tristeza de ir embora da creche.

— Agora é minha vez — Michael anunciou. Ele pegou o ritmo e começou a cantar com vontade:

142   EM DEFESA DO FAZ DE CONTA

Estou triste, triste, triste,
E toda vez que faço isso... todo dia,
Eu fico triste.

Quanto mais ele cantava, mais se parecia com um cantor de blues. Meio cantando, meio recitando, sempre no ritmo perfeito, ele mergulhou de cabeça na sua canção.

Toda vez! Eu canto a tristeza.
(*Falado.*) A tristeza canta, cara.
Toda vez! Eu canto a tristeza.
Não quero sair da escola.
Toda vez que deixo a escola,
Toda vez, eu canto a tristeeeeza.

Depois de mais alguns versos, Michael se virou para Audrey.

— Agora é sua vez de ser a tristeza — ele ordenou.

Obediente, Audrey começou a cantar, e ele se juntou a ela num dueto, representando o Louis Armstrong daquela Ella Fitzgerald.

AUDREY: Eu estou triste. Eu estou triste.
Tenho saudade de Michael.
MICHAEL: Baby. Tenho saudade de Michael.
AUDREY: Eu estou triste.
Sinto falta de Michael,
Porque sei que ele vai se formar.

MICHAEL: Porque ele vai se formar...

AUDREY: Sim! E vai para a escola,

   E eu vou sentir falta dele

   Mas estou feliz porque ele vai,

   Porque isso significa que ele está crescendo.

   E isso é bom.

MICHAEL: Porque sei que ele está crescendo

   Para ser um garoto melhor.

AUDREY: Vou sentir saudade dele. Estou muito triste.

   E sei que gosto de Michael,

   E vou sentir falta dele.

MICHAEL: E sei que ele vai ser um menino crescido.

Michael, claramente satisfeito consigo mesmo, decidiu que precisava então de uma apresentação oficial. Ele informou Audrey de que ela devia apresentá-lo.

— Você precisa segurar o microfone — ele a instruiu. — Depois, tem que dizer, "Senhoras e senhores, vamos aplaudir Michael!". Não! Espere! — Ele se interrompeu. — Espere um minuto. Audrey, antes de dizer isso, você precisa falar: "É o incrível, o homem blues, Dr. Michael!"

Audrey fez o melhor possível. Sua voz tornou-se suave e doce.

— Senhoras e senhores, esta noite traremos algo muito especial. Por favor, aplausos para o maior cantor de blues, Dr Michael. Sim! Aí vem ele! Uaaau!

144 EM DEFESA DO FAZ DE CONTA

Michael correu, parecendo mais Shaquille O'Neal na quadra de basquete que um cantor de blues subindo ao palco. Mas ele retomou o papel. Tomado pela emoção, retorcendo o tronco em volta do microfone, ele investiu com um blues ainda mais feroz que antes:

Toda VEZ, eu falo sobre tristeza
Todo DIA, eu falo sobre tristeza
Toda vez, eu sei que Audrey vai embora.
Mas tudo bem, porque ela é minha melhor amiga,
E vou sentir saudade dela o tempo todo.

Sua voz baixou para um sussurro dramático. Ele apontou o dedo, estendendo o braço para uma plateia imaginária, e girou em torno de si mesmo. Era o perfeito bluesman: — Não saiam daí!

Mas, de repente, ele voltou a ser um menino de 5 anos.

— Preciso ir ao banheiro — disse e saiu correndo da sala.

Até finalmente nos despedirmos de vez, Michael continuou brincando com a situação da partida, mas ele não sentia mais necessidade de chutar e esmurrar, e se adaptou bem à nova escola. Como adultos, é sempre difícil para nós lembrar a experiência emocional de ser uma criança de qualquer maneira, pois as crianças que amamos não são pequenas réplicas nossas. Elas podem responder aos desafios da vida com preocupações e sentimentos diferentes dos que tivemos. Ao mesmo tempo, buscam em nós orientação sobre como lidar e — seja bom ou ruim — sempre modelam o próprio comportamento a partir do nosso. Como as crianças normalmente usam o faz de conta para atribuir sentido e elaborar tudo que têm de enfrentar, observar suas brincadeiras pode nos dar uma noção do que se passa em sua mente — até mesmo das preocupações que elas não conseguem ou não se dispõem a discutir diretamente. Enquanto a Pata Audrey validou e compartilhou a raiva e o medo de Michael por deixar a escolinha, *eu* garanti que ela usasse as palavras — não a violência — para expressar esses sentimentos.

Percebi que, quando tem a oportunidade, a criança apreende intuitivamente que o faz de conta é um lugar seguro para a autoexpressão e para a elaboração dos desafios da vida. Cabe a nós proporcionar às crianças o tipo de espaço físico e psicológico propício para o brincar — o que considero ser o ambiente de holding de Winnicott.

Mas, muito antes de trabalhar com Michael, aprendi uma lição irônica sobre criar um ambiente de holding para o brincar das crianças: fronteiras e limites claramente definidos são essenciais para a liberdade permitida pelo faz de conta.

6

Joey, Olivia e Emma

Limites, fronteiras e a liberdade para brincar

Um dia, entrei na pré-escola Corner Co-op e vi Beth, uma das professoras, encolhida em um canto.

— Você está presa — gritava Brian, de 5 anos, construindo uma parede de blocos diante dos pés dela. — Para sempre!

Beth suplica para ser libertada da prisão, mas Brian está irredutível.

— Você está presa! — ele repete agitado, erguendo a mão para agredi-la. No mesmo instante, vi Beth transformar-se de prisioneira acuada a adulta calma e explica ao menino que ele não pode bater. Brian, momentaneamente um menininho outra vez, move a cabeça em sentido afirmativo e, sem esforço, retoma o papel de carcereiro, enquanto Beth se encolhe no canto mais uma vez. Brian pega um chapéu colorido com sinos nas pontas e o gira por cima da cabeça com descuido, quase acertando uma menina que está passando por ali. Mais uma vez, Beth se transforma de prisioneira em professora.

— Não podemos girar o chapéu dessa maneira — ela explica calmamente a Brian — porque os sinos nas pontas podem machucar alguém.

Brian para de girar o chapéu e volta à parede de blocos, recitando uma ladainha das coisas horríveis que vão acontecer com Beth enquanto ela for prisioneira.

— Você vai ficar presa para sempre! — ele diz, então pensa bastante, e acrescenta:

— E vai estar sempre escuro! E — sua voz se torna mais alta — você não vai ter *nada* para abraçar!

Beth se encolhe e finge tremer, e a brincadeira continua.

As crianças só podem brincar quando se sentem seguras. Quando se sentem inseguras, elas param de brincar. É papel dos adultos que cuidam delas assegurar essa integridade física e emocional. Uma das maneiras de fazer isso, como aprendi com um menino de 7 anos chamado Joey, é ajudá-las a esclarecer as fronteiras entre realidade e fantasia e respeitar essas delimitações depois de estabelecidas.

A irmã de Joey morreu às 5h47 de uma sombria manhã de terça-feira em março, menos de três dias depois de os médicos terem transplantado nela um pouco da medula óssea de Joey, numa tentativa malsucedida de salvá-la. Às 4h35 daquela tarde, Joey e o restante da família voavam de volta para o sul, a centenas de quilômetros de distância, para sepultar Laura e começar a viver sem ela. Eu nunca mais o veria.

Conhecia Joey havia quase três semanas e acreditava que era importante para ele que nos encontrássemos mais uma vez, nem que fosse só para nos despedirmos. No mínimo, queria que ele soubesse que sentiria sua falta e que estava triste por Laura. Joey, a mãe dele e o irmão de 12 anos estavam hospedados em uma pensão do outro lado da rua, em frente ao hospital. Eu não conhecia bem sua mãe, e a ideia de telefonar para ela, de invadir aquele momento de dor para conseguir detalhes sobre onde e quando eu veria Joey, me desagradava. Mesmo assim, liguei.

Combinamos que a tia de Joey o levaria ao hospital depois do café da manhã. Quando desliguei o telefone, senti uma onda de insegurança. O que eu poderia *dizer* a um menino de 7 anos cuja irmã morrera de leucemia depois de ele ter doado parte de si mesmo para tentar salvá-la? Ele ia me encontrar novamente só porque a mãe queria que ele fosse, ou aquele nosso último trabalho juntos teria algum significado para ele? Normalmente, encontrávamo-nos em uma sala na frente do quarto onde Laura era tratada. Seria uma boa ideia manter esse lugar por causa de sua familiaridade? Ou retornar ao andar o assustaria? A equipe médica gostaria de vê-lo ali ou ele seria uma dolorosa lembrança do fracasso em salvar uma vida? Eu devia levar meus fantoches? Ele conseguiria usá-los? Senão, o que eu poderia dizer diretamente para ajudá-lo?

Jean, o enfermeiro-chefe daquela unidade, me garantiu que a presença de Joey seria bem-vinda. Subi com ele no elevador até o quinto andar e caminhamos até o pequeno escritório de vidro onde Jean trabalhava, um lugar cuja privacidade era assegurada por pôsteres de gatinhos e bebês, além de incontáveis fotografias de crianças de aparência feliz, algumas das quais ainda estavam vivas.

Anteriormente, quando Joey não usava os fantoches, seu comportamento era notadamente distante e controlado. Mas a intensidade e a ferocidade de seu brincar com os bonecos revelavam a profundidade do terror, da impotência e da raiva que ele sentia pela doença da irmã e por seu papel no tratamento. Ele encenava mutilações, doenças horríveis, procedimentos médicos e ataques de dragões, justapostos a filhotes de tubarão, fala infantilizada e fantoches sendo criticados por "falarem como bebês". Naquele dia, Joey chegou pálido e sereno, mas a rigidez de seus ombros comunicava com eloquência a tensão que o dominava. "Gostaria de ter alguém aqui comigo", pensei, "para me ajudar a apoiar essa criança".

Assim que fechamos a porta atrás de nós, eu disse a Joey que me sentia triste por Laura. Ele começou a se mexer e fez algumas perguntas sobre a sala. Queria saber por que os dois pôsteres estavam ali. Queria saber de quem era o casaco jogado sobre a cadeira. Especulava em voz alta sobre coisas seguras e sem significado. Eu estava acostumada com Joey fazendo esse tipo de pergunta quando algo era doloroso demais para ser discutido.

Notei que ele usava uma corrente nova no pescoço e perguntei sobre ela. Ele me mostrou o pingente, um coração de metal dourado. Então, ele me contou:

— Era para Laura. Eu ia dar a corrente para ela. — Joey abriu bem os olhos e encolheu os ombros. — Agora vou ter de encontrar outra pessoa para dar o presente.

Ele soava indiferente, mas eu me lembrei do nosso primeiro encontro.

— Joey — eu disse naquela ocasião como sempre faço —, meu nome é Susan e tenho alguns fantoches. Converso com as crianças que estão no hospital, doentes ou com os irmãos e as irmãs desses pequenos enfermos. Esse é um momento no qual você pode falar de seus sentimentos ou brincar a respeito deles, de estar aqui ou de qualquer outra coisa.

— Oh — Joey me respondeu —, não tenho mais sentimentos. Já conversei sobre eles com outras duas pessoas, e agora não tenho mais nenhum.

Durante as três semanas seguintes, porém, ele revelou sua angústia, seus medos e fantasias por meio das brincadeiras. Bonecos eram devorados, operados, morriam e voltavam como fantasmas. Dragões famintos ameaçavam a Pata Audrey e Cat-a-lion diariamente. Ele fez Audrey engolir uma piranha, depois fez Cat-a-lion morrer ao tentar salvá-la engolindo ele mesmo a piranha. Tudo isso de uma criança que afirmava não ter mais sentimentos.

Joey e eu ficamos quietos por um momento, e notei que ele olhava para a sacola com os fantoches que eu havia levado. No fundo, visível através do plástico claro, estava o boneco que ele sempre escolhera usar — um felpudo sapo amarelo. Percebi que Joey olhava para o sapo e esperei que ele falasse.

— O que é aquela coisa amarela? — ele perguntou.

Entendi então que ele ia, sim, brincar com os fantoches.

Eu não devia estar surpresa. Joey queria se comunicar da mesma maneira como havia se comunicado tão intensamente desde que nos conhecemos. Estranhamente, e apesar de toda minha experiência de trabalho com crianças usando essa mesma ferramenta, aquilo me deixou desconfortável.

"Laura está morta", pensei. "De verdade. E agora vamos *brincar* a respeito disso?" Por um longo momento, pensei que a tragédia e o caráter irreversível da morte da irmã dele tornavam o brincar aparentemente inútil e trivial. O fato de os bonecos não serem "realmente" vivos e, portanto, não poderem morrer de verdade tornava seu uso no contexto de uma morte real e recente um gesto vazio, sem significado.

Eu estava enganada. Era injusta com Joey, que tinha o direito de decidir como queria passar nosso tempo juntos, e que precisava lidar com a morte de Laura à sua maneira. Estava ali para ajudá-lo nisso, não para determinar como deveria fazê-lo. A morte de Laura era uma parte da vida de Joey. Seus sentimentos sobre a morte da irmã, a doença dela e a participação dele no tratamento eram poderosos e vivos. Precisavam ser expressos de alguma maneira e assimilados por ele para que continuasse crescendo e se desenvolvendo. É raro que a linguagem verbal por si só seja suficiente e adequada para ajudar uma criança de 7 anos nessa tarefa. Joey *precisava* brincar.

Joey pegou o boneco amarelo e macio, que ele sempre identificara como um filhote de sapo, e vestiu como uma luva, e disse:

JOEY, OLIVIA E EMMA

— Oi.

Eu peguei Cat-a-lion e fiz com que dissesse:

— Oi.

Joey me olhou com ar de acusação.

— Por que a voz dele está diferente? Parece meio baixa, devagar...

Comentei que também estava achando a voz de Joey meio diferente, baixa e devagar.

— Não, nada disso — Joey respondeu, mais alto.

Tentei fazer Cat-a-lion responder:

— Minha voz está mais baixa porque estou triste por Laura.

Mas Joey não queria ouvir essa história.

— Como *ele* sabe? — perguntou, desconfiado.

Finalmente, abandonei Cat-a-lion por um minuto, olhei diretamente para Joey e disse:

— Acho que a voz dele está soando mais baixa porque eu o faço falar. E eu estou triste por Laura, então a *minha* voz está mais baixa. Todos nós estamos tristes por Laura.

Então, eu disse que queria conversar com ele sobre algo que não tinha relação com os bonecos. Disse que às vezes as crianças pensam que é culpa delas se doam parte de sua medula óssea para alguém, e essa pessoa morre, mas que Laura estava muito, muito doente antes disso, e que sua morte nada tinha a ver com a medula óssea. Joey balançou a cabeça afirmativamente. Depois começou a brincar.

Ele fez o boneco dragão atacar Cat-a-lion. Rugiu para Cat-a-lion e para a Pata Audrey. Ele os aterrorizou. Disse que Cat-a-lion não podia andar. Disse que os dois precisavam fazer exame de sangue e tratou de providenciar a coleta.

Depois de uma série de outros exames de sangue, Joey começou a raspar a cabeça dos bonecos, como haviam feito com Laura. Depois aplicou neles muitas injeções com um vigor que ia se tornando cada vez mais feroz.

Recentemente, eu passara a impedir que as crianças realizassem procedimentos médicos nos meus bonecos, a menos que pudessem estabelecer uma razão para eles. Em tese, faz sentido. É certamente importante que os adultos responsáveis façam o possível para ajudar as crianças a entender que *existe* uma razão para o sofrimento enfrentado no hospital. O que diferencia um hospital de uma casa de tortura é o propósito positivo por trás da dor administrada e os motivos das pessoas que trabalham ali — gente que realmente se importa com seus pacientes. Uma maneira de reforçar esse ponto com as crianças é sempre exemplificar esse cuidado e essa consideração no brincar com fantoches quando há uma oportunidade.

Porém, quando perguntei a Joey por que Cat-a-lion estava recebendo tantas injeções, ele gritou, transtornado:

— Por nada! Uma injeção sem motivo! Muitas injeções sem motivo! Cem injeções sem motivo!

Não insisti. Extravasar os sentimentos, expressando o medo e a raiva, era mais importante do que qualquer outra ação naquele momento. Além do mais, ele de fato havia suportado muitas injeções e vários exames de sangue, e agora tudo parecia ter sido em vão. Laura estava morta.

Joey fingiu cortar Cat-a-lion. Com grande prazer, ele fingiu cortar a língua de Cat-a-lion, seus bigodes, seus olhos e tudo que podia pensar em remover. Estava muito concentrado na mutilação, que parecia agradá-lo imensamente.

Decidi incentivar aquela diversão. Combinei meu tom de voz com sua frieza e mantive a voz casual, quase debochada.

— Oh, não! Cat-a-lion não está tendo um bom dia hoje. — Balancei a cabeça e ri com Joey. Queria que ele soubesse que eu reconhecia a intensidade do seu brincar, mas que sua explosão de fúria não estava ferindo ninguém realmente. Especialmente porque nunca mais o veria, queria deixar que ele simplesmente expressasse o que precisasse sem procurar conexões entre o brincar e a profundidade de seus sentimentos.

Eu podia ter usado Cat-a-lion para verbalizar os sentimentos de medo e impotência experimentados por crianças tão pequenas nos hospitais. Podia ter falado diretamente ou por intermédio de um fantoche sobre a raiva que Joey representava. Se soubesse que poderia provocar algum efeito benéfico e duradouro, teria usado esses e outros métodos para encorajá-lo a refletir sobre o que estava fazendo. Mas, numa decisão rápida sobre como responder naquele momento, eu precisava levar em consideração não só minha compreensão do que significava o brincar para Joey, como também o contexto da brincadeira: nunca mais voltaria a ver Joey e não queria que nosso último encontro aumentasse sua dor, abrindo feridas que eu não estaria por perto para ajudá-lo a fechar.

Contribuindo para minha decisão de reforçar o aspecto lúdico das fantasias de Joey, estava a óbvia precariedade de sua capacidade de brincar naquele momento tão difícil. Depois de cada expressão de mutilação violenta, ele falava sobre parar — dizia que queria parar —, mas continuava brincando, inclusive quando eu apoiava sua decisão de desistir.

Em um último arroubo de imaginação, ele inventou uma máquina que cortava frutas, carne e dentes. Quando comentei que nunca ouvira falar em uma máquina que cortasse dentes, ele disse de repente:

— Aliás, não sei por que Laura ainda está aqui, naquele quarto.

— Não sei se ela está lá — respondi. — Mas talvez a estejam preparando para ser levada de volta ao sul.

— Eles vão enterrá-la do lado da minha outra irmã — Joey contou. — Os médicos não cuidaram bem dela. Ela morreu quando fazia uma cirurgia ou alguma coisa parecida.

— Acho que os médicos e enfermeiros cuidaram bem de Laura — eu disse.

— Bem, eles tentaram — Joey reconheceu.

Informei que tínhamos mais cinco minutos juntos. Ele examinou o próprio braço, que estava coberto de hematomas e tintas roxo e rosa. Comentei que as injeções e os procedimentos que ele havia enfrentado haviam provocado os hematomas, mas que os riscos roxo ou rosa eram de respingos de tinta.

— O rosa é pipi — Joey comentou com uma risadinha culpada. Eu ri, mas não falei sobre a conexão entre o xixi cor-de-rosa e o que ele me contara alguns dias antes sobre ter ouvido os médicos relatando que haviam encontrado sangue na urina de Laura. Nosso tempo estava acabando, e apontar essa conexão seria abrir caminho para mais discussão. Precisávamos encerrar. Deixamos nossos bonecos de lado e descemos juntos pelo elevador até o saguão do hospital.

Nós nos despedimos na loja de conveniências do hospital, onde a mãe de Joey esperava por ele. Eu os deixei na fila do caixa, onde a mãe pagaria pelo livro de colorir que ela havia comprado para distraí-lo durante o voo de volta para casa. Joey ficou lá esperando paciente, um menino pequeno e pálido de cabelos claros, rosto sujo e marcado pelas lágrimas, usando uma camiseta vermelha grande demais e uma corrente dourada no pescoço.

Para permitir a liberdade de expressão no brincar, devemos definir seus limites. Os limites da brincadeira tornam-se um contêiner dentro do qual nos sentimos seguros e, portanto, desinibidos para criar. Essas fronteiras — uma definição do ambiente seguro no qual o brincar acontece — são cruciais para proporcionar a sensação de segurança necessária à autoexpressão sincera.

Construímos uma cerca em torno de um playground a fim de impedir que as crianças fujam. Instalamos itens de segurança e removemos os perigos de uma sala de brincar para impedir danos físicos. Um espaço para a brincadeira psicológica também deve ter limites e fronteiras para manter a criança segura, livre de confusão, excesso de estimulação e dano emocional. Quando brincam sozinhas, as crianças estabelecem naturalmente suas fronteiras. Quando brincamos com elas, somos nós que as criamos, fazendo claras distinções entre realidade e fantasia e estabelecendo limites coerentes.

Quando falo sobre "realidade" para os propósitos de entender o faz de conta, falo sobre realidade e validade de sentimentos em nossa vida interior, bem como sobre tudo aquilo que pertence ao mundo fora de nós. Nesse sentido, brincar é simultaneamente, e precariamente, real e não real. Os temas e sentimentos expressados são reais, mas o conteúdo — os personagens e o que acontece com eles — é fantasia.

Quando uma criança brinca sozinha, a delimitação dessas fronteiras está totalmente dentro do controle dela. Quando envolvo uma criança na brincadeira com os fantoches para incentivar a autoexpressão, para oferecer uma oportunidade de superar sentimentos de impotência ou ensinar habilidades positivas para lidar com dificuldades, preciso estar sintonizada com as fronteiras da criança e respeitá-las, ou nossa interação deixa de ser um brincar.

No caso de Joey, ao estabelecer uma conexão explícita entre diferença que ele astutamente percebeu na voz de Cat-a-lion

JOEY, OLIVIA E EMMA 159

(o brincar fantasia) e a que eu ouvi na voz dele (realidade), transgredi as fronteiras que Joey havia estabelecido e momentaneamente ameacei sua capacidade de brincar. Eu soube, desde o primeiro instante em que Joey hesitou em entrar na brincadeira com Cat-a-lion, o que não era característico, que usar um boneco para falar diretamente sobre a morte de Laura fora um deslize da minha parte. Laura realmente morrera. Sua morte não era brincadeira. Portanto, qualquer discussão sobre sua morte precisava partir de mim, como eu mesma, e não dos bonecos. Se, porém, Joey houvesse introduzido a morte de Laura na brincadeira — se *ele* começasse a falar diretamente sobre a morte por meio dos fantoches —, eu o teria seguido.

Quando uma criança está brincando de forma menos direta sobre alguma coisa que parece ser particularmente assustadora ou intensa, como a morte de um dos pais, posso lembrar a ela que estamos brincando.

— Sua mãe está morta — diz uma menina de 5 anos para Audrey, seus olhos ganhando um brilho cada vez mais intenso. — Sua mãe está *morta*.

Então respondo com minha voz:

— Estamos fingindo que a mãe da Pata Audrey está morta. — Só para ter certeza de que as fronteiras estão preservadas e para lembrá-la de que aquilo é uma brincadeira e, portanto, está sob seu controle.

Confiantes na reversibilidade de suas ações dentro da segurança de nossa fantasia compartilhada, as crianças fingem

EM DEFESA DO FAZ DE CONTA

praticar horrores contra meus bonecos. Eles já foram devorados por monstros, queimaram na fogueira, foram abandonados ao afogamento enquanto pai ou mãe assistiam à cena passivamente da praia. Crianças são capazes de cometer essas atrocidades por saberem que o que fazemos com os fantoches é faz de conta — depois da nossa sessão, os personagens serão removidos de nossas mãos para retornar, inteiros, durante outra sessão.

Outra maneira de garantir que as fronteiras do brincar fantasioso permaneçam claras é ser seletivo sobre quem engajamos nesse processo. Para muitas crianças, se o conteúdo que elas criam começa a se tornar opressor, lembranças leves mas vigilantes sobre tudo ali ser uma brincadeira são suficientes para preservar sua segurança no brincar. Para outras, porém, por causa da profundidade de um trauma emocional ou da presença de psicose, o fingir no brincar é tão evocativo que a linha entre realidade e fantasia se torna tênue demais para que o faz de conta tenha utilidade.

O fator idade também deve ser levado em conta. As crianças amadurecem em ritmos distintos, mas, de acordo com minha experiência, a maioria, aos 3 anos, especialmente se forem três anos sob estresse, tendem a ser candidatas hesitantes à terapia com fantoches. Crianças ainda tão pequenas podem ficar amedrontadas com os bonecos em forma de luvas ganhando vida pelo movimento da mão no interior deles. Usamos bonecos então que podem ser segurados com a mão aparente e contamos histórias *sobre* eles, deixando que as crianças vejam que *nós* os estamos movendo, e sem usar a voz do boneco. Quando as crianças estão sob estresse severo, podem perder temporariamente parte das aquisições cognitivas, sociais, e emocionais e, muitas vezes, agem e reagem como crianças muito mais novas.

Estabelecer cuidadosamente as diferenças entre realidade e fantasia parece ser uma tarefa primária de desenvolvimento para muitas crianças de 3 anos que tenho encontrado. Crianças mais novas parecem acreditar que meus bonecos são "reais"; crianças mais velhas parecem estar seguras de que não são. Mas as de 3 anos tendem ao ceticismo — e o fato de não saberem bem sobre o que os bonecos estão falando as aborrece. Quase todas as crianças de 3 anos com quem trabalhei em ambiente hospitalar dedicaram a maior parte do tempo a discutir comigo sobre os fantoches. Eles me perguntam como os bonecos falam e depois não acreditam na resposta. Digo que eu faço Audrey falar. Eles discordam com veemência. Mostro a eles. Eles ainda duvidam de mim. E assim por diante.

Tenho sido solicitada com frequência para esse trabalho com crianças de 3 anos. Do ponto de vista da equipe do hospital, isso faz sentido. Quanto mais nova a criança, mais difícil é explicar a importância e o propósito dos dolorosos e invasivos procedimentos, e mais a equipe precisa de ajuda.

— Ela é muito bonitinha — uma enfermeira comenta com um sorriso significativo.

Ou:

— Ele é realmente esperto... e muito falante! — comentou um residente de cardiologia. (Ser bonitinha, é claro, é irrelevante para avaliar a capacidade de uma criança para beneficiar-se do brincar com bonecos, porém é mais difícil perceber que, para crianças muito pequenas, ser "muito falante" é normalmente irrelevante, também.)

Uma criança de 3 anos bem articulada ainda é — magnífica e tenazmente — uma criança de 3 anos, como descobri pela enésima vez com Olívia, uma menina extremamente precoce hospitalizada para tratar uma doença renal grave, mas curável.

Quando conheci Olívia, ela se separou da mãe com facilidade, e começamos a brincar da maneira habitual. Eu a apresentei à Pata Audrey e dei a ela alguns bonecos para manipular. Olívia olhou fixamente para Audrey por alguns momentos e perguntou:

— Como ela fala?

— Eu a faço falar — respondi, continuando com a brincadeira.

Depois de alguns minutos, Olívia falou diretamente com Audrey, mas não para iniciar a brincadeira.

— Como você fala? — ela insistiu, ainda olhando fixamente.

— Susan me faz falar — respondeu Pata Audrey.

Quando Olívia repetiu a pergunta pela terceira vez, compreendi que a resposta não estava penetrando em sua esfera de compreensão.

— Eu fiz Audrey falar — repeti. — Assim. — E mostrei a ela como fazia. — Da mesma forma que você pode fazer com que seus bonecos falem. — Eu a ajudei a encaixar um elefante na mão.

A menina transferiu seu olhar atento para o boneco na sua mão direita.

— Fale! — ordenou. Depois sorriu para mim e cochichou em tom de conspiração: — O meu não fala.

Passamos os minutos seguintes repetindo variações desse processo. Finalmente, Olívia começou a choramingar, pedindo a presença da mãe. Infelizmente, sem que nós soubéssemos, a mãe dela havia aproveitado aquela oportunidade para deixar o hospital e ir tomar um café. Ao ser informada sobre isso, tive o que pensei ser uma ideia brilhante.

— Vamos fingir que a mãe da Pata Audrey saiu para ir tomar um café! — sugeri

Parecia uma ideia natural. Olívia poderia expressar seus sentimentos sobre a ausência da mãe e talvez encenar uma série de partidas e reuniões. Um sorriso radiante surgiu em meio à tristeza de Olívia.

— Tudo bem — ela concordou, segurando o elefante com evidente expectativa.

— Minha mãe foi tomar café — contou a Pata Audrey. — E eu estou brava e estou triste, mas sei que ela vai voltar.

Seguiu-se um longo silêncio. Olívia largou o elefante, olhou para mim por um instante com ar muito zangado, depois se virou para Audrey.

— Você é só um fantoche — retrucou. — Você *nem* tem mãe!

O que está errado com essa cena? Lá estava uma articulada, simpática, interessada menina de 3 anos que era perfeitamente capaz de interagir, mas não conseguia sustentar o faz de conta comigo. Apesar de meus esforços persistentes para esclarecer-lhe a fronteira realidade/fantasia, ela não estava preparada para assimilar essa explicação. Estava pronta para pensar sobre isso — de fato, refletir sobre essa questão parecia ser de suma importância para ela —, mas ainda não estava suficientemente segura para deixar de lado a questão, por isso as marionetes eram inúteis para ela como ferramentas de expressão ou elaboração.

A brincadeira de fingir pode pressionar as fronteiras comportamentais e aquelas associadas com realidade e fantasia. Bonecos em particular são importantes para a autoexpressão porque relaxam as inibições. Mas, da mesma forma que as crianças podem se sentir oprimidas por fantasias assustadoras se perdem de vista o fato de que não são reais, também podem ter essa sensação se o faz de conta — cujo tema seja sentimentos de raiva ou medo — as leva à violência física. Para a autoexpressão segura, as fronteiras de qualquer tipo de faz de conta devem incluir limites relativos ao comportamento. Como já mencionei, os limites que estabeleço com as crianças são simples:

— Você pode ficar com raiva, mas não pode usar os bonecos para bater.

Essa é uma regra direta, mas sua implementação bem-sucedida envolve alguma reflexão. Quando uma criança e um adulto brincam com bonecos, uma alternativa frequente do adulto é tentar estabelecer e impor as regras por meio dos bonecos. Isso evolui para uma cena de rápida deterioração que soa mais ou menos assim:

MARIONETE DA CRIANÇA: Vou pegar você! (*Começa a atacar o boneco do adulto.*)

MARIONETE DO ADULTO: Não me bata! Não me bata!

MARIONETE DA CRIANÇA (*agredindo com vigor e entusiasmo crescentes*): Vou pegar você! Vou pegar você!

Igualmente malsucedida é qualquer tentativa de despertar solidariedade ou piedade da criança por um boneco nesse momento específico. Um comentário como "Audrey não gosta de ser agredida" normalmente promove um olhar vazio, um encolher de ombros e a continuação da violência.

O problema com essas duas respostas é que são fontes de confusão para a criança, porque bonecos são brinquedos. Tudo que sai da boca de um boneco é faz de conta. Quando um fantoche grita, "Isso dói! Isso dói!", a criança presume (acertadamente) que estamos fingindo que o boneco sente dor e, portanto, que não existe razão para interromper o ataque. O aviso "Audrey não gosta de ser agredida" é igualmente fantasioso.

Quando uma criança começa a bater em meus bonecos, digo:

— Você pode ficar com raiva, mas não pode bater.

Quando me perguntam o motivo, digo a verdade:

— Porque minha mão está aqui, e *eu* não gosto de ser agredida.

Para a maioria das crianças, a verdade é suficiente. Para algumas crianças, como as que têm problemas para controlar impulsos agressivos, a natureza desinibidora dos bonecos — exatamente a característica que os torna ferramentas terapêuticas tão poderosas — é muito provocante e ameaçadora. Brincar com os bonecos deixa de ser brincadeira e torna-se rapidamente algo incontrolável e perigosamente envolvente. Nesses casos, ponho os bonecos de lado e tento uma atividade mais estruturada e menos provocativa.

Assim que estabelecemos um espaço seguro para o brincar, entretanto, a criação da criança mostra-se sacrossanta. Eu contribuo para a brincadeira, posso tentar estruturá-la em torno de um tema específico, mas as crianças têm liberdade para responder às minhas contribuições da maneira como quiserem, e para iniciar os próprios temas e conteúdos. Na medida do possível, as crianças conduzem, e eu as sigo.

Tenho seguido crianças por horrendos territórios de faz de conta, masmorras com dragões famintos, dinossauros furiosos, bruxas cruéis e médicos ainda piores. Especialmente para as crianças sob estresse, o caminho é sempre o das fantasias de fúria e destruição, e o conteúdo de nossas brincadeiras às vezes é difícil para os pais, que procuram com afinco ver os filhos como bons, não importa quais sejam as circunstâncias. Entendo essa dificuldade. Eu posso, e realmente suporto a infelicidade, a raiva, o medo ou o mau comportamento de muitas crianças, mas é sempre muito mais difícil com aquelas com quem tenho algum relacionamento, por isso entendo os pais que se assustam com as fantasias furiosas de seus filhos.

Em uma ocasião memorável, trabalhei com uma menina de 4 anos, Emma, que estava hospitalizada por causa de uma desordem intestinal. Ela era doce e encantadora, a alegria do pai, que ficou desconcertado ao testemunhar o que ele percebia como maus-tratos da filha em relação à Pata Audrey.

Emma levantou cuidadosamente a asa de Audrey e explicou que ela precisava tomar uma injeção. Depois, ela fingiu aplicar uma longa e evidentemente dolorosa injeção na Pata, tempo durante o qual fiz Audrey chorar. Quando o procedimento torturante finalmente chegou ao fim, Emma pegou Audrey nos braços e a confortou.

— Pronto, pronto — ela murmurava, afagando as costas do fantoche.

Diante do olhar horrorizado do pai, Emma repetia essas cenas muitas vezes. Finalmente, ele não conseguiu mais se conter.

— Emma! — gritou. — Não acha que já chega?

— Não — Emma respondeu calmamente, aplicando mais uma longa e dolorosa injeção na Pata Audrey.

Posteriormente, conversei com o pai de Emma para explicar a diferença entre a brincadeira de fantasia que contém imagens violentas ou traz ações violentas e o brincar que evolui para a violência real. Do meu ponto de vista, que inclui o reconhecimento dos poderosos sentimentos de raiva que as crianças frequentemente experimentam durante um período de hospitalização ou durante outras crises na vida, o brincar de Emma era uma expressão saudável, intensa e inteiramente aceitável dos sentimentos que ela não conseguia expressar de outra forma. Ao canalizar com segurança esses sentimentos para a brincadeira que tinha fronteiras claras, ela podia expressar ativamente sua raiva sem se ferir ou ferir outras pessoas, e podia simultaneamente comunicar-se e obter um certo controle sobre a experiência. Para ela, aquela era uma maneira de processar e controlar uma situação complexa e desconfortável. Para entender e se sentir confortável com o conteúdo da brincadeira de Emma, porém, seu pai precisava respeitar e aceitar a intensidade de suas emoções e a realidade de sua raiva. Isso é difícil quando tratamos de crianças que amamos, estejam elas enfrentando um estresse extraordinário ou os desafios normais da vida.

É um paradoxo que estabelecer limites e fronteiras seja essencial para as crianças se sentirem seguras o bastante para se envolverem livremente no brincar de faz de conta. Outro paradoxo é que o faz de conta é um — às vezes o único — caminho para as crianças serem realmente quem são. Quando fingem ser outra pessoa, ou elas mesmas em circunstâncias fantasiosas, as crianças estão expressando pensamentos, preocupações e sentimentos reais.

7

Kara

A verdade no faz de conta

Quando criança, eu me voltei instintivamente para os bonecos para preservar-me de uma família meio dominadora e de um mundo que, no auge do terror da Guerra Fria, parecia estar fora de controle. Devo ter acreditado, em algum nível, que para sobreviver eu devia ser uma criança "boa", obediente. Em vez de obliterar importantes componentes de meu verdadeiro self, porém, canalizei aquelas energias para a criação de personagens rebeldes, desafiadores, corajosos, que foram surgindo na forma de fantoches. Assim, sobrevivi à minha infância e preservei, profundamente, aquelas partes saudáveis de mim mesma. Como adulta, aprendi, diante da raiva ou do medo, a me expressar sem rodéios e a dar suporte a mim mesma. Mas, mesmo agora — para meu espanto —, existem momentos em que me sinto mais capaz de me mostrar falando pela Pata Audrey.

EM DEFESA DO FAZ DE CONTA

Recentemente, durante um intervalo em um seminário acadêmico, eu me aproximei de um professor muito estimado, a que vou me referir aqui como Dr. Smith, para fazer uma pergunta e manifestar minha opinião contrária às que ele manifestara na sessão encerrada pouco antes. Ele era alguém que, em seu mundo, estava acostumado a ter seus pontos de vista levados em conta: o que ele pensava *importava* e raramente era questionado. Falávamos sobre o significado do brincar, que — como o leitor agora já sabe — é algo por que me interesso com verdadeira paixão e um assunto ao qual dediquei muita reflexão. Ele desqualificou imediatamente meus comentários sobre o valor de pensar o brincar como algo simultaneamente real e não real. Não chegou a pronunciar as palavras "estúpida" ou "idiota", mas sua atitude era suficientemente desdenhosa a ponto de eu me sentir atacada. Para minha perplexidade, fui me tornando cada vez menos capaz de organizar meu pensamento e, portanto, não consegui oferecer um argumento razoável para defender meu ponto de vista. A situação, que até então havia sido agradável e até divertida, deixou de ser segura.

Algumas horas mais tarde, porém, os organizadores do seminário me pediram para mostrar um pouco do meu trabalho com bonecos. Sem nenhum planejamento consciente da minha parte, ocorreu o seguinte diálogo:

AUDREY: O que estamos fazendo aqui?

EU: Estamos aqui para falar sobre o brincar.

AUDREY: O que é brincar?

EU: Você. Você é brincar.

AUDREY: Mas eu sou real?

EU: Sim... e não.

AUDREY: Quer dizer que eu não sou real?

EU: Sim... e não.

AUDREY: Caramba... O que pensa o Dr. Smith?

Todos ali reunidos, inclusive o Dr. Smith, riram ao ouvir essas palavras. Fiquei satisfeita, mas também estava surpresa com o desenrolar do diálogo. Há anos eu não sentia necessidade de recorrer a Audrey para dizer o que estava pensando ou para responder a um desafio. Mas essa experiência recente tem sido útil. Ela reforçou de maneira pessoal e imediata a espantosa relação entre a voz de Audrey e meu "verdadeiro" self. E me fez pensar, mais uma vez, sobre o acesso que a brincadeira de faz de conta proporciona à vida interior. O tempo e o espaço que permitimos às crianças para se expressarem durante o faz de conta dão a elas ferramentas que se traduzem em mecanismos de elaboração adultos — usando qualquer meio criativo como instrumento de autoexpressão e alívio.

Se percebemos nosso ambiente como ameaçador ou inseguro, construímos fachadas para impedir nosso self de ser ferido; enquanto isso, nossa essência permanece seguramente escondida atrás da *persona* que criamos.

172   EM DEFESA DO FAZ DE CONTA

Muitos de nós assumimos o que Winnicott chamou de "falso self" em uma ou outra ocasião, e ser capaz de usar esse recurso pode ser útil.[1] Nós "mostramos nosso melhor ângulo" em uma entrevista de emprego. Dizemos mentiras "delicadas" para não ferir os sentimentos de alguém. Nós nos comportamos de forma polida em reuniões. Fazemos o que temos de fazer para funcionar em sociedade. Mas crianças que crescem em ambientes que negam ou ameaçam de forma consistente a realidade de quem são e o que sentem são forçadas a manter um falso self durante a maior parte do tempo. O custo é alto. É preciso ter muita energia psíquica para erguer uma parede — e sustentá-la. Em suas manifestações mais extremas, a necessidade contínua de manter um falso self pode levar à depressão e até ao suicídio. Sem saída para a honestidade emocional, o risco é perdermos contato com quem realmente somos e não termos acesso à nossa verdade emocional.

Às vezes, até as melhores intenções de pais e responsáveis podem transmitir à criança uma mensagem de que é mais seguro não dizer a verdade. As crianças podem estar sintonizadas com as forças e os limites emocionais dos adultos que as amam e podem captar facilmente o que podemos e o que não podemos ouvir delas. Quando, por alguma razão, a autoexpressão sincera não é uma opção viável para a criança, a possibilidade de usar o brincar para expressar seus reais sentimentos é valiosa.

Aos 4 anos, a força de Kara irradiava dos olhos brilhantes e cheios de determinação. Desde que ela dominara o anda-

KARA   173

dor, ricocheteava pela creche como uma bola de bilhar. As mãos estendidas deixavam marcas pálidas nas paredes, que serviam de apoio quando ela não queria usar as muletas. Ela jamais poderia contar com as pernas para sustentá-la. Às vezes, segurava minha mão quando caminhávamos para nossa sessão, ou saíamos da sala ao final dela, e me arrastava impaciente para onde queria ir.

Kara nascera com HIV. Ela vivia com a mãe e o pai, também infectados, e com uma irmã mais velha saudável. O vírus atacara o sistema nervoso central de Kara, por isso tinha dificuldades para andar. Além de ser submetida a um rigoroso regime de medicamentos, Kara sofrera duas extensas cirurgias ortopédicas. A segunda operação ocorrera alguns meses depois de nos conhecermos.

O pai e a mãe de Kara eram confiantes, otimistas, animados. Não perdiam muito tempo com lamentações; em vez disso, dedicavam seus limitados recursos a sobreviver e seguir em frente. Considerando o estresse com que tinham de lidar — a pobreza, o HIV de Kara, o problema da menina com as pernas e a própria doença —, a determinação, a força e o otimismo do casal eram impressionantes e extremamente úteis a todos.

Em muitos sentidos, a determinação dos pais e a recusa em se lamentar também eram úteis para Kara. Se havia serviços acessíveis, Kara os recebia. Se havia programas que podiam beneficiá-la, ela era inscrita neles. Mas, pelo menos para Kara, também havia um preço a pagar por esse ritmo intenso e esse inabalável entusiasmo. Aos 4 anos, ela havia aprendido a carregar sozinha seus medos e fantasias, mesmo diante do trauma e da perda.

Os pais e os professores de Kara a descreviam como "determinada", "dura", "agressiva" e, principalmente, "controladora". As palavras "triste" ou "assustada" nunca eram ditas. Os pais dela tinham uma doença. Kara tinha uma doença. Ela não podia andar. E, todos os dias, tinha de engolir medicamentos de gosto muito ruim. Porém, ninguém jamais a vira triste ou assustada. Kara aprendera desde cedo que não havia espaço em seu pequeno e estressado mundo para quaisquer sinais de fraqueza. Breves explosões de raiva eram aceitáveis, mesmo que tivessem consequências para ela, mas Kara nunca, nunca mesmo, nem por um momento sequer, podia reconhecer ou compartilhar o fardo de dor e desespero.

Kara tinha mais problemas com medicação que a maioria das crianças. Talvez por causa da fraqueza muscular, ela apresentava grande dificuldade para engolir os comprimidos. Kara dava remédios a Audrey repetidamente, acenando para desqualificar seus protestos, como se fossem insignificantes.

— Não gosto de tomar remédio — Audrey chorava.

— Sim, você gosta — insistia Kara. — Ela gosta — ela me dizia.

— Não, não gosto — Audrey continuava chorando.

Mas Kara não ouvia. Audrey não só precisava tomar remédio, como também precisava *gostar* disso. Ainda muito pequenas, as crianças absorvem as normas de suas famílias e da sociedade sobre sentimentos e sua expressão. Kara acreditava que tinha de engolir todos os remédios ruins e, além disso, precisava gostar deles. Por intermédio de Audrey, pude ao menos propor um ponto de vista alternativo.

No início, o brincar de Kara era cheio de morte — pais morrendo, crianças morrendo. De fato, o pai de Kara estivera terrivelmente doente antes de o novo "coquetel" de drogas tornar-se disponível, e seus pais já haviam perdido muito amigos e parentes para o HIV. A morte ocultava-se debaixo do brincar de Kara como uma sinistra criatura marinha. Essa criatura surgia repentinamente em suas fantasias, rompendo uma superfície de aparente serenidade para engolir cruelmente parentes e amigos. Diferente das crianças da Corner Co-op, cujo brincar sobre morte era generalizado e eventual, o brincar de Kara envolvia repetidamente informações específicas sobre a perda de pessoas que ela amava e indicava familiaridade com o processo e seus rituais.

Em nossa segunda sessão, Kara fingiu que o pai de Audrey a abraçava e a parabenizava por ela ter tomado seus medicamentos. De repente, ela removeu da mão o fantoche que representava o pai e o colocou sobre a mesa.

KARA: Seu pai morreu.
AUDREY: Ele morreu?
KARA: Sim.

176 EM DEFESA DO FAZ DE CONTA

AUDREY: Sabe o que estou sentindo?

Kara ficou em silêncio.

EU: Como acha que ela se sente por isso?

Kara continua em silêncio. Ignorando as perguntas, ela pega outro boneco.

AUDREY: Espere um minuto. Meu pai morreu!

KARA: Sim.

AUDREY: Estou triste.

KARA (*triste*): Aqui estão flores para ele.

Alguns minutos depois, Kara apresentou a mãe de Audrey e um bebê, e os dois morreram logo depois de terem aparecido.

— Quem vai cuidar de mim? — Audrey perguntou, choramingando.

— Eu vou — Kara respondeu, animada. Depois disso, durante nossas sessões, Kara matava rotineiramente os personagens dos fantoches.

Quando Kara foi informada sobre sua iminente cirurgia, o brilho em seus olhos começou a diminuir. A brincadeira envolvendo temas médicos tornou-se mais intensa. Um dia, ela decidiu que Audrey tinha de ir para o hospital e precisava receber sua medicação por via intravenosa — através de um tubo inserido no "braço" de Audrey. Ela se recusou a responder às perguntas de Audrey sobre por que ia para o hospital ou o motivo pelo qual tinha de usar aquele tubo. Coube a mim interferir e oferecer algumas explicações.

— Mas por que eu vou para o hospital? — Audrey perguntou novamente.

Kara não respondeu. Eu disse:

— Você vai para o hospital se está doente ou se alguma coisa não funciona bem no seu corpo e precisa de cuidado especial para ficar bem.

Kara ignorou minha explicação. Muitas crianças no centro passavam por variados tratamentos médicos, por isso havia sempre um kit cheio de instrumentos médicos de brinquedo em minha sala. Kara usou uma seringa para aplicar a medicação em Audrey e anunciou que ela ia chorar por causa disso. Seguindo sua indicação, Audrey começou a chorar.

AUDREY: Ai. Isso dói. Não gosto disso. Sei que preciso disso, mas não gosto. Sei que vai me ajudar, mas não gosto.

KARA: O que você vai fazer?

AUDREY: Bem, eu preciso mesmo disso?

KARA: Sim.

AUDREY: Posso contar a alguém como me sinto sobre isso tudo?

KARA: Não pode contar à sua mãe.

AUDREY: Não posso falar com minha mãe? Por que não?

KARA: Porque isso é segredo.

AUDREY: Ah, não! Com quem eu posso falar?

KARA (*ignorando Audrey*): Respire.

Ela tem um estetoscópio e instrui Audrey a inspirar profundamente.

AUDREY: Por que não posso contar para minha mãe?

KARA: É segredo.

AUDREY: Por quê? Quem disse que é segredo?

Kara parecia não saber como responder a essa última pergunta. E quando Audrey a pressionou pedindo uma resposta sobre quem dissera que era preciso manter seus sentimentos em segredo, Kara não pôde ou não quis responder.

Embora raiva, medo e tristeza sejam respostas perfeitamente razoáveis ao estresse causado por inúmeras situações na vida de uma criança — de hospitalização a divórcio ou qualquer outro tipo de problema familiar —, sempre colocamos inadvertidamente pressão excessiva sobre as crianças para que não compartilhem esses sentimentos.

Como mãe, eu entendo. Quando minha filha está infeliz, zangada ou magoada, seus sentimentos negativos me incomodam mais do que os meus. Inerente ao papel dos pais, está o desejo de que nossos filhos sejam felizes e estejam bem. Mas é essencial reconhecer e entender que nem sempre é esse o caso — e que há situações nas quais a expressão de emoções como tristeza, medo ou raiva não apenas são apropriadas, como também uma indicação de saúde.

Para algumas pessoas, ouvir um filho expressar abertamente qualquer tipo de negatividade é particularmente difícil. Talvez tenhamos crescido em família nas quais a expressão desses sentimentos não era incentivada ou era ativamente desencorajada;

no ponto extremo, a cultura de algumas famílias determina até mesmo que é moralmente errado experimentar sentimentos negativos. Essas são as precondições que levam uma criança a desenvolver um falso self, que oblitera o verdadeiro, com efeitos psicológicos debilitantes. Porém, quando as crianças passam algum tempo em terapia e têm pais motivados que (1) se dispõem a fazer o trabalho psicológico necessário para modificar hábitos e comportamentos profundamente arraigados, (2) dispõem de recursos para desenvolver o trabalho terapêutico a longo prazo, e (3) estão envolvidos com agências que dispõem dos recursos para prover equipes para *realizar* o trabalho, então é possível efetivar uma mudança positiva.

Infelizmente, essas condições nem sempre, ou melhor, raramente existem. A maioria das crianças que conheci ao longo do exercício de minha profissão estavam confinadas no hospital para estadas breves e eram mandadas para casa sem os serviços de apoio psicológico ou estavam matriculadas em creches com recursos mínimos para o apoio familiar. Muitas são de famílias que vivem em condição de pobreza e enfrentam uma dura batalha diária pela sobrevivência, o que consome a maior parte de seus recursos emocionais. Tenho grande admiração pelo staff e pelas famílias com quem trabalhei. A realidade é que, sem os serviços de apoio adequados, às vezes o melhor que se pode fazer é trabalhar pela mudança social — e, nesse ínterim, dar à criança modelos alternativos para elaboração. A percepção de Kara era que a mãe não suportaria seu medo e sua raiva. O staff poderia trabalhar com a mãe de Kara para ajudá-la a aceitar o medo e a raiva da menina com relação à cirurgia, da mesma forma que ela lidava com os próprios sentimentos. Mas isso levaria tempo. Até lá, eu queria que Kara soubesse que havia outras pessoas que podiam ouvir sobre o que ela sentia.

AUDREY: Mas posso contar a alguém como me sinto sobre estar no hospital? A quem posso contar?

KARA: Você não pode contar para sua mãe.

AUDREY: Posso contar para os meus professores na escola?

KARA: Não.

AUDREY: Posso contar a Geneva [psicóloga da escola]?

KARA: Não!

Kara finge machucar Audrey puxando o local onde estaria sua sobrancelha, se ela tivesse uma.

KARA: Puc!

AUDREY: Ai! Você puxou minha sobrancelha! Não gosto disso. Ai! Isso dói! (*Ela parece desanimada.*) Puxa, estou aqui no hospital porque preciso consertar alguma coisa no meu corpo e não gosto disso nem posso contar para ninguém. O que minha mãe faria se eu contasse a ela?

KARA: Você não pode contar a ela. (*Ela machuca Audrey novamente.*)

EU: Deve haver alguém a quem Audrey possa contar sobre como se sente. Porque esse segredo é grande demais para

KARA

ser guardado. Tantos sentimentos! Como acha que ela se sente por estar no hospital?

KARA: Ela *precisa* ficar no hospital.

EU: Ela precisa ficar no hospital?

KARA: Sim.

EU: E como acha que ela está se sentindo com isso?

Kara não consegue responder.

AUDREY: Eu vou dizer como me sinto. Estou zangada, triste e amedrontada.

KARA: Você está?

AUDREY: Posso dizer isso a alguém?

KARA: Não.

AUDREY: Por que não?

Mais uma vez, Kara não consegue responder.

AUDREY: Vou melhorar se eu ficar aqui?

KARA: Não.

AUDREY *(chocada e desanimada)*: Não? Oh, não! Quero falar com alguém. *(para mim)* Posso dizer a Kara como me sinto?

KARA: Não.

AUDREY: Ninguém?

EU: Esse é um segredo muito grande para uma menininha guardar.

Àquela altura, Kara estava muito ocupada tirando sangue de Audrey e parecia ignorar tudo o que eu dizia.

— Aposto que, se contasse aos seus professores na escola — falei —, eles entenderiam como se sente por estar no hospital. Porque, sabe de uma coisa? Ninguém gosta de ficar no hospital.

Por mais que Audrey argumentasse, Kara se recusava a reconhecer a validade dos sentimentos expressos por ela naquele dia — mas Audrey continuava expressando todos eles, e eu continuava apoiando sua atitude.

À medida que a hospitalização de Kara se aproximava, seus olhos iam perdendo o brilho, como se ela enxergasse o mundo através de um véu. Ela jamais ria, raramente sorria e brincava sem sua alegria característica, sem o atrevimento habitual. Em vez disso, suas interações com os fantoches pareciam ser motivadas por compulsão, permeadas por medo e raiva contidos com grande esforço. Ela perambulava por suas fantasias, retratando apenas as mais terríveis assim que elas se sobrepunham às outras. Ela não queria parar. E, mesmo em meio às imagens aterrorizantes de abandono — mesmo quando ela condenava seus brinquedos à morte ou algo pior —, eu via inconfundíveis lampejos de sua doçura intrínseca e de sua realidade sólida de ser amada.

Um dia, enquanto brincávamos com Audrey e Cat-a-lion, ela anunciou que Audrey tinha uma consulta médica e não voltaria mais. Ela deixou a horrível possibilidade pairar no ar por um momento antes de mudar de ideia. Audrey retornaria. Depois, Kara notou um Band-aid no braço de Audrey, relíquia da fantasia de alguma outra criança. Ela o removeu e beijou Audrey.

— Você tomou injeção? — perguntou com ternura.

— Alguém beija você quando toma injeção? — Audrey perguntou.

Kara assentiu.

— Dói — ela disse. — Eu fui para o hospital, tomei injeção.

De repente, Kara começou a bater em Cat-a-lion.

— Está zangada? — perguntou Cat-a-lion.

— Sim — Kara respondeu, virando-se para bater em Audrey. — Eles não gostam de mim! — ela disse olhando para mim.

— Está zangada com *eles*? — indaguei. — Pode usar as palavras para dizer a eles que está zangada? Não há nenhum problema em ficar zangada, mas você não pode bater.

— Estou zangada com você! — Kara gritou. Ela disse que Audrey também estava brava, mas que não queria que Audrey contasse por quê. Finalmente, Audrey se manifestou mesmo assim.

— Estou zangada porque tenho que ir para o hospital.

Kara respondeu imediatamente, com um entusiasmo ruidoso:

— Sim! Sim! Sim!

Mas ela se recusou a permitir que Audrey continuasse a elaborar isso.

Em vez disso, começou a amamentar uma boneca, um bebê. E ela decidiu que o bebê ia para o hospital. Quando tentei dizer a Kara o que acontece durante uma cirurgia, ela se ocupou ainda mais com o bebê e deu a impressão de não estar ouvindo, mas, sempre que eu parava de falar, ela me dizia para continuar explicando as coisas para Audrey.

De repente, Kara decidiu que o bebê precisava ser trancado em algum lugar sem ninguém para cuidar dele. Depois, anunciou que a mãe de Audrey não poderia ir ao hospital — que ela nem *queria* ir ao hospital.

De fato, por já termos falado sobre isso, eu sabia que a mãe de Kara estaria no hospital tanto quanto fosse humanamente possível. É importante lembrar que, por emanar da experiência interior, o brincar da criança pode refletir seus medos e fantasias, e não a realidade factual — ou alguma combinação dos dois fatores. Essa era uma informação importante para dividir com a mãe dela, que poderia garantir a Kara que ela não seria abandonada.

Assim que Kara revelou seus piores medos — o de ser abandonada —, ela decidiu parar de brincar com os fantoches por um tempo e foi construir com blocos. Quando se lida com a vida íntima, o faz de conta tem uma válvula interna de segurança. As crianças normalmente param com determinada linha de brincadeira quando ela deixa de ser divertida ou se torna muito ameaçadora e, como Kara, partem para outra atividade. Forçado, ou obrigatório, o brincar é um paradoxo.

Ajudei Kara com seus blocos por algum tempo, mas logo ela pegou outra marionete e disse que era um bebê.

— Às vezes me sinto como um bebê — Audrey contou.

KARA 185

— Você *é* um bebê — Kara proclamou.

Preocupada com a possibilidade de Kara precisar de apoio para superar o medo do abandono, disse a Audrey que ela podia perguntar à mãe se ela ficaria no hospital. A reação de Kara foi imediata e intensa:

KARA: Não, não pode!!!!!!

AUDREY: Não posso?

KARA: Não! Não! Não!

AUDREY: Estou furiosa!!!

KARA: Não! Não! Não!

Audrey perguntou mais uma vez a Kara se *ela* estava zangada.

— Sim! — respondeu Kara. Mas ela não podia ou não queria dizer por quê. Audrey e eu, porém, não desistíamos com facilidade.

— Estou zangada! — Audrey anunciou mais uma vez.

— Não, não está — respondeu Kara.

Quando sugeri que Audrey realmente precisava contar à mãe sobre seus sentimentos e medos, Kara se manteve firme em seu compromisso com o sigilo.

— Não precisa nada.

Audrey perguntou se voltaríamos a ver Kara. Quando eu disse que sim, Kara anunciou que não voltaria mais para a escola. Ela iria ao médico e nunca mais voltaria.

— É disso que tenho medo! — Audrey confessou.

Kara reiterou que não voltaria e seu brincar tornou-se mais agressivo. Ela fingiu cortar as bonecas e anunciou que elas haviam morrido. Depois disse que Audrey havia morrido.

A experiência de Kara do mundo, complicada por seus terríveis problemas médicos, ditava que ela não podia reconhecer diretamente fraqueza, medo ou raiva. Só no faz de conta ela podia expressar com segurança essas emoções "inaceitáveis", por isso o utilizava para dar voz a elas, de maneira veemente e inconfundível. Ser capaz disso é prova de sua força interior.

No nosso encontro seguinte, Kara quis alimentar a boneca bebê e insistiu na necessidade de Audrey ficar quieta: não haveria conversa, porque isso perturbaria o bebê. Cada vez que Audrey abria a boca, Kara a silenciava. Ela deu uma injeção no bebê, mas não deixou Audrey comentar nada.

A hospitalização de Kara era iminente, por isso fingi que Audrey também iria para o hospital em breve. Audrey anunciou que não queria falar sobre isso, mas Kara insistiu que ela deveria falar.

— Acha que tenho muitos sentimentos? — Audrey especulou.

Kara balançou a cabeça afirmativamente. Mas, quando Audrey perguntou que tipo de sentimentos Kara achava que ela tinha, a menina não respondeu. Audrey perguntou:

— Por que eu vou para o hospital?

— Porque você quer — Kara respondeu com objetividade. — Eu vou para o hospital — ela acrescentou.

Expliquei mais uma vez que, embora Audrey tivesse de ir para o hospital, não precisava *querer* ir. Audrey perguntou o que aconteceria com ela lá.

— Injeções — Kara explicou, demonstrando com uma agulha que espetou em Audrey. Audrey gritou, e Kara enfiou a mamadeira na boca do fantoche. Continuei tentando falar com Audrey sobre o hospital, mas Kara mudou de assunto. Audrey perguntou por que Kara precisava de uma cirurgia, e a menina ignorou também essa questão.

Audrey perguntou se sua mãe poderia ficar com ela quando fosse para o hospital. A resposta de Kara foi:

— Não.

Mas eu disse mais alto:

— Sim!

Então, ela decidiu que o bebê boneca precisava de uma cirurgia. Audrey especulou se o bebê precisava disso por ser mau. Kara concordou entusiasticamente. Eu interferi, explicando que cirurgias não tinham relação com o fato de uma pessoa ser boa ou má.

De uma forma ou de outra, crianças em idade pré-escolar tendem a se ver não só como o centro do universo, mas como causa de eventos de grande e pequena importância. Crescer significa, em parte, abrir mão do status de centro do universo, o sol em torno do qual tudo gira. Podemos aprender que outras pessoas têm seus pontos de vista. Aprendemos, mais ou menos, que existem algumas coisas que controlamos e outras

188 EM DEFESA DO FAZ DE CONTA

sobre as quais não temos nenhum controle. Para crianças cuja vida é basicamente cheia de coisas boas, esse egocentrismo é útil. Estende a experiência inicial de ser capaz de afetar o mundo positivamente.

O problema surge quando crianças pequenas encontram tragédias mais ou menos importantes — morte, divórcio, hospitalização, mudança, ausência parental, dificuldades familiares. Elas tendem a se ver como causas desses problemas, também. Quando trabalho com crianças em idade pré-escolar vivendo uma crise, meus bonecos sempre abordam a questão da culpa.

— É porque fui mau? — Audrey costuma refletir.

Frequentemente, crianças pequenas costumam responder com um retumbante "sim". Cabe a mim tranquilizar meus fantoches, e as crianças, dizendo que a culpa não é delas.

Fingindo ser médica, Kara começou a operar o bebê. No meio da cirurgia, ela disse:

— Eles vão cortar minhas pernas. Não vai doer. — Falamos sobre a anestesia que ela receberia.

Em poucos minutos, o brincar de Kara tornou-se mais vago. Imagens unidas pelos temas da cirurgia, morte, perda e raiva apareciam e desapareciam, mudando rapidamente, se sobrepondo, destituídas de sentido lógico. Ela criava um caleidoscópio de terror. A mãe e o pai de Audrey morriam. Audrey morria durante uma cirurgia, por causa do medicamento que recebera no hospital e, depois de morta, se transformava em

KARA

monstro. A mãe e o pai dela morriam de novo. Audrey morria mais uma vez durante sua cirurgia. Audrey queria me morder. Kara acordou Audrey. Ela disse que Audrey estava morrendo por causa do remédio.

Assegurei a Audrey que ela não ia morrer por causa do remédio. Kara se ocupou com a boneca bebê e, mais uma vez, parecia não me ouvir. Ela encontrou uma fita adesiva e começou a colar no bebê.

— Ah, é como gesso! — Audrey comentou.

Kara continuou envolvendo o bebê em fita adesiva com uma urgência que parecia compulsiva. Ela não só enrolava as pernas do bebê, mas o enrolava inteiro, como se envolvesse uma múmia — mãos, olhos, até sua boca. Ela não parou enquanto não enrolou o bebê completamente.

Então, Kara explicou que o bebê precisava de gesso porque havia caído e se machucado. Ela contou que o bebê não podia se mover. Não podia falar. Não podia nem respirar.

— Estou com medo de ser toda enrolada em fita no hospital — Audrey choramingou.

— Você vai! — Kara anunciou, animada.

Eu discordei. Garanti a Audrey que ela não ficaria para sempre presa em um gesso. Ele começaria no peito e envolveria suas pernas; não cobriria cabeça e braços. Kara começou a se enrolar com a fita. Depois, enrolou a si e a boneca bebê juntos.

— O bebê não vai ter de ficar sozinho — comentei.

190 EM DEFESA DO FAZ DE CONTA

Kara concordou. Alguns dias mais tarde, Kara foi para o hospital. Ao contrário de seus temores, ela saiu da cirurgia bem, e sua mãe e toda a família puderam ficar com ela.

O brincar interativo com fantoches presta-se maravilhosamente bem para o esclarecimento e a integração de quaisquer dicotomias entre experiência interna e expressão externa. Não é o único meio pelo qual se faz isso — os desenhos infantis, por exemplo, também podem refletir uma experiência interna em desacordo com a *persona* externa —, mas o brincar com bonecos é particularmente rico em possibilidades. Diferente de pinturas ou desenhos, aqui o ponto de vista expresso é verbal, o que o torna relativamente fácil de decifrar. Além disso, como um meio expressivo, brincar com bonecos é como cubismo na medida em que permite a expressão simultânea de muitos pontos de vista. Essa capacidade de apreender múltiplas dimensões, permitindo ambivalência e ambiguidade, é uma ferramenta terapêutica incrivelmente poderosa.

Quando uma criança e eu brincamos com fantoches, podemos ter até seis "pessoas" na sala ao mesmo tempo, cada uma delas com um ponto de vista potencialmente diferente. Se cada uma de nós se coloca na brincadeira e leva um boneco, há quatro *personal* interagindo. Se cada uma de nós levar mais um boneco, são seis. Se as crianças mudam de personagem, como sempre acontece, existem ainda mais pontos de vista a trabalhar.

Ao mesmo tempo, esses personagens (ou o potencial para esses personagens) servem como telas protetoras para pensamentos ou sentimentos inaceitáveis. Psicologicamente escondidas atrás de um fantoche, as crianças podem criar um monstro furioso, vingativo, por exemplo, ou um médico sádico, enquanto se apresentam como seres calmos, até estoicos. O impulso para a expressão sincera e a noção de que a personalidade "separada" dos fantoches é um paraíso seguro para essa expressão ocorrem juntos de forma espontânea, instantaneamente e sempre sem percepção consciente.

As complexidades e sutilezas do faz de conta estão presentes sempre que as crianças brincam, se estão sozinhas, com outras crianças ou na presença de adultos. Quando estamos engajados no faz de conta das crianças, no entanto, nossas respostas podem influenciar poderosamente a elaboração ou não de temas específicos e a forma como isso se dará. A sensação de segurança proporcionada pelo faz de conta é frágil. Como ocorre em qualquer encontro terapêutico, essa segurança depende de uma compreensão compartilhada das regras e da adesão a elas e a limites. Por exemplo, as crianças e eu concordamos em brincar com bonecos. O que surge pela voz de um boneco é tratado como fantasia. Raramente peço às crianças para fazer conexões entre suas situações e as histórias que criam brincando, embora elas sejam livres para fazer essas ligações por conta própria, se quiserem. Qualquer violência que ocorra durante as sessões tem de ser fantasia. Eu, as crianças e os bonecos não podemos sofrer danos físicos. Mas as crianças e eu somos livres para dizer tudo que quisermos por meio dos fantoches.

Essas regras, exceto a que trata de violência, devem ser estabelecidas de maneira explícita. Muitas delas são as regras que as crianças parecem empregar naturalmente em qualquer tipo de brincar compartilhado e expressivo. Quando Kara fez o pai de Audrey morrer, eu permiti; porém, embora ela tivesse preferido evidentemente deixar aquela morte passar sem tecer comentários, eu era livre para usar Audrey para expressar sentimentos relativos a ela. Por estarmos "apenas brincando", Kara era livre para matar Audrey em cirurgia, fazer com que seus pais morressem ou deixá-la para sempre no hospital.

Da mesma forma que as crianças permanecem, como elas mesmas, na sala quando brincamos com os bonecos, conservo minha voz, uma voz distinta da de Audrey. Sou eu mesma, no meu papel de adulto responsável e terapeuta na vida da criança. Também sou aquela que cuida de Audrey, embora não me defina como mãe dela, a menos que a própria criança me designe esse papel.

Como fiz com Kara, frequentemente uso minha própria voz para validar os sentimentos das crianças e encorajar seu direito de expressá-los. Também defendo o direito de Audrey expressar medo, perda e raiva — e a validade desses sentimentos. "Tudo bem se você chora", posso dizer, ou "Qualquer um ficaria zangado se tivesse de fazer uma cirurgia". Repetidamente, de tantas maneiras quantas forem possíveis, garanto à criança que, pelo menos no nosso relacionamento, é seguro para elas serem quem são.

Minhas respostas aos personagens criados pelas crianças por meio dos fantoches e suas expressões de sentimentos são a chave para essa sensação de segurança e, por isso, devem ser cuidadosamente consideradas. Uma criança que faz um boneco de dragão rugir furiosamente para a Pata Audrey descobre que não existem repercussões disso na vida real. Meus bonecos respondem, em vez disso, com medo ou tristeza, e com minha própria voz, ou com a deles, tento encontrar um nome para o sentimento que expressa o dragão através do rugido ("Está com fome?") e para os sentimentos que essa fúria pode engendrar ou pelos quais é alimentada ("Estou com medo!", "Estou triste!").

Quando Kara fez o pai de Audrey morrer pela primeira vez e não conseguiu, ou não quis atribuir sentimentos a Audrey em resposta ao trauma, comecei a focar meus esforços na tentativa de ajudá-la a encontrar linguagem e espaço para expressar os próprios sentimentos. Na maior parte do tempo, questões como "Adivinhe como Audrey se sente por..." são convites bem-sucedidos para as crianças expressarem os próprios sentimentos, como que por procuração, tomando emprestada a voz da Pata. Audrey normalmente se apropria de todos os sentimentos que as crianças atribuem a ela, a menos que os sentimentos nomeados sejam totalmente alheios, sem sintonia com os eventos (e raramente isso ocorre). Se, por exemplo, uma criança diz que Audrey está feliz porque o pai dela morreu, Audrey pode responder:

— Por que eu estaria feliz?

Notando que Kara não respondia às questões sobre os sentimentos de Audrey, decidi que, qualquer que fosse a razão para seu silêncio, era importante para Audrey dizer que *ela* estava triste. Assim, consegui realizar várias coisas simultaneamente. Kara ouviu a palavra "triste" em conexão com sentimentos sobre uma morte; ela pôde experimentar uma "criança" expressando tristeza com segurança na presença de um adulto, sem que houvesse consequências negativas.

Kara também precisava de um nome para a raiva. Sentimentos intensos de fúria podem ser simultaneamente tão opressores e revigorantes a ponto de serem difíceis de conter, especialmente para crianças pequenas, cuja capacidade de autocontrole ainda está em desenvolvimento. Ser capaz de reconhecer a raiva e nomeá-la é um passo no sentido de aprender a administrá-la. Finalmente, Kara conseguiu reconhecer e até admitir que estava zangada. Mas então, como estava agredindo Audrey, ela fez a declaração aparentemente intrigante de que os bonecos não gostavam dela.

Minha compreensão dessa declaração é que a fúria de Kara era tão intensa e tão assustadora que ela teve de transferir a posse de boa parte desse sentimento. Em vez de reconhecer os sentimentos como dela, ela viu a fúria refletida naqueles que a cercavam — mesmo quando não estava lá. É como o processo que a psicanalista Melanie Klein chamou de "ansiedade persecutória". Quando nossos sentimentos são muito devastadores, às vezes nos separamos deles, atribuindo-os a outros. Assim podemos encontrar um alívio temporário, deixando de senti-los, mas podemos também experimentar os sentimentos nega-tivos como dirigidos *para nós* a partir do exterior, em vez de vir do nosso interior e ser direcionado para o exterior. Esse fenô-meno pode levar a algumas situações peculiares com crianças pequenas muito articuladas.

— Quando está zangada, você me bate! — uma menina pequena anunciou para a mãe perplexa, que nunca, jamais, agre-dira a filha.

Outra amiga, que nunca havia levantado a mão para o fi-lho, teve a desconcertante experiência de ouvir o filho de 2 anos disparar durante uma explosão emocional pública, fu-riosa e passional:

— Não me bata! Não me bata!

Por mais que eu me solidarizasse com a fúria de Kara, não podia permitir que ela agredisse meus fantoches, por isso a in-centivava a usar as palavras, em vez de bater. Assim que ela foi capaz de gritar sua raiva, pude seguir em frente, com base nis-so, fazendo Audrey anunciar, num apoio retumbante aos sen-timentos de Kara, que ela estava zangada porque tinha de ir para o hospital. O "Sim! Sim! Sim!" de Kara foi um verdadei-ro salto para uma criança que antes era incapaz de nomear, muito menos reconhecer ou começar a entender, seus difíceis e verdadeiros sentimentos.

A situação de Kara era extrema, mas crianças crescendo em circunstâncias menos estressantes, mais fáceis, também experimentam emoções poderosas no curso normal da vida, emoções que podem ser desconcertantes para os adultos que as cercam, mesmo quando expressas em brincadeiras — como foi o caso com Megan, a menininha que descrevi no Capítulo 4, que jogou sua boneca no chão ao saber da chegada do novo bebê na família. Na minha experiência, as emoções que as crianças expressam em suas brincadeiras podem ser fugazes, mas são reais. Permitir a elas a liberdade de usar a brincadeira de faz de conta como um condutor para sentimentos verdadeiros — mesmo aqueles que preferimos que elas não tivessem — é uma maneira importante de validar sua experiência e deixá-las serem quem são.

8

Angelo

Brincar com segredos

Para um fantoche, a Pata Audrey tem tido uma existência bem atormentada. Nas mãos das crianças, ela contraiu diversas doenças fatais e foi cortada em milhões de pedaços a serem servidos a uma equipe de médicos. Ela passou por cirurgias sem anestesia, foi dilacerada por monstros diante de sua mãe inconsciente e foi abandonada em um hospital durante vinte anos aos cuidados de uma única enfermeira cruel.

Como qualquer ludoterapeuta, tenho plena consciência de que as crianças podem ter fúrias intensas e terrores paralisantes que às vezes se manifestam de maneira assustadoramente explícita em brincadeiras fantasiosas. Os horrores que as crianças imaginam para os meus bonecos não são aleatórios ou acidentais. As doenças que Audrey contraiu são, usualmente, similares em sintomas e tratamento àquelas experimentadas pelas crianças que as produzem. As situações que elas inventam para Audrey são metáforas de sua própria existência.

A menininha que a cortou e serviu aos médicos havia passado por numerosas cirurgias em um único ano, um esforço desesperado para salvar sua vida. O menino cujo boneco monstro atacou Audrey enquanto a mãe dela jazia inconsciente havia sofrido abuso severo do pai. Ele fazia a mãe de Audrey acordar cada vez que o ataque terminava, alegre, animada, sempre se recusando a acreditar em sua descrição detalhada sobre os ataques. A criança que abandonou Audrey no hospital por anos estava lidando com uma hospitalização por período indeterminado. Muitas das crianças cujo brincar descrevi até aqui infligiram algum tipo de tormento violento aos personagens criados nas nossas brincadeiras.

A necessidade de encenar cenas perturbadoras, violentas ou ameaçadoras não é exclusiva das crianças que sofrem por traumas. Por mais que tentemos, não podemos proteger completamente as crianças de sofrer ou testemunhar algum tipo de dor, sofrimento, conflito ou perda. As crianças sentem dor quando caem e se machucam, ou quando vão ao médico e tomam suas vacinas, ou quando contraem infecções de ouvido. Avós morrem, animais de estimação morrem, amigos da família morrem.

O lado mais sombrio da infância — aquele mergulho entusiasmado na fantasia violenta e ameaçadora, sempre tão chocante para os adultos — pode surgir até no brincar daquelas crianças cujas experiências de vida estão relativamente livres de trauma. É uma maneira de obter uma sensação de controle sobre se sentir pequeno e impotente em um mundo grande, confuso e às vezes amedrontador.

— Conte-me uma história assustadora — pede Sofia, de 3 anos, prestes a completar 4. — Mas não *muito* assustadora. Vamos fingir que você é um ladrão e quer roubar meus sapatos.

Uma maneira de a criança aprender a lidar com o medo é construir mundos de fantasia nos quais possam superar todo tipo de adversidade. Algumas crianças, como Sofia, podem querer brincar de sobreviver à experiência amedrontadora que imaginam. Ser capaz de sobreviver a ataques imaginários de monstros, gigantes ou ladrões criados por elas mesmas dá às crianças a possibilidade de se sentirem competentes, e assim elas aprendem a lidar com o medo em doses administráveis.[1] Outros podem dominar as ansiedades e frustrações de se sentir pequenino em um mundo grande fingindo ser monstros que podem dominar as pessoas mais poderosas em sua vida. Scotty, por exemplo, aos 5 anos, adora transformar-se em um imenso e assustador *Tyrannosaurus rex* e ri histericamente quando o pai finge se encolher de medo com a aproximação do gigante.

Um menino de 4 anos, hospitalizado para uma pequena cirurgia, expressou a complexidade de seus sentimentos sobre o assunto criando um leão ameaçador enquanto se recuperava da

200 EM DEFESA DO FAZ DE CONTA

operação. Muitas vezes, fez o leão rugir furiosamente para os meus fantoches.

— Por que esse leão está rugindo? — perguntei.

— Ele está bravo — Timmy respondeu, sucintamente.

— Ah — respondi. — Gostaria de saber por que ele está bravo.

— Ele era o rei dos animais, e agora não é mais o rei dos animais — o menino respondeu.

— Ah — eu repeti. — Ele algum dia vai voltar a ser o rei dos animais?

— Não — Timmy contou pesarosamente. — Agora ele é o último dos animais.

Ele não tinha palavras para dizer diretamente: "Estou furioso e me sinto diminuído por essa experiência." Ou mesmo: "Eu me sentia muito bem antes, e agora me sinto mal." Mas, por meio da brincadeira, ele foi capaz de criar uma metáfora que captava esses sentimentos.

Às vezes, justamente essas medidas que tomamos para proteger as crianças do trauma da vida real é que engendram profunda confusão e sentimentos fortes, assustadores, que elas só podem expressar em suas brincadeiras.

Angelo era um menino de 8 anos convivendo com o HIV. A mãe dele havia morrido de Aids, e a família estava desesperadamente determinada a protegê-lo dessa experiência. Como Kara e Joey, Angelo vivia circunstâncias complicadas e desafiadoras. Mas todas as crianças experimentam algum grau de

ANGELO

raiva, medo e perplexidade em relação ao mundo em que vivem. Não quero, com isso, minimizar o sofrimento de Angelo, mas sim demonstrar que sua circunstância de vida não o torna tão diferente assim das crianças que você conhece e ama. Muitas delas se rebelam contra as limitações daquilo que seus responsáveis suportam contar a elas sobre um mundo frequentemente injusto.

Todo brincar precisa ser seguro. Permitir brincadeiras que lidam com a violência não significa deixar que as crianças machuquem alguém — ou que criem brincadeiras em grupo que causem desconforto às outras crianças. Fronteiras e limites devem ser estabelecidos e respeitados, e a segurança física e emocional de todos os envolvidos precisa ser respeitada. Se a violência da fantasia de uma criança é assustadora demais para o companheiro, então temos de ajudá-los a encontrar outras atividades para fazerem juntos.

Ao permitir que Angelo e outras crianças encenem temas violentos, tento proporcionar um contexto para a violência — impregnar a experiência de sentimentos e validar expressões verbais de sentimentos tais como ultraje e luto como respostas legítimas a atos violentos. Eu tento ajudá-las a resolver de forma construtiva as situações difíceis, até impossíveis, que criam para os bonecos. Mesmo que eles se recusem a aceitar as soluções propostas, acredito ser importante eu proporcionar a eles a experiência de trabalhar com alguém para encontrar soluções construtivas para problemas difíceis. Cuido para que meus bonecos façam perguntas e tentem lidar com o que lhes é proposto. Assim, espero ajudá-las a não ceder a uma espécie de cinismo e desespero crônicos que vão sugar o significado de sua vida.

Angelo morava com a avó e, ocasionalmente, com um irmão mais velho no leste de Boston. Católica devotada e italiana, a avó de Angelo o amava perdidamente, alimentava-o com muita massa e não suportava a ideia de dizer a ele a verdade. Ela o protegia de sua própria doença crônica e do abuso de drogas do irmão mais velho. Durante três semanas depois do ocorrido, ela não conseguiu contar ao menino que a mãe dele estava morta, mais uma vítima da Aids epidêmica. E não suportava dizer a Angelo que ele também era HIV positivo. Sem a permissão dela, a equipe de seu programa extracurricular não podia dizer a verdade ao menino. A decisão daquela avó não era incomum. Para os pais que lidam com a culpa pelos comportamentos que os levaram à doença e com o estigma associado a ela, a ideia de contar a verdade aos filhos é terrível. Eles temem que os filhos sejam isolados na escola ou que amigos e familiares os abandonem. Até mesmo os pais que gostariam que os filhos soubessem a verdade podem ter receio de que eles não consigam guardar segredo de senhorios, empregadores ou outras pessoas com poder sobre sua vida.

Angelo era um menino brilhante, observador, mas a avó se agarrava desesperadamente à crença de que ele não notava as tragédias que permeavam sua vida. Durante um bom tem-

ANGELO 203

po, não havia nada que eu ou outro membro da equipe do centro pudesse dizer para convencê-la do contrário — apesar das evidências crescentes nas brincadeiras de Angelo comigo e em seu comportamento em sala de aula de que ele sabia muito mais do que pensava a avó.

As crianças sempre sabem e entendem muito mais sobre a própria vida do que pensamos ser possível. Às vezes, nosso desejo de proteger as crianças da dura realidade causa a elas muito mais sofrimento do que saber a verdade e poder manifestar-se em explosões de raiva ou, mais passivamente, em profunda depressão. Embora possam manter uma falsa aparência de ignorância, as crianças sempre revelam em suas brincadeiras a verdade sobre o que sabem ou não sabem a respeito dos segredos de família.

A participação de Angelo no programa do centro — e especialmente em nosso trabalho voltado para a saúde mental — foi precedida por um acordo com a avó dele: não mentiríamos para Angelo, mas não poderíamos contar espontaneamente ao menino o que ela não queria que ele soubesse. Em outras palavras, se ele perguntasse diretamente se era portador do HIV, poderíamos responder que sim — mas não podíamos promover ou abordar o assunto.

Como a equipe acreditava que Angelo ficaria muito melhor se tivesse um relacionamento terapêutico contínuo e uma chance de encenar seus medos e preocupações, aceitei atendê-lo nessas condições. Mas também me juntei à equipe num longo processo para ajudar a avó a contar a verdade sobre todos os difíceis problemas da família: o avô bebia, o irmão sofrera uma overdose, ela passava por problemas médicos. Cada vez que uma dessas questões vinha à tona, eu dizia a Angelo que, se ele tivesse perguntas sobre qualquer coisa, eu tentaria responder a todas elas. E, se não pudesse responder, eu encontraria alguém que pudesse fazê-lo.

— Não agora — ele costumava dizer. E continuava brincando.

As crianças com quem trabalho quase sempre são frutos de famílias em constante batalha contra a pobreza, pobreza essa que, debilitante em si mesma, pode ser complicada por gerações de alcoolismo, depressão e abuso. Essa era a situação na família de Angelo e, por isso mesmo, tenho enorme admiração pela avó dele, que trabalhou duro para cuidar do menino e se esforçou para que ele tivesse acesso a todos os recursos disponíveis.

— Eu morreria por Angelo — ela disse, emocionada, em um dos nossos encontros. — E se algum dia alguém o magoar... — Ela deixou a frase por concluir, mas entendi seu significado.

O desejo da avó de proteger Angelo, associado a um estilo particular e arraigado de lidar com o estresse, a levou a protegê-lo da verdade. A teia de mentiras que se refletiam nas brincadeiras de Angelo era feita de amor e de boas intenções. O staff acreditava que essa mentira era prejudicial ao menino, mas to-

ANGELO

dos nós havíamos concordado em respeitar os desejos da avó sobre o que podíamos ou não revelar.

Enquanto isso, ela e a equipe do centro conduziam uma conversa contínua sobre contar a verdade a Angelo. Lentamente, ela foi fazendo algumas concessões. Finalmente, contou ao neto que ela tinha um dedo a menos no pé por causa da diabete. Quando Angelo testemunhou a overdose do irmão, ela disse inicialmente que Mark estava doente, mas, quando entrei em contato com ela posteriormente para contar que Angelo me dissera espontaneamente, que acreditava que o irmão usava drogas, ela foi imediatamente ao centro e a equipe a ajudou a conversar com o menino sobre o que realmente acontecera.

Mas, sempre que surgia o assunto do HIV, a avó de Angelo se recusava a contar a verdade a respeito da situação do neto.

— Não vou contar a ele enquanto não for absolutamente necessário — ela repetia.

— E quando será? — perguntávamos e continuávamos trabalhando com a criança.

Desde a nossa primeira sessão de brincadeiras, o brincar de Angelo era repleto de violência, morte, perda e mentira. Durante aquele primeiro encontro, ele baniu meus bonecos para a Antártica. Era o lugar mais frio da Terra, e eles foram mandados para lá por um Papai Noel mau. Eles tinham de chamar o Papai Noel bom para levá-los de volta para casa no Brasil. Quando chegaram em casa, Audrey perguntou com quem eles moravam.

206   EM DEFESA DO FAZ DE CONTA

— Somos crianças — respondeu o boneco leão de Angelo. — E vivemos sozinhos.

De repente, Angelo fez o leão espancar e matar um castor.

— Oh, não! — eu disse. — Estou triste pela morte do castor.

— Ele vai para o hospital — anunciou Angelo. — Lá, eles vão fazê-lo melhorar.

— Mas um hospital não pode deixar melhor quem já está morto — comentei.

— Ele só está machucado — Angelo interrompeu. — Vai passar oito semanas no hospital.

— Mas onde estão o pai e a mãe do leão e do castor? — eu quis saber.

— Eles moravam com a mãe, mas saíram de casa porque ela não deu a eles um PlayStation nem mesmo depois de eles terem limpado o quarto.

— Ela mentiu — decretou o leão de Angelo. — *Odeio* gente que mente sobre ter um PlayStation.

O comentário de Angelo é um grande exemplo da rica complexidade de experiências da vida real que as crianças levam para suas brincadeiras — como camadas de um sonho. Esse intercâmbio pode refletir simultaneamente a confusão dele com a morte da mãe, sentimentos de abandono e privação — sem mencionar o desejo por um PlayStation. Por não sabermos exatamente até onde devemos tomar literalmente os detalhes do brincar de uma criança, sempre me percebo prestando mais atenção aos temas que surgem do que ao conteúdo literal. Nesse caso, os dois temas que consegui identificar foram as preocupações com a morte e com as mentiras — especificamente sobre ser alvo delas.

No meu encontro seguinte com Angelo, ele voltou a despachar os fantoches para longe, dessa vez para a África, onde o boneco elefante ficou gravemente ferido.

— Ele poderia... poderia morrer — Angelo explicou. Ele transformou o quarto em um hospital, usando muitos equipamentos médicos e tentando salvar o elefante. Antes de revelar o destino do elefante, Angelo anunciou que a avó do animal fora para o hospital e morrera.

— Oh, não! — exclamei.

— Primeiro de Abril! — ele respondeu imediatamente. — Ela está bem.

Mas, dez minutos mais tarde, Angelo fez todos os bonecos morrerem. De repente, todos estavam vivos novamente e se envolveram numa briga caótica. Depois, ele fingiu que um bode havia mordido Audrey e a matado, mas depois ela voltou milagrosamente à vida. Em seguida, todos os bonecos receberam injeções.

— O que é isso? O que está injetando neles? — perguntei.

— Sangue envenenado — Angelo respondeu entusiasmado.

Nem preciso dizer que todos os bonecos morreram... de novo.

Essas sessões, entre as primeiras que tive com Angelo, estabeleceram os emaranhados temas recorrentes em suas brincadeiras: mentira tratamentos médicos, morte e a perda de um dos pais. Mais tocante, considerando seu diagnóstico, foi a imagem dos bonecos sendo inoculados com "sangue ruim". As pistas de que Angelo realmente sabia a verdade sobre sua condição de HIV positivo continuaram ao longo das nossas sessões. Ele infectava Audrey com "o vírus", e certa vez anunciou que todos os seus bonecos tinham uma doença chamada "SRV". Semana após semana, as brincadeiras de Angelo encenavam a vida como uma violenta e complexa rede de mentiras, cheia de contradições e reveses. No brincar de Angelo, os bonecos eram impossibilitados de chorar seu luto, de expressar ultraje ou mesmo de obter ajuda. Os tormentos a eles impostos eram sempre seguidos de ausência de verbalização. Um dia, por exemplo, uma ovelha levou um tiro e morreu. Angelo começou a marchar pela sala recitando:

— Susan está morta. Angelo está morto.

— Oh, não! — gritou Audrey. — Isso é horrível!

— Pare de falar! — Angelo berrou furioso. — Você não pode falar! Não pode falar sobre a ovelha.

Por mais que Audrey tentasse falar, Angelo não a deixava pronunciar uma única palavra.

— Caramba — eu disse —, é difícil quando alguém está doente ou morto e você não pode falar sobre isso.

Em seu esforço para fingir que Audrey não podia falar, Angelo decidiu privá-la da língua.

— Você nasceu com a língua errada — ele explicou. — Vai precisar de uma nova.

ANGELO   209

Ele insistiu na necessidade de submetê-la a um transplante de língua, ou ela não conseguiria falar quando tivesse 18 anos. Mas o médico deu a ela a língua errada. Ela não conseguia falar com a própria língua e tinha de usar a voz de Cat-a-lion. Quando tentei fazer Audrey falar com a própria voz, Angelo insistiu em dizer que ela não podia mais falar — uma metáfora forte para o falso self encenado por Kara no capítulo anterior. A única voz disponível para Audrey era uma que não pertencia a ela. Com o tempo, o tema da ausência de voz continuou como uma presença constante e crescente nas brincadeiras de Angelo, que criava inúmeros bonecos com dificuldade de fala.

Um dia, ele criou um carneiro que queria pedir ajuda, mas tinha a língua colada no céu da boca. O carneiro foi ficando cada vez mais agitado com Angelo rejeitando todas as soluções, e Audrey e eu nos propusemos a ajudá-lo. Finalmente, o carneiro começou a bater com a cabeça na mesa.

AUDREY: Ei, o que está acontecendo? Está bravo?

CARNEIRO (*grunhindo*): Sim! Quero que me ajude agora!

AUDREY (*preocupada*): Estou tentando ajudar.

CARNEIRO: Ajude-me!

AUDREY: O que posso fazer?

CARNEIRO (*em desespero*): Não sei. Consiga alguma coisa.

AUDREY: Que tipo de... que tal um pouco de água?

CARNEIRO: Não, eu quero mostrar a língua. Ajude-me!

AUDREY: Não sei como.

CARNEIRO (*cada vez mais agitado*): Ajude-me!

AUDREY: Angelo, o que devo fazer?

ANGELO: Não sei.

Em seguida, Angelo fez o carneiro se voltar para ele e implorar:

— Ajude-me!

Mas, em vez de ajudá-lo, Angelo ficou zangado e disse:

— Não fale comigo desse jeito!

Ele começou a fingir que batia no carneiro, que estava na mão dele. Por um momento, eu o vi expressar de um lado — literalmente — profundos sentimentos de fraqueza e impotência, enquanto, simultaneamente — e literalmente mais uma vez —, ele se batia por isso.

Eu interferi, querendo que ele escutasse que não era errado pedir ajuda.

— Espere! Ele está pedindo ajuda — eu disse. — Por que está batendo nele?

O carneiro continuou pedindo ajuda, enquanto Audrey e eu tentávamos pensar em um jeito de ajudá-lo. Mas Angelo continuava rejeitando todas as nossas sugestões.

Eu tinha a sensação de que, se não fizesse alguma coisa, nossa brincadeira não iria progredir. Angelo havia criado uma situação que, sem dúvida, refletia a dele: ele precisava desesperadamente de qualquer ajuda possível. Eu não queria negar sua experiência insistindo que o carneiro podia ser auxiliado, mas precisava oferecer a Angelo a perspectiva de esperança e uma oportunidade para entender o que ele estava encenando, em vez de simplesmente sentir tudo aquilo. Àquela altura, uma opção era sair da brincadeira e fazer uma conexão explícita com a realidade ("Quando você brinca assim, fico imaginando se está se sentindo como o carneiro"). Em vez disso, escolhi, como faço habitualmente, continuar brincando. Sentia que Angelo tinha muito mais a dizer, coisas que talvez ele só pudesse expressar brincando com os fantoches.

Fiz Audrey começar a chorar e dizer:

— É assustador. O carneiro quer ajuda e nós *não podemos* ajudar!

Mantendo o foco no carneiro, sem forçar Angelo a se apropriar de sentimentos que ele podia não estar preparado para admitir, esperava dar a informação que eu pensava ser necessária para permitir a ele continuar brincando sem inibição.

— Ajude-me! — Angelo fez o carneiro dizer mais uma vez.

— Isso é assustador — Audrey disse. — Você quer a nossa ajuda e nós não podemos ajudar!

Então, a voz do carneiro se tornou muito mais forte.

— Vê essas pessoas bem aqui? — o boneco perguntou. — Elas não me ajudaram. — Depois, com raiva: — Eu as esmaguei como um ovo!

— Cara — eu disse para o carneiro. — Você está muito zangado com as pessoas que não ajudaram!

O carneiro voltou a gritar:

— Ajude-me! Me dê todo o remédio que você tem.

Eu dei algum remédio ao carneiro.

Duas coisas importantes aconteceram nesse intercâmbio. O carneiro começou a expressar raiva, em vez de impotência passiva, e pude identificar esse sentimento para Angelo e conectá-lo aos temas de ajuda e esperança. Quando Audrey comentou que o carneiro estava pedindo ajuda e não a recebia, Angelo foi capaz de expressar raiva e identificar alguma coisa que poderia ajudar o carneiro: remédio.

> CARNEIRO (*bebe o remédio*): É veneno!
>
> EU: Isso é péssimo. Você acha que o remédio que dou a você é venenoso.
>
> *Angelo começa a retirar desesperadamente os instrumentos da valise de médico.*
>
> ANGELO (*com urgência*): Audrey, verifique essas coisas e encontre o antídoto.
>
> *O carneiro recebe o "antídoto".*
>
> ANGELO (*para o carneiro*): Uau! Agora você está bem.

Continuei trabalhando com Angelo, mesmo quando ele se tornou mais interessado em jogar bola do que em brincar com os fantoches. A equipe do centro e eu continuamos ajudando a avó dele a progredir rumo à revelação da verdade sobre sua condição de HIV positivo. Finalmente, com o apoio do diretor do centro, da enfermeira da clínica e o meu apoio, ela conseguiu reunir coragem para contar a verdade ao neto

ANGELO 213

Ela e ele ficaram muito aliviados. Ainda é cedo para prever quais obstáculos na estrada Angelo vai enfrentar, agora que sabe sobre seu diagnóstico. Mas, pelo menos, está livre do fardo do segredo. Pode pedir toda ajuda de que precisar, e nós podemos falar diretamente com ele sobre seus medos e preocupações. Em nossa primeira sessão depois de Angelo ter sido informado de seu diagnóstico, ele fingiu que Audrey e Cat-a-lion haviam contraído o HIV.

O brincar, ou a ludoterapia com ou sem bonecos, não pode alterar a realidade de uma doença crônica, da pobreza, da morte ou de muitas outras ameaças ao bem-estar das crianças. O que esse processo pode fazer é dar às crianças a liberdade de expressar sentimentos, explorar sua experiência relacionada a tudo que a vida coloca em seu caminho, ajudá-las a obter uma sensação de domínio em vez de se sentir impotente e oprimida, e dar aos adultos que as amam as pistas sobre como ajudá-las a lidar com tudo isso.

Como apontei anteriormente, as circunstâncias de vida de Angelo são extremas, e por isso ele precisava de um terapeuta e da brincadeira terapêutica. Mas ser humano é complicado para todas as crianças, e as complexidades com que elas deparam se refletem em suas brincadeiras. Elas podem não precisar de terapia, mas merecem uma chance de usar o faz de conta — se quiserem — para reunir seus recursos interiores a fim de lidar de maneira bem-sucedida com tudo que encontrarem em seu caminho.

Embora seja inquietante observar a violência manifesta quando crianças canalizam o conflito interno ou estresse externo para seu faz de conta, ela pode ser valiosa, se pudermos utilizá-la para confrontar o medo, lidar com a raiva ou trabalhar para o entendimento de questões devastadoras ou que os confundem. Para os adultos, um importante fator de confusão na decisão sobre como reagir a brincadeiras violentas é que muitas crianças hoje, mesmo aquelas que parecem viver em ambientes seguros e protegidos, se deparam com intenções maldosas e com os prejuízos por ela acarretados diariamente ou até mesmo várias vezes ao dia.

Entre as mudanças mais drásticas provocadas pela mídia eletrônica na infância moderna, está o grau de violência gráfica a que as crianças estão expostas. Pensamos que a violência na tela é só entretenimento, por isso é fácil desprezar seu poder. Estamos todos acostumados a ver pessoas aleijadas, mutiladas e mortas na televisão, nos filmes, ou como partes de videogames — e essas imagens não são "reais" —, por isso é fácil acreditar que a violência na mídia não exerce efeito sobre as crianças. Mas não é bem assim. Uma maneira especialmente poderosa de sentir seu impacto é olhar para como assistir à violência na tela afeta as brincadeiras das crianças.

PARTE TRÊS

As realidades do faz de conta

Brincadeiras e valores culturais

9

Soc! Tum! Pof!

Como a violência na mídia está matando a brincadeira

Sam, de 5 anos, estava de pé no meio de sua sala na pré-escola, brandindo sua réplica eletrônica genuína de um sabre de luz de *Guerra nas Estrelas: a vingança dos Sith*. Agarrando a espada com as duas mãos e adotando a atitude e a postura de um modelo perfeito de um moderno cavaleiro Jedi, ele girava a arma decididamente, bloqueando ataques e resistindo a agressores inimigos — muitas e muitas vezes.

Fascinada com a imitação perfeita de Anakin Skywalker em luta, esperei que Sam fizesse algo mais acontecer. Mas ele não fez. Em vez disso, inimigo após inimigo encontravam seu fim exatamente da mesma maneira. No final, depois de ele chegar perigosamente perto de atingir acidentalmente mais de uma criança de passagem por ali, o professor o envolveu em outro tipo de brincadeira.

218 EM DEFESA DO FAZ DE CONTA

A vingança dos Sith é considerado impróprio para menores de 13 anos por conta das cenas explícitas de violência. A indústria cinematográfica considerou o filme inadequado para crianças com 12 anos ou menos. Mas o fabricante do sabre de luz de Sam recomenda o brinquedo para crianças a partir de 4 anos. Muitos sucessos do cinema de ação são classificados como impróprios para menores de 13 anos, de *Homem-Aranha* e *Hulk* a *Piratas do Caribe* e *Transformers*, e todos são promovidos pela comercialização de brinquedos que servem para encenar a violência vista na tela. Dos 129 brinquedos comercializados sob a marca *Transformers*, 117 eram classificados como apropriados para crianças de 5 anos ou menos.[1] Também não é incomum deparar com encenações mecânicas como a de Sam, representando a batalha exibida na tela. Assistir à violência na televisão parece incentivar a imitação no lugar da criatividade.[2]

O impacto negativo que a violência de tela pode ter sobre o comportamento e as atitudes das crianças tem sido bem documentado em todos os lugares e não é o foco deste livro, por isso só abordarei o assunto de forma breve. Em uma revisão de mil estudos conduzidos ao longo de trinta anos de pesquisa, um consórcio das maiores organizações de saúde pública americana concluiu que "assistir a entretenimento contendo violência pode levar a uma elevação nas atitudes, valores e comportamento agressivos, particularmente em crianças".[3]

Não há como ignorar o fato de que a mídia eletrônica e as campanhas de marketing que a sustentam têm elevado drasti-

SOC! TUM! POF! 219

camente a quantidade e os tipos de violência aos quais as crianças estão expostas. O cinema não é o único culpado. Praticamente dois de cada três programas de televisão contêm alguma forma de violência, com uma média de seis atos violentos por hora.[4] Uma criança com 8 anos terá testemunhado duzentos mil atos de violência, incluindo quarenta mil assassinatos, só na televisão.[5]

Embora ainda não haja uma estatística sobre o número de assassinatos ou lesões graves causadas virtualmente pelas crianças nos jogos de videogame, o tempo que passam jogando está aumentando.[6] De acordo com pesquisas de marketing, 46 por cento dos usuários habituais de videogame estão entre os 6 e os 17 anos, e os jogos violentos são bem populares entre as crianças.[7] A série Grand Theft Auto, na qual os jogadores podem ganhar pontos, por exemplo, fazendo sexo com uma prostituta antes de matá-la, é um best-seller entre adolescentes e pré-adolescentes[8] — apesar de ser classificado como adulto, o que, de acordo com a indústria do videogame, significa que "pode ser adequado para pessoas a partir dos 17 anos".[9]

Em uma recente modificação da série, o *Grand Theft Auto: Vice City Stories*, classificado como jogo adulto, os jogadores podem matar membros de uma gangue rival, oficiais de polícia e inocentes espectadores enquanto tentam estabelecer seus negócios ilícitos, como tráfico de droga e assalto à mão armada. Não sei quantas crianças pequenas estão jogando jogos como esses, mas sei, que em uma escola na qual estive trabalhando

220 EM DEFESA DO FAZ DE CONTA

com a equipe local, boa parte dos meninos de 8 e 9 anos tinham ganhado um jogo Grand Theft Auto no Natal do ano anterior.

A natureza interativa dos videogames — o fato de os jogadores poderem participar realmente da violência virtual, em vez de simplesmente observá-la, e serem recompensados por cometer atos de violência — provoca uma razoável preocupação com a possibilidade de eles serem ainda mais capazes de afetar as atitudes e os comportamentos das crianças do que outros tipos de violência de tela. De fato, o Exército dos Estados Unidos escolheu usar videogames violentos e populares — em vez de programas de televisão ou filmes — para treinar suas forças de operação especial para combate.[10] No Congresso de Política Pública, da Juventude e de Videogames de 2006, especialistas acadêmicos, médicos e de saúde assinaram uma declaração baseada em pesquisa existente dizendo: "Pesquisa em ciência comportamental demonstra que jogar videogames violentos pode elevar a probabilidade de comportamento agressivo em crianças e jovens."[11] Uma classificação adulta não parece ser um impedimento adequado. A Federal Trade Commission (FTC) relatou recentemente que 42 por cento de crianças entre 13 e 16 anos desacompanhadas conseguiam comprar jogos classificados para adultos.[12]

Enquanto isso, há poucas barreiras sociais para conter a exposição da criança à violência na tela. Há um esboço de regulamentação sobre que programas de mídia podem ou não ser comercializados para crianças, de forma que a violência de tela está prontamente disponível para elas — na televisão, nos DVDs, nos videogame, e agora nos telefones celulares, MP3 players e em outros serviços manuais de tela.

Experimentar brutalidade na tela não é a mesma coisa que experimentá-la na vida real. Mas é um erro subestimar o poderoso efeito que ela pode exercer sobre as crianças. Estudos recentes sobre o impacto da violência da mídia sobre o cérebro sugerem que, num nível primitivo, fisiológico, podemos não diferençar inteiramente entre violência na vida real e brutalidade na tela. O uso de exames de ressonância magnética para avaliar o impacto da violência da mídia está em seus estágios iniciais, mas os resultados desses estudos são intrigantes.

De acordo com Michael Rich, o pediatra que dirige o Centro de Mídia e Saúde da Criança no Boston Children's Hospital: "A pesquisa sugere que o conteúdo violento da mídia de tela é processado de maneira diferente de outros conteúdos de tela, e também que ele parece provocar padrões de atividade cerebral paralelos àqueles que são registrados quando sobreviventes com desordem de estresse pós-traumático relembram seus traumas." Esse tipo de pesquisa começa a fornecer suporte neurológico para os estudos comportamentais que demonstram que crianças que assistem a muita mídia violenta são impelidas com mais facilidade a exibir comportamento violento.[13]

Os defensores do acesso mais ou menos irrestrito de crianças à mídia violenta alegam que esses produtos ajudam as

222   EM DEFESA DO FAZ DE CONTA

crianças a lidar com medo, raiva e agressividade.[14] Pode ser catártico, no sentido de que é possível que os espectadores experimentem um alívio da emoção e até se sintam melhor depois de assistir à mídia violenta.[15] A catarse por si só, porém, não contribui para uma compreensão mais profunda de nós mesmos e do nosso comportamento. Ela também não conduz à descoberta de soluções construtivas para resolver problemas que podem levar à violência. E, se assistir à mídia violenta inibe o brincar criativo das crianças, então ocorre também a inibição de atividades que podem promover efetiva resolução de problemas e prevenção de comportamento violento.[16]

Os defensores também argumentam que assistir à violência na tela é simplesmente uma evolução da antiga prática de contar histórias, mitos ou lendas às crianças. Mas existem importantes diferenças — a mais óbvia é que histórias orais ou escritas permitem às crianças um controle significativo sobre as imagens que constroem enquanto leem ou escutam. Elas podem elaborar cenários complexos ou deixá-los indefinidos, dependendo de sua experiência, predileções e desejos. Mas, além de fechar os olhos ou ter a maturidade de julgamento para se retirar fisicamente, não há controle para as imagens violentas que transbordam de uma tela.

Outra diferença entre violência de tela e violência impressa é que ler depende de certo nível de maturidade cognitiva. Limites inerentes são estabelecidos sobre o tipo de conteúdo escrito ao qual a criança tem acesso sem algum tipo de mediação adulta, porque ela precisa aprender a ler, e essa capacidade se desenvolve com o tempo. O acesso ao material impresso depende da capacidade de leitura e do vocabulário da criança, ou da disponibilidade de alguém para ler a história em voz alta. Histórias contadas *para* crianças dependem completamente de seus relacionamentos com adultos e crianças mais velhas. A necessidade da presença de um adulto intensifica a possibilidade de a criança ter a chance de fazer perguntas e conversar ao deparar com um material assustador ou que cause confusão, e podemos ser proativos ao iniciar essas conversações. Não é necessário ter muita habilidade ou maturidade cognitiva, porém, para apreender descrições visuais explícitas de decapitações, eviscerações, desmembramentos ou outros tipos de ações violentas. Em um nível superficial — apenas de reconhecimento da destruição quando ela ocorre —, a violência de tela é prontamente decodificada.

A capacidade da criança para apreender conceitos abstratos como motivação ou contexto psicológico e social complexo também se desenvolve com o tempo. Enquanto isso, avanços em tecnologia tornam possível descrever com detalhes requintados toda e qualquer forma de morbidez. Além disso, esses dois fenômenos tornam a violência de mídia simultaneamente mais sem sentido e mais atraente para as crianças pequenas. Elas não entendem por que as pessoas são explodidas ou o que motiva uma pessoa a esganar outra, mas tendem a lembrar esses momentos — a ação mais imediatamente dramática ou excitante a que assistem numa tela.

O poder da violência na tela combinado com seu efeito inibidor sobre o brincar criativo coloca as crianças em uma preocupante bifurcação. Elas podem ter respostas intensas ao que veem na tela. Podem ficar confusas, amedrontadas, fascinadas ou agitadas com o que veem. Porém, algo nessa experiência inibe ou perturba de alguma outra forma sua capacidade de gerar o tipo de faz de conta que é tão útil para o processamento de experiências difíceis.

Quando as crianças que vejo em terapia encenam a mesma cena repetidamente sem variação, sessão após sessão, isso pode ser um sinal de que existe alguma experiência que as domina. Julia, retirada de sua casa por negligência, passou semanas começando nossas sessões de ludoterapia criando cenários nos quais a mãe dormia enquanto a filha pedia comida e ajuda para preparar-se para ir à escola. Jennifer, uma menina que a equipe do centro suspeita ter sido vítima de abuso sexual, colocava repetidamente um boneco na cama e depois bloqueava minha visão do que estava acontecendo com ele.

Quando esse tipo de repetição ocorre, acredito que pode significar que a criança está psicologicamente retida em algum trecho do caminho — aconteceu alguma coisa que eles não conseguem entender ou que não encontram uma forma de resolver. Um evento assustador ou incompreensível pode manifestar-se como uma imensa obstrução no domínio da vida de fantasia da criança — como um pedaço de alimento que não pode ser digerido —, impedindo a fluidez e o crescimento que geralmente caracterizam o faz de conta infantil.

Professores de crianças pequenas relatam agora esse mesmo brincar repetitivo, mecanizado, em crianças cuja vida está saturada de mídia violenta.[17] Marissa Clark, uma professora de pré-escola, descreveu para mim uma sala inteira de crianças de 4 anos que, num determinado ano, eram obcecadas por super-heróis. Por um lado, ela entende o apelo. Crianças em idade pré-escolar, envolvidas com o aprendizado do comportamento certo e errado, ficam fascinadas por histórias sobre o bem e o mal. Cercados por adultos poderosos ou irmãos mais velhos, e lidando com sentimentos de fraqueza e impotência, eles não resistem à ideia da transformação mágica em um ser todo-poderoso.

O que preocupava Marissa era *como* as crianças brincavam.

Descobri que as crianças que brincavam com conteúdos da mídia de violência apenas seguiam o script daquilo a que assistiam. A brincadeira não evoluía, apenas se repetia muitas e muitas vezes. Eu via muitas crianças mantendo os braços abertos e estendidos numa posição de força, com as pernas afastadas lateralmente e apontando para alguma coisa. Essas, via de regra, eram Batman — que tem aquelas luvas que funcionam como armas. Outras crianças corriam e saltavam para chutar o ar. Essas eram os Power Rangers. Outras seguravam o punho semiflexionado — essas eram o Homem-Aranha lançando sua teia. Quando as crianças se envolvem nesse tipo de brincadeira, tudo o que fazem é repetir a ação. Então, isso pode se tornar realmente agressivo.[18]

226   EM DEFESA DO FAZ DE CONTA

Às vezes, as crianças que imitam a violência da mídia podem se ferir na vida real. Depois de os ultraviolentos shows do World Wrestling Entertainment terem sido introduzidos em Israel, pesquisadores documentaram o que descreveram como uma epidemia de ferimentos causados por crianças imitando os movimentos de luta nos pátios das escolas.[19]

Não estamos aqui afirmando que a mídia para crianças deve ser açucarada ou destituída de conflito. Também não estamos alegando que crianças de 11 ou 12 anos não podem se beneficiar — no contexto da orientação de um adulto — assistirem a um filme mais duro sobre o Holocausto, como *A lista de Schindler*, ou sobre o genocídio africano retratado em *Hotel Ruanda*, ou a maravilhosa série de televisão *I'll Fly Away*, cujo cenário é o sul-americano, durante o conflito pelos direitos civis, todos eles trazem temas violentos. Inclusive, filmes como *A lista de Schindler*, que tem grande potencial como ferramenta educativa, são frequentemente mencionados quando participo de debates sobre violência na mídia e crianças — normalmente como uma justificativa para a não regulamentação da divulgação de mídia violenta para crianças. Esse é um argumento ilusório. Diferente de *Transformers*, por exemplo, o filme *A lista de Schindler* não foi anunciado durante a programação televisiva de emissoras como a Nickelodeon, voltadas para crianças em idade pré-escolar.[20] Também não foi divulgado na porta dos cinemas por um bando de figuras de ação com uniformes nazistas, por comida de lanchonete com tema nazista ou por um acordo promocional com o Burger King. Não foi comercializado para crianças.

A violência na mídia de hoje é muito ampla e gráfica — e, em boa parte, gratuita, incluída apenas para chamar a atenção das pessoas para determinado produto que se deseja vender — por isso, acredito que seria melhor, especialmente para as crianças pequenas, se pudéssemos encontrar meios de limitar seu acesso. No mínimo, não devíamos comercializar ativamente a mídia de violência para elas e precisamos educar os pais sobre seu potencial de dano. Também temos de ajudar aquelas que estão crescendo sem proteção em uma cultura saturada de mídia violenta e precisam lidar com as imagens que veem. Crianças precisam de oportunidades *seguras e construtivas* para elaborar suas respostas a tudo com que deparam, seja na vida real ou na mídia. Se crianças pequenas são expostas à violência na mídia, é provável que, de alguma forma, aquilo que virem surja em suas brincadeiras. Também é provável que elas necessitem de ajuda para encontrar maneiras de brincar construtivamente com isso.

Tenho falado com pais e professores que preferem limitar todas as sugestões de brincadeira violenta em suas casas e salas de aula. Mas concordo com especialistas do desenvolvimento infantil como Diane Levin e Nancy Carlsson-Paige, autoras de *The War Play Dilemma*, que defendem que nossa tarefa é permitir que as crianças brinquem e representem de alguma forma a violência que experimentam pela mídia, mas que, ao fazer tal coisa, devemos ajudá-las a ir além da interminável imitacão.

Quando conversei com Diane Levin, ela explicou: "Adultos não sabem como lidar com a brincadeira violenta. Por um lado, sabemos que a criança leva para o brincar aquilo que precisa trabalhar — e nós temos de respeitar e valorizar esse processo. Mas, por outro, sabemos que as crianças aprendem com suas brincadeiras. Quando estão engajadas em violência, nós nos preocupamos com a possibilidade de aprenderem lições prejudiciais. E os dois lados estão certos. Esse é o dilema da brincadeira de guerra."[21]

Ela apontou que nem todo brincar violento é o mesmo. Quando está enraizado na mídia violenta e quando os brinquedos infantis replicam exatamente aquilo que elas veem na tela, as crianças ficam retidas em uma imitação repetitiva das mesmas coisas: a brincadeira não evolui e deixa de ser um veículo para suprir suas necessidades ou ajudá-las a entender o mundo. Levin diz:

> Quando as crianças estão meramente imitando, têm chances muito maiores de aprender as lições prejudiciais que a mídia ensina. Mas, quando estão envolvidas com o brincar criativo que se modifica e evolui com o tempo, ele se torna menos violento e mais útil para a solução de problemas. O poder das imagens da mídia priva as crianças da capacidade de usar o brincar construtivamente — e algumas crianças nunca aprendem como usá-lo.[22]

SOC! TUM! POF! 229

Sustentada por bilhões de dólares, a violência é vendida para as crianças por meio de personagens criados e divulgados para conquistá-las nos momentos em que estiverem mais vulneráveis. Não surpreende que as crianças adorem personagens como o Homem-Aranha ou os Power Rangers. A capacidade de transformar-se de relativamente fraco para todo-poderoso mexe profundamente com os sentimentos de inadequação ou impotência inerentes a qualquer criança em desenvolvimento.

Mas brinquedos baseados na mídia promotora da violência são criados com o único propósito de gerar lucro, não para promover o brincar criativo ou qualquer outro aspecto relacionado ao bem-estar da criança. Esses personagens trazem problemas particularmente perniciosos para pais e professores preocupados com a saúde das crianças, são onipresentes e exploram profundas necessidades psicológicas. Podem ser encontrados em *todos os lugares* — nas telas, no supermercado e até em algumas escolas. As crianças os amam. E nós temos motivos legítimos para nos preocuparmos com seu impacto.

As crianças se identificam com o ódio contra os opressores e podem obter imensa satisfação com a derrota dos adversários e o triunfo sobre o mal. Elas também são ensinadas, hora após hora, dia após dia, que a violência é uma solução legítima — se não a única — para o conflito. Ironicamente, aprendem essa lição de maneira ainda mais poderosa quando a violência é apresentada como justificada.[23]

EM DEFESA DO FAZ DE CONTA

Quando comparo descrições de como crianças que são expostas a grande quantidade de violência na mídia brincam com meu trabalho com crianças que viveram traumas na vida real, a sugestão de que nosso cérebro experimenta a violência na mídia de maneira similar ao estresse pós-traumático parece muito plausível. Sem ajuda, crianças envolvidas em brincadeiras que imitam a violência na tela — caracterizada, por exemplo, por artes marciais estilizada ou movimentos de luta livre e efeitos sonoros verbalizados ("Soc!" "Tum!" "Pof!") — parecem estagnar na perpétua batalha fantasiosa ou caminhar para uma real. Nesse sentido, seu brincar é semelhante àquele das crianças que lidam com trauma real.

A onipresença dos personagens da mídia violenta comercializados como brinquedos para crianças em idade pré-escolar, tais como Homem-Aranha ou Optimus Prime, de *Transformers*, e as lições que eles ensinam são algumas das razões pelas quais acredito que as empresas não deviam poder anunciar diretamente para o público infantil, e que as crianças se beneficiam quando as famílias podem adiar a exposição à cultura comercial por tanto tempo quanto for possível. Se esses laços forem forjados, porém, devemos encontrar meios para reconhecer e validar a fascinação das crianças por esses poderosos super-heróis sem prejudicar seu brincar criativo. É injusto expô-los a programas destinados a despertar seus desejos, sonhos e medos e depois negar a eles a oportunidade de usar o brincar para elaborar tudo isso.

SOC! TUM! POF! 231

Permitir que a criança expresse seu fascínio por super-heróis ou outra mídia por intermédio do brincar não significa que devemos comprar os produtos vendidos por esses programas. Uma mãe cujo filho de 7 anos era fã de Pokémon ficou tão cansada do programa, das brincadeiras repetitivas de violência e da pressão para comprar todos os produtos licenciados que decidiu simplesmente pôr um fim em tudo isso. Quando ela se recusou a comprar mais uma parafernália, a criança decidiu fazer as próprias cartas Pokémon desenhando personagens que ele mesmo criava. Depois de um tempo, a mãe notou que o filho e seus amigos se interessavam mais pelas próprias criações do que pela versão comercial.

É sempre necessário ter tempo e paciência para ajudar a criança a romper com os scripts que ela imita e acessar o que realmente existe em sua mente ou aquilo com que lida com alguma dificuldade. Em meu papel de terapeuta, quando os meninos pequenos — normalmente são os meninos — que vão ao consultório começam (sempre com os mesmos efeitos sonoros) a destruir aleatoriamente as bonecas ou os animais de brinquedo, sempre tento levar sentimentos e contexto à brincadeira. "Por que ele faz isso? Ele está zangado?", posso perguntar. "Isso é assustador", posso acrescentar. Ou até "Puxa, deve doer ser jogado de cima de um telhado". Se me é atribuído o papel de uma criança durante a sessão de ludoterapia, posso verbalizar como é assustador ver uma pessoa machucando outra.

232 EM DEFESA DO FAZ DE CONTA

Para professores ou pais, uma forma de ajudar as crianças a ir além da encenação desse tipo de ação repetitiva e sem significado, tão frequentemente desencadeada pela violência na tela, é reconhecer sua afeição pelos personagens que representam e ajudá-las a encenar outros tipos de temas com eles. Diane Levin e Nancy Carlsson-Paige sugerem estimular a criança a incorporar seu interesse por super-heróis em projetos de arte criativos — como decorar a própria capa para o uniforme ou desenhar super-heróis que eles mesmos criaram. Os Power Rangers podem construir uma casa juntos, por exemplo? Outra possibilidade é mudar a mídia — podemos pintar usando o tema dos Power Rangers? Podemos criar equipamento para eles usando argila?

Minha interação com Angelo, descrita no capítulo anterior, aconteceu no contexto de um relacionamento terapêutico, mas me faz lembrar o desafio com que deparam professores e pais quando as crianças ficam retidas na imitação repetitiva da violência da mídia. Em vez de se sentirem impotentes em função dos sentimentos de dor, confusão e raiva, todas as crianças precisam de uma oportunidade para expressar esses sentimentos com segurança e lidar ativamente com as circunstâncias nas quais se encontram.

Reprimir seus impulsos de encenar temas violentos não ajuda em nada. Mas é igualmente injusto deixar a criança presa em um ciclo imaginário de violência. Não é meu objetivo impor resoluções para as situações de fantasia que as crianças

SOC! TUM! POF! 233

criam quando brincamos juntas, mas, em vez disso, ajudá-las a encontrar o caminho por essas situações — e, com isso, capacitá-las a se experimentarem como seres humanos poderosos, competentes e criativos.

Ficar retido na repetição da brincadeira violenta baseada na mídia ainda é um fenômeno exclusivamente relacionado a meninos nos dias de hoje. Mas as meninas do século XXI também têm suas alternativas para o brincar constrito por imagens da mídia reforçadas por brinquedos e acessórios.

10

A armadilha da princesa

Faz de conta e a perda da média infância

— Vamos brincar de princesa — sugere Abigail, de 4 anos.

Estamos brincando na área das roupas e fantasias de sua pré-escola, onde existem uma velha pia de madeira e um fogão, uma mesa manchada de tinta e um tesouro de roupas e acessórios descartados por adultos.

— Tudo bem — concordo.

— Que princesa você é? — ela pergunta.

Fiquei confusa. Sua questão sugeria um conjunto de princesas específicas e era uma solicitação de informação menos aberta que "Qual é seu nome?". Decidi arriscar um nome qualquer, o primeiro que me veio à cabeça.

— Eu sou a Princesa... Anna — disse.

Ela respondeu imediatamente, com uma mistura de autoridade e irritação divertida.

— *Essa* não é uma princesa.

— Ah, não? — indaguei espantada.

Ela recitou uma lista que incluía a Bela, de *A Bela e a Fera*; Ariel, de *A Pequena Sereia*; Aurora, de *A Bela Adormecida*; e a eterna Cinderela — as principais propriedades da coleção de personagens da Walt Disney Company, princesas extraídas de filmes animados baseados primariamente em contos de fada.

Quando não são usados como instrumentos de marketing, devo admitir que amo os contos de fada. Povoados por seres fantásticos e cheios de magia, são um incrível trampolim para o faz de conta. Da segurança do "Era uma vez...", os contos de fada permitem às crianças uma distância suficiente para lidar sem reservas com as mais apaixonadas emoções humanas — luto, ciúme, medo, raiva e alegria. Com enredos simples o bastante para serem seguidos até por crianças pequenas e suficientes detalhes e tramas para suportar inúmeras repetições, os contos de fada exploram as provações e dificuldades familiares e as capacidades humanas para a ganância, a solidão e a coragem diante de situações opressoras.[1]

Os enredos de contos de fada abordam temas primordiais: os bons triunfam sobre os maus; o fraco supera o forte em sabedoria; a astúcia ultrapassa a força física; e — contra todas as barreiras aparentes e depois de muito empenho — a virtude é recompensada. O final feliz é garantido — exceto, é claro, nas histórias de Hans Christian Andersen, como "A pequena vendedora de fósforos", que considero quase dolorosa demais para suportar.

A ARMADILHA DA PRINCESA   237

Muitas histórias que conhecemos como contos de fada têm centenas de anos e se originaram de contos folclóricos passados de geração para geração com propósitos de entreter ou educar. Todas as culturas têm essas histórias, e muitas possuem temas semelhantes. As raízes dos mais conhecidos contos de fada estão no folclore do oriente e do Oriente Médio, que chegou ao Ocidente durante a Idade Média.[2] É irônico que Cinderela, atualmente impressa pela Disney no imaginário nacional e internacional como uma jovem loura de olhos azuis, tenha sua suposta origem em uma história chinesa do século IX chamada "Shen Teh". Disney baseou seu filme animado em uma versão do século XVII contada por Charles Perrault, um intelectual parisiense que criava suas histórias para a corte francesa.[3]

Na Alemanha, um século mais tarde, Jacob e Wilhelm Grimm também colecionavam e recontavam velhas histórias. Os contos de Grimm são considerados mais fiéis que as versões de Perrault, e podem ser bem sinistros. Por descreverem atos de violência explícita, algumas pessoas evitam ler as versões dos Irmãos Grimm para crianças pequenas. Em "Cinderela", a irmã mais velha obedece à ordem da madrasta para cortar o dedão do pé a fim de calçar o sapatinho perdido. A mais nova corta o calcanhar. Como castigo, os olhos delas são arrancados por pombos.[4] Em "Branca de Neve", a Rainha Má envia um caçador à floresta para matar a heroína. Em vez disso, ele a deixa fugir e mata um cervo, levando coração e fígado do animal como prova de que Branca de Neve está morta. A Rainha

238   EM DEFESA DO FAZ DE CONTA

prontamente os cozinha e come. No final, como punição por seus malfeitos, ela é forçada a calçar sapatos de ferro em brasa, e dançar "até cair morta".[5]

A violência dos contos de fada compartilhada com as crianças em livros ou histórias contadas oralmente pode ser difícil para algumas delas, mas não chega *nem perto* de ser equivalente ao potencial terror perpetrado pela violência de tela. Quando leem ou escutam as histórias, as crianças não são assaltadas com imaginário visual gráfico pré-criado. Não precisam ver closes de uma faca cortando carne ou de pés fritando em um sapato de ferro em brasa, nem ver nos olhos da rainha a agonia de ser obrigada a dançar até a morte. As crianças têm mais controle sobre quão vividamente visualizam a violência.

De qualquer maneira, pulo essas cenas de tortura quando leio as histórias para crianças. Esta é uma predileção pessoal, não uma postura filosófica. As especificidades não são realmente essenciais ao enredo e sempre me deixam desconfortável. Lutas de espada, um ou outro gigante morto ou a rápida destruição de ogros malvados não me incomodam, mas fico atormentada com descrições de mortes lentas e dolorosas. Algumas pessoas, inclusive crianças, têm mais tolerância a esse tipo de coisa. Para algumas, a violência é só suficientemente assustadora para servir de trampolim para brincar e explorar os próprios sentimentos de medo e raiva.

— Minha neta de 4 anos adora as partes sinistras de Branca de Neve — relata uma avó. — Ela gosta quando calço meus

A ARMADILHA DA PRINCESA

chinelos vermelhos, danço freneticamente, e depois caio como se estivesse morta. Repetimos essa cena muitas vezes.

Com outras crianças, os violentos castigos relatados nos contos de fada podem até servir como trampolim para a discussão de questões sociais como justiça, punição e tortura.

Mesmo deixando de lado a violência, admito que meu amor por contos de fada causa certo desconforto a minha consciência social. Apesar de seu conteúdo emocional ser profundo, os personagens não são, e aí está o maior problema. Não há como ignorar o fato de eles terem sido criados em um tempo em que as mulheres e os homens eram severamente reprimidos, por exemplo, ou de sempre prometerem às menininhas um final feliz na forma de um casamento e um lindo príncipe.

Reconheço que já tentei recontar essas histórias de um ponto de vista mais feminista — e também fiz essas tentativas com brincadeiras e apresentações de fantoches —, mas elas sempre fracassam e acabam soando como tratados políticos. Uma das melhores versões de um conto de fada sob uma perspectiva feminista é o livro *Ella Enfeitiçada*, de Gail Carson Levine — mas, na verdade, ele é mais do que um reconto. Levine usou a estrutura de enredo e os personagens para contar uma história mais complexa de maneira muito parecida com a que Tom Stoppard eleva e expande os personagens menores de *Hamlet* na peça *Rosencrantz e Guildenstern Estão Mortos* ou em como Gregory Maguire humaniza a Bruxa de Oz em seu romance *Wicked*.

240 EM DEFESA DO FAZ DE CONTA

Falando em bruxas malvadas, os vilões nos contos de fada são especialmente unidimensionais. Personagens maus são completamente maus e, com algumas exceções, como a Rainha Má em "Branca de Neve", inteiramente feios. Quando as crianças recebem repetidamente a mensagem incontestada de que características físicas refletem falhas de caráter, nós a estamos treinando para aceitar estereótipos sociais errados e profundamente dolorosos.

Sofri ao me dar conta disso, o que ocorreu enquanto eu trabalhava com uma menina de 8 anos portadora da síndrome de Apert, uma rara desordem congênita que resulta em deformidades faciais. Por alguma razão, ela começou a falar sobre a brincadeira de representar.

— Não gosto quando as crianças querem que eu atue nas histórias — ela disse com fervor. — Eles sempre me dão o papel da bruxa ou do monstro. — Ela parou por um momento. — O que *você* ia achar de ser sempre a bruxa?

Em oposição direta, as heroínas dos contos de fada são tão lindas quanto bondosas. Quando criança, eu me lembro de que elas eram sempre descritas como "de rosto belo", simultaneamente "agradáveis de olhar" e "de compleição suave". A beleza e a leveza mencionadas nessas histórias não chegam a ser surpreendentes. Na Europa dos séculos XVIII e XIX, não havia exatamente uma sociedade respeitadora das diferenças ou igualitária. A discriminação contra a população semita mais morena e isolada em guetos era comum, assim como a escravização

A ARMADILHA DA PRINCESA

dos africanos. O fato de o estereótipo ser explicável, porém, não elimina as dificuldades que os contos de fada trazem para aqueles que se empenham em construir uma sociedade que aceite as semelhanças e celebre as diferenças entre as pessoas.

Mas as histórias são ricas e prestam-se muito bem ao papel de trampolim para o faz de conta, por isso acho que vale a pena trabalhar para dar aos contos de fada um lugar na vida das crianças. É possível encontrar contos de fadas que retratem mulheres fortes. Várias versões do mesmo conto de fada retratam as mulheres de maneira diferente. A Cinderela caracterizada pelos Irmãos Grimm é significativamente mais independente que a Cinderela retratada por Perrault.[6]

Raça e gênero são os estereótipos mais comuns perpetuados nos contos de fada, mas também há outros. Quando criança, eu me encantava ao constatar que os irmãos mais novos eram invariavelmente bons e usualmente triunfantes — sempre superando os irmãos mais velhos e mais poderosos. É claro que sou a caçula da família. Já adulta, incomoda-me a caracterização generalizada das madrastas como más.

— Nem todas as madrastas são más — informa-me um menino de 5 anos. Fico feliz por alguém ter pensado em dizer isso a ele, embora a informação "muitas madrastas são boas" pudesse ter me agradado mais. (Como você já deve ter adivinhado, sou uma madrasta.)

Se, como eu, você acredita no valor dos contos de fada tradicionais, apesar de suas falhas, então é essencial compartilhar essas histórias de maneira consciente e refletida com as crianças, no contexto de muitas e muitas outras narrativas que retratem uma ampla variedade de culturas e personagens. Como os contos de fada surgem da tradição oral e se desdobraram de forma a refletir sobre culturas particulares, não tenho nenhum problema em editar um ou outro ponto enquanto estou lendo para crianças. Dar à heroína cabelos negros e pele marrom não altera a trama nem diminui os temas. Não há razão alguma para Cinderela ser loira ou branca. O argumento de que devemos ser fiéis às raízes históricas dessas histórias simplesmente não faz sentido. Se fôssemos realmente fiéis às raízes históricas de Cinderela, ela seria chinesa.

Quando contos de fada se tornam megamarcas comerciais, sua profundidade e maleabilidade diminuem, como seu valor como ponto de partida para o brincar criativo. Quando os contos de fada se tornam versões visuais dos valores de outra pessoa — assistidos inúmeras vezes e vendidos associados a tiaras, joias, vestidos de baile e castelos e repletos de imagens de princesas específicas com fisionomias específicas —, eles trancam a criança em um roteiro estabelecido de brincadeira do qual é muito difícil se desviar. A imersão na marca das Princesas Disney — com seu foco no brilho e na aquisição — exclui o brincar com os aspectos psicologicamente mais significativos das histórias, os quais acontecem antes de as heroínas se tornarem princesas: temas de perda, rivalidade entre irmãs e conflitos entre pais e filhos.

A ARMADILHA DA PRINCESA 243

Alguns minutos depois de começar a brincar com Abigail, a menina que queria que eu fosse uma princesa Disney, recebi a tarefa de esfregar o chão. Apoiada sobre as mãos e os joelhos, olhei para ela e disse com tom animado:

— Devo ser Cinderela.

— Não! — ela respondeu, autoritária. — Você é Anastácia.

Eu me lembrei de que, na versão Disney de *Cinderela*, Anastácia é a irmã alta e magricela.

— Anastácia nunca esfregou o chão em toda sua vida! — respondi com bom humor.

— Ela esfrega o chão em *Cinderela III* — Abigail me informa com doçura.

Parei de esfregar o chão.

— Existe um *Cinderela III*? — perguntei, aturdida.

— É claro que sim — ela confirma. — Depois de Cinderela se casar.

A venda no varejo da marca Princesas Disney chegou a gerar 3,4 bilhões de dólares em 2006, com mais de quarenta mil itens licenciados à venda.[7] Encontrei 235 itens só no site Toys "R" Us, incluindo o Banco Imobiliário das Princesas Disney; uma Cozinha Falante Mágica Princesas Disney, com 11 frases e 18 acessórios; Leapster Educational Disney Princess Enchanted Learning Set; e Uno (jogo de cartas) das Princesas Disney. Além de *Cinderela I, II,* e *III* em DVD, também é possível encontrar *Histórias das Princesas Disney* e *Princesas Disney Sing Along Songs*, volumes 1, 2, e 3; Disney Game World: *The Dis-*

ney Princess Edition; Disney Princess Party, volumes 1 e 2; *Pequena Sereia,* volumes 1 e 2; *Aladin,* volumes 1, 2, e 3; *A Bela e a Fera* e *A Bela e a Fera: O Natal Encantado.*

O impacto negativo da representação das mulheres de Disney sobre a concepção das meninas pequenas sobre si mesmas e o que significa ser uma mulher tem sido detalhadamente discutido em todos os lugares.[8] Seus tipos físicos ultramagros, suas roupas e as histórias que contam personificam uma imagem comercializada, estereotipada de beleza e feminilidade. Mais do que nunca, a Disney exerce um efeito profundo no faz de conta. Como o fenômeno das figuras de ação baseadas em super-heróis, os filmes das Princesas da Disney e seus acessórios aprisionam as crianças — meninas, dessa vez — em um interminável e cada vez mais intenso ciclo de fantasias comercialmente construídas. Em vez de orientá-las para a violência, o faz de conta comercializado para meninas as direciona para uma visão da feminilidade baseada em estereótipos de beleza, raça, classe e comportamento. "Fiquei chocada", comentou uma amiga, "quando vi minha sobrinha de 3 anos rejeitar uma boneca dizendo que ela não pode ser princesa, é gorda demais'!".

— O que é uma princesa? — perguntei a Abigail.

— Uma menina rica — ela responde prontamente — com um reino.

Porém, ela não consegue determinar exatamente o que é um reino.

A ARMADILHA DA PRINCESA 245

— Um lugar com muitos quartos — tenta. — E sem nenhuma comida.

— Oh, não! — lamento.

Seus olhos ganham um novo brilho e um novo entusiasmo.

— Sim! — ela decide com uma urgência eufórica. — Os criados devem ter ficado sem ingredientes!

Removidas as armadilhas reais da brincadeira de Abigail, é difícil não perceber os valores promulgados pela marca Disney, coisas que vão além da imagem corporal. A mulher ideal é uma jovem rica e branca que vive em uma casa enorme com criados para fazer todo o trabalho. "Perguntei à minha sobrinha de 3 anos o que ela queria ser quando crescesse", suspirou uma colega. "Ela disse que queria ser princesa. Mais uma fã da Disney."

A menos que façamos um esforço especial, a versão animada de contos de fada, como *Cinderela*, e os valores por elas promovidos podem ser os únicos aos quais nossas crianças serão expostas. A Disney é uma das três corporações multinacionais de mídia no controle da maior parte da cultura comercial para crianças.[9] Seu domínio, reforçado por uma interminável variedade de brinquedos, roupas, comida, acessórios e mídia, é usada para garantir que meninas pequenas adotem como verdadeiro um estilo de vida enraizado nos produtos que a Disney vende.

Recém-nascidas podem chegar em casa do hospital e ser instaladas em quartos repletos de mobília e parafernália das Princesas. Vídeos, brinquedos, acessórios e uma vontade louca de visitar o parque temático da Disney as acompanharão

246 EM DEFESA DO FAZ DE CONTA

por toda a infância. A Disney começou a vender vestidos de casamento em 2007,[10] mas a companhia já abordava o protocolo matrimonial muito antes disso. Um comercial de 2003 anunciando bonecas das Princesas mostrava vestidos de casamento para Bela, Aurora e Cinderela.[11] Meninas leais à marca podem crescer e realizar seu sonho de conto de fada Disney, casando-se com um vestido Disney em um resort da Disney, que há muito tempo tem sido anunciado como o paraíso para os casais em lua de mel. A noiva Disney pode estar ansiosa para ter sua princesinha e recomeçar o ciclo.

— Mas e quanto às bonecas Bratz? — Alguém me pergunta durante uma apresentação para pais. — Pelo menos elas são claramente diferentes no aspecto étnico. Não são melhores?

As bonecas Bratz, "As garotas com paixão por moda", foram apresentadas em 2001 e são agora um grande sucesso no mundo todo.[12] Chloe, Sasha, Jade e Yasmin, as Bratz, formam um quarteto mais etnicamente diverso do que Bela, Cinderela, Ariel e Aurora.

O problema em enaltecer a marca Bratz por sua diversidade cultural é que as lições que as crianças aprendem com brinquedos não são compartimentadas. Quando as crianças brincam com uma coleção multirracial de bonecas ou figuras de ação com corpos que parecem ser anoréxicos ou modificados por esteroides, não se pode esperar que elas assimilem uma mensagem cultural e ignorem a outra. Como ocorre com as Princesas Disney, a marca Bratz, repleta de vídeos, filmes, car-

A ARMADILHA DA PRINCESA 247

ros, acessórios, roupas e assim por diante, também aprisiona as meninas em scripts preestabelecidos com estereótipos sobre mulheres e valores materialistas. Além dos corpos anoréxicos, elas têm rostos pesadamente maquiados e uma sexualidade escancarada, uma versão levemente amenizada das armadilhas abrangentes da chamada "cultura da vulgaridade", frequentemente considerada uma banalização da pornografia.[13]

A marca Bratz não promove sonhos de adquirir os acessórios da realeza. Em vez disso, promove o sonho de aquisição dos enfeites das ricas prostitutas adolescentes. Há o Conversível Bratz Forever Diamondz e até uma limusine Bratz — equipada com bar.[14] No Reino Unido, o carro de controle remoto das Bratz é vendido com o seguinte slogan: "Vá para as ruas em grande estilo com o Veículo de Controle Remoto Bratz Itsy Bitzy. Lembre-se: não importa como você dirige, mas o quanto está linda enquanto dirige."[15] As Bratz tratam do consumo conspícuo. Elas não residem em famosos castelos nem em terras de faz de conta, mas têm muitos aspectos em comum com as Princesas Disney. As duas marcas competem com a Barbie há anos, disputando o coração, a mente e o tempo das meninas.

Se queremos que as crianças aceitem a diversidade como um valor, é essencial dar a elas brinquedos, livros e mídia multiculturais que contestem os estereótipos prevalecentes. A diversidade nos brinquedos e na mídia não substitui a importância de permitir que a criança viva e brinque em ambientes etnicamente diversos, mas é importante por duas razões. Uma delas é que as

248   EM DEFESA DO FAZ DE CONTA

populações infantis minoritárias têm o direito de se ver nas histórias que permeiam a cultura popular — inclusão em cultura popular é uma forma poderosa de validação social. A outra é que todas as crianças podem se beneficiar do contato com similaridades e diferenças entre culturas.

Nesse ponto, as Princesas Disney não têm nenhuma diversidade étnica. A Disney acrescentou Mulan, uma personagem asiática, e Pocahontas, uma índia americana, à marca Princesas, mas elas estão sempre atrás das princesas brancas — principalmente Bela, Cinderela e Ariel; Jasmine, a princesa árabe de Aladin, também foi incluída, mas, quando a Disney lançou o filme, houve um protesto generalizado de árabes e descendentes que achavam que herói e heroína tinham a pele mais clara e os traços mais caucasianos do que os outros personagens, enquanto os vilões eram desenhados com traços semitas estereotipados.[16]

A menos que você seja a população-alvo, é difícil entender a profundidade da raiva e da dor provocadas por ter de viver em sociedades cujos ícones culturais e comerciais perpetuam o racismo, seja diretamente pela reprodução de estereótipos, seja indiretamente, pela exclusão. Embora a presença de estereótipos na literatura, música e arte seja particularmente dolorosa para as pessoas reduzidas a uma caricatura, os personagens de fantasia estereotípicos são problemáticos para todos, porque limitam nossa compreensão das complexidades de ser humano e podem até nos incitar a fazer o mal. A ideia de que somos como parecemos alimenta racismo e preconceito. No ponto extremo,

A ARMADILHA DA PRINCESA

ligar características físicas a traços de caráter pode ser perigoso o bastante para resultar em genocídio. A menos que se faça um esforço consciente para enfrentá-los, os estereótipos sociais podem ser absorvidos por crianças pequenas a partir dos 2 anos.[17]

Em 2010, a Disney incorporou uma princesa negra à marca, mas ainda não se sabe o quanto ela será integrada à linha das princesas.[18] Os pais negros com quem conversei consideram essa inclusão uma faca de dois gumes. Por um lado, uma Princesa Disney negra elimina a terrível dor sentida pelas meninas negras que recebem todos os dias as mensagens de que ser uma princesa é desejável e de que só as meninas brancas podem sê-lo. Por outro lado, para os pais que decidiram evitar a cultura das Princesas Disney, em parte por não haver uma princesa negra, aceitá-la agora significa permitir que suas filhas mergulhem em uma cultura comercial que coloca importância desproporcional em ser rica, linda e encontrar um príncipe para se casar. Quando perguntei a Enola Aird, colega e conhecida defensora de mães e crianças, sobre a nova boneca, ela sugeriu cautela aos pais negros: "Temos de perguntar quais valores uma princesa 'negra' vai ensinar às nossas crianças. Ela vai reforçar padrões brancos de beleza? Em que medida ela vai contribuir para a já intensa comercialização na vida de nossos filhos? Qualquer benefício certamente será superado pelos custos."

Tenho colegas que trabalham há anos pressionando a indústria da mídia para priorizar a diversidade. Embora tenha havido algum sucesso, essa é uma batalha perdida. Pense na raça e na etnia dos heróis e vilões dos programas de televisão e da mídia popular de hoje. Como os árabes são retratados? Quantos personagens asiáticos estão presentes? Quem são os vilões? Como os negros e latinos são caracterizados?

O psicólogo Kenyon Chan, presidente da Universidade de Washington Bothell, lembra-se de ter sido procurado para dar consultoria a uma série popular de desenhos animados da década de 1980 ambientada na Europa medieval e tendo como personagens os Smurfs — criaturas pequeninas de nariz grande e pele azul. "Sugeri que, para tornar o ambiente mais multicultural, eles deviam integrar a cidade murada onde a ação acontecia — deviam incluir pessoas de diversas origens na população, como um sábio da Ásia ou um viajante da África", ele contou. "Os escritores se opuseram, explicando pacientemente que pessoas de etnias variadas não viviam realmente na Europa medieval. "Isso é verdade", concordou o Dr. Chan, "mas os Smurfs também não!".

Além de ser divertido, um dos benefícios de brincar com crianças é que podemos usar nosso faz de conta compartilhado como uma oportunidade para introduzir novas ideias, incluindo aquelas que contrariam estereótipos prevalecentes. Basicamente, tento seguir a pista das crianças sempre que brinco com elas. Mas há momentos — seja em terapia ou simplesmente brincando por diversão — em que tento introduzir pontos de vista alternativos.

Certa vez, trabalhei com um menino de 5 anos que se apaixonou por minha Pata Audrey. Ele fingia que eles se casavam e tinham um bebê.

A ARMADILHA DA PRINCESA 251

— Quando o bebê nascer você tem que dizer, "Oh, que lindo bebê!" — ele me orientou. — Eu sou o pai! — o menino acrescentou orgulhoso.

Mais tarde, ele convidou Audrey e o bebê para assistirem a uma partida de basquete da qual ele participava.

— Você tem que torcer por mim — ele disse. Depois de alguns minutos sentada na arquibancada, não resisti à tentação de fazer Audrey especular quando seria sua vez de jogar.

— Isso não é justo — ela disse ao menino. — Não pode cuidar do bebê enquanto eu jogo?

De início, ele resistiu, mas Audrey continuava apontando a desigualdade.

— Não podemos revezar? — ela propôs.

Finalmente, ele concordou e, com ternura espantosa, embora relutante, trocou o jogo pelo bebê — pelo menos por um breve período.

Um dos problemas com a imersão das crianças nas marcas difundidas na mídia e em brinquedos é que, quando deixadas sozinhas — idealmente é assim que as crianças devem brincar na maior parte do tempo —, o conteúdo de sua brincadeira é ditado pelas marcas. Imersão na cultura comercial, reforçada por múltiplas imagens e brinquedos de marca, significa que os recursos da criança não são mais dela. Como o Homem-Aranha ou os Power Rangers aprisionam os meninos pequenos na brincadeira violenta, as meninas pequenas, imersas na marca Disney, podem ficar aprisionadas na brincadeira de serem mulheres indefesas esperando por salvação.

A mesma avó que calçou seus chinelos e dançou até "cair morta" também usa as solicitações da neta apaixonada por Disney para contar histórias de princesas como uma oportunidade para oferecer pontos de vista alternativos sobre os papéis dos gêneros. "Inventei um príncipe que vai visitar a princesa e lava a louça" ela conta.

Em outra ocasião em que brincava de ser princesa, Abigail, a menina de 4 anos, estava envolvida com os filmes de princesas e a história da Páscoa judia, uma data em que é celebrado o êxodo do Egito.

— Vamos fingir que sou uma princesa e estou me afogando no Mar Vermelho — ela disse. — E você é o príncipe que vem me salvar. — Ela se joga no chão e começa a gritar: — Socorro! Socorro! Estou me afogando.

Eu continuo parada à margem do Mar Vermelho, tentando decidir qual será meu próximo movimento. Abigail interrompe o afogamento por um momento para me lembrar de que sou o príncipe.

— Venha! — ela diz com urgência.

— Oh, céus! — exclamo. — A princesa está se afogando, e eu nem sei nadar. Acho que vou ter de tentar salvá-la.

Curiosa para ver o que Abigail faria com sua indefesa *persona* de princesa quando o resgate não acontecesse, pulei no Mar Vermelho, e logo comecei a gritar:

A ARMADILHA DA PRINCESA   253

— Socorro! Socorro!

De repente, a história mudou.

— Eu lembrei como se nada! — ela anunciou, saindo em meu socorro sem nenhuma hesitação, salvando a si mesma e salvando o príncipe.

Se nossas contribuições para as brincadeiras infantis se desviam muito do curso ou se pontos ou temas específicos do enredo são importantes para a criança, elas não hesitam em insistir no plano inicial. Quando Abigail fingiu ser uma princesa caminhando por um campo cheio de lindas aves, fechou os olhos e começou a desejar em voz alta que sua fada madrinha mandasse para ela um lindo pássaro para ser seu animal de estimação. Ela abriu um olho e explicou:

— Você é minha fada madrinha.

Pensei por um minuto.

— Ouvi a princesa desejando um pássaro — disse. — Mas essas aves são silvestres, não gostam de viver domesticadas. Acho que não posso dar um pássaro a ela.

Abigail abriu os olhos e me encarou com ar desaprovador.

— Não! Não! Não! — ela protestou severa. — Esses pássaros gostam de ser animais de estimação.

— Oh... — respondi, obedientemente. E, como fada madrinha de Abigail nomeada pela própria Abigail, dei-lhe um dos pássaros imaginários, realizando seu desejo.

Podemos nos esforçar para questionar os estereotipados papéis de gênero, os tipos físicos irreais e os valores materia-

254 EM DEFESA DO FAZ DE CONTA

listas promovidos por marcas como Princesas Disney, Bratz e Barbie, mas, mesmo nos distanciando dos efeitos negativos que descrevi, o domínio exercido por essas marcas no mercado de brinquedos para meninas em idade pré-escolar é preocupante. Elas contribuem para o que é, antes de mais nada, um fenômeno comercialmente construído que está privando as crianças da infância média, e que, para os propósitos deste livro, vou definir como o período entre os 5 ou 6 anos aos 10 ou 11 anos.

"As crianças estão crescendo mais cedo", essa é uma queixa comum na indústria de brinquedos, roupas e marketing, e é usada como desculpa para comercializar de tudo para crianças de 7 anos, de telefones celulares a lingerie ousada. O mercado usurpou os anos entre os 6 e os 12, chamando-os intermediários, ou categorias monolíticas, que classificam as crianças como projetos de adolescentes monolíticas, que as supõem ansiosas por se tornarem adolescentes. Agora essas indústrias estão se esforçando para usurpar também os anos pré-escolares. Crianças de 4 a 6 anos são chamadas de "pré-intermediários", e companhias como Bonne Bell têm como alvo meninas pequenas para a comercialização do que poderia ser chamado de "pré-maquiagem", na forma de brilho labial com sabor de M&M's, Dr. Pepper etc.[19]

Versões esterilizadas de sites de relacionamento social, que combinam elementos de sites como MySpace e jogos on-line de fantasia, estão procurando atingir crianças de até 5 anos.

A ARMADILHA DA PRINCESA

Alguns parecem promover criatividade e individualidade, porque os jogadores podem decorar quartos ou vestir um avatar — uma representação simbólica de uma *persona* simulada no ciberespaço. Mas, nos sites que examinei, como o Webkins. com, bastante popular nos Estados Unidos, as escolhas são restritas a objetos pré-desenhados. Os animais de estimação são bonitinhos, os jogos são divertidos, e eu entendo o apelo do site, mas não há como ignorar o objetivo subjacente, que é adquirir dinheiro virtual para fazer compras. Esses sites não encorajam realmente a criatividade. De fato, muitos parecem ser projetados primariamente para treinar as meninas a comprar mobília, roupa e acessórios. Interagir nesses sites não é como fazer realmente roupas de boneca com retalhos de pano ou desenhá-las em papel.[20] Quando a Mattel lançou o Barbiegirls.com, um especialista em tendências no ramo dos brinquedos comentou que as meninas podiam "ir ao site e conversar com as amigas, comparar roupas, quartos. Era exatamente o que as meninas estavam procurando!".[21]

Mas as crianças estão realmente envelhecendo antes do tempo? As meninas chegam à puberdade mais cedo que nas gerações anteriores. Não há, porém, nenhuma evidência de que o desenvolvimento cognitivo, social e emocional esteja acompanhando essa mudança. O córtex frontal — área do cérebro onde se localiza o julgamento — não se desenvolve completamente até chegarmos aos vinte e poucos anos. A imersão na cultura comercial do século XXI incentiva as crianças a sal-

256   EM DEFESA DO FAZ DE CONTA

tarem diretamente da pré-escola para as preocupações da adolescência — sexualidade, identidade e afiliação — antes de poderem entender o que tudo isso significa.

Em 2007, um relatório da American Psychological Association sobre a sexualização de meninas pequenas declarou: "Fabricantes de brinquedos produzem bonecas vestindo minissaias de couro preto, boás de plumas e botas de salto alto, e as classificam como apropriadas para meninas de 8 a 12 anos. As lojas de roupa vendem calcinhas do tipo tanga nos tamanhos de 7 a 10 anos (algumas com dizeres como "belezinha" ou "pisque"); e calcinhas para mulheres adultas e adolescentes têm impressos personagens de Dr. Seuss e os Muppets). No mundo dos concursos de beleza para crianças, meninas de 5 anos usam dentes postiços, extensões capilares e maquiagem e são estimuladas a "flertar" no palco, piscando seus longos cílios postiços. No horário nobre da televisão, meninas podem assistir a desfiles de moda nos quais modelos de aparência propositalmente infantil usam lingerie sexy (um exemplo é a transmissão pela CBS do *Victoria's Secret Fashion Show* em 6 de dezembro de 2005).[22]

Crianças estão recebendo os adornos da maturidade em idade muito precoce — linguagem, roupas e acessórios. Executivos da indústria de brinquedos lamentam que as crianças parem de brincar com seus produtos por volta dos 6 anos, passando a se divertir com produtos "adultos" como telefones celulares, videogames e computadores.[23] O fato de elas estarem crescendo com a tecnologia significa que podem compreender

A ARMADILHA DA PRINCESA   257

o uso de computadores, MP3 players, celulares e jogos eletrônicos manuais. Mas onde está a evidência de que elas podem lidar de maneira bem-sucedida com o conteúdo que encontram ou de que não precisam daquilo que estão perdendo por passar tanto tempo diante de telas? Da mesma forma que nos admiramos com a habilidade tecnológica das crianças, devíamos nos perguntar: crianças de 6 anos que sabem manejar um joystick melhor do que eu, navegam na web, dominam um controle remoto, também sabem como captar o sentido e se proteger contra o onipresente comercialismo e seu inseparável cinismo, sexismo e violência — para não mencionar pornografia — que encontram na realidade virtual?

De acordo com os Centros para Controle de Doença, em 2005, mais de um terço dos americanos do nono ano (meninos e meninas) já haviam praticado sexo.[24] Mas o fato de muitas crianças serem sexualmente ativas aos 14 anos não significa que estejam adquirindo intimidade emocional com seus parceiros ou lidando bem com os relacionamentos. Se as crianças estivessem mesmo amadurecendo mais depressa — se de fato estivessem passando mais depressa por todos os processos de maturação física, cognitiva, social e emocional —, então, talvez, o custo fosse pequeno para elas. Mas não creio que seja esse o caso. O psicólogo David Elkind escreve desde o início dos anos 1980 sobre o preço que vem sendo pago pela aceleração do crescimento das crianças: cansaço do mundo, cinismo e falta de encanto.[25] Na mesma época, o crítico cultural Neil

258 EM DEFESA DO FAZ DE CONTA

Postman escreveu não só sobre o desaparecimento da infância, mas também sobre a infantilização dos adultos.[26] Aparentemente, as crianças têm demorado mais para conquistar independência verdadeira em comparação às gerações anteriores. Cerca de 40 por cento dos norte-americanos graduados em cursos superiores voltam para casa depois da formatura.[27] E não o fazem, como é comum em algumas culturas, para sustentar a família, mas para economizar dinheiro e adiar a necessidade de cuidar de si mesmos.[28]

Um dos workshops oferecidos na conferência de marketing Kid Power 2007 — a maior reunião dessa natureza nos Estados Unidos — foi chamado de "KGOY e KSYL podem coexistir?". Para os que não são do ramo, os acrônimos acima significam "Kids are getting older younger" (Crianças estão envelhecendo antes do tempo) e "Kids are *staying* younger longer" (Crianças estão *ficando* jovens mais tempo).[29]

Isso não significa que as crianças estejam amadurecendo mais rapidamente, mas sugere que há alguma coisa as impedindo de chegar à maturidade. Acredito que um dos impedimentos é estarem sendo privadas da chance de viver a infância média. Talvez 30 seja o novo 20, em parte porque ter 12 anos também tornou-se equivalente a ter 20 — e ter 6 anos é o mesmo que ter 12. Ou, para usar um jargão de marketing, KSYL é a consequência direta de KGOY. As crianças estão perdendo anos de possibilidade de usar o brincar criativo para adquirir uma noção de competência, explorar independência, experimentar a solução construtiva de problema e aprender ferramentas de compreensão e significado.

Diferente dos primeiros seis anos de vida, quando enormes saltos de aprendizado acontecem tão depressa que as crianças precisam se ajustar constantemente à precariedade do uso das novas habilidades adquiridas, ou da adolescência, quando mudanças físicas e questões de identidade criam uma nova consciência pessoal e hormônios afetam o equilíbrio das emoções, a infância média é um tempo relativamente estável no qual as habilidades podem ser treinadas, a imaginação pode correr solta, o corpo não parece estar fora de controle e é possível experimentar uma sensação de competência ao interagir com o mundo. As crianças tendem a possuir capacidades pelo menos rudimentares em leitura e matemática. Sua coordenação física básica é suficiente para que possam correr, pular, escorregar. Elas incrementam sua capacidade cognitiva e física: leem livros mais difíceis, tentam resolver problemas de matemática mais complexos e aprendem a praticar esportes variados, dançar ou fazer ginástica.

Nesse ponto, o julgamento da criança evoluiu o suficiente para que ela possa ter algum tempo de brincadeira independente. Ela é capaz de cooperar e pode adiar o reconhecimento a fim de executar projetos complicados, tanto sozinha quanto com amigos. Os adultos estão em casa, mas não precisam estar no mesmo cômodo. Se há um lugar seguro para brincar ao ar livre, a criança pode sair sozinha. No início da infância média,

260 EM DEFESA DO FAZ DE CONTA

os adultos precisam estar em casa, mas não no mesmo cômodo. Perto do final, as crianças podem ficar sozinhas em casa por determinado período.

A infância média é um tempo em que as influências mais importantes sobre a criança se transferem, gradualmente, da casa para os colegas. Pode ser um tempo incrivelmente fértil para a exploração intelectual e criativa. Embora as meninas estejam chegando à puberdade mais cedo, ainda é um tempo de relativa estabilidade física — pelo menos por algum tempo, essas crianças não precisam lidar com grandes alterações hormonais nem importantes mudanças corporais. É um período em que as crianças não têm de se preocupar com o corpo e podem formar amizades com membros do sexo oposto sem ter de se preocupar com componentes sexuais.

Um dos marcos da psicologia do desenvolvimento é a ideia do andaime — ou de que evoluímos cognitiva, emocional e socialmente, construindo sobre as habilidades e o conhecimento que adquirimos ao longo do caminho. O psicólogo do desenvolvimento Erik Erikson identificou estágios de crescimento e do desenvolvimento que giram em torno do foco na realização de tarefas emocionais e sociais específicas. De acordo com Erikson, evoluímos da infância para a adolescência mediante aquisição de uma noção básica de confiança no mundo, sobre a qual construímos nossa autonomia, usando nossa recém-descoberta noção de nós mesmos para experimentar nossa criatividade, sobre a qual construímos a sensação de competência derivada do

A ARMADILHA DA PRINCESA 261

aprendizado sobre como realizar e completar tarefas complexas; e construindo sobre nossa competência para estabelecer nossa identidade e nossas afiliações.

Outra maneira de pensar a respeito é que, a menos que a confiança se estabeleça na infância, não pode ser estabelecida autonomia. Se não há nenhuma noção de self, não é possível brincar criativamente quando é atingida a idade pré-escolar. Se não se inicia a criatividade na época adequada, não se pode aprender a ser competente na execução das ideias mais complexas que surgem na infância média. Se nunca estabelecemos uma noção de nós mesmos como competentes, não poderemos estabelecer a noção de nossa identidade na adolescência como entidade separada daqueles que cuidam de nós.

Com relação ao brincar, o que considero mais útil no trabalho de Erikson é que ele fornece um contexto para a compreensão do conteúdo do ponto de vista da experiência e das necessidades de uma criança. Na introdução deste livro, falo sobre a brincadeira de esconder como uma forma de ajudar os bebês a compreender que as coisas ou pessoas não desaparecem quando eles não podem vê-las. Outra maneira de pensar nisso é considerar os jogos mais uma dentre tantas outras maneiras pelas quais os bebês estabelecem a confiança de que o mundo é seguro e estável o bastante para começarem a praticar o ser independente.

Um componente importante para adquirir mais independência e autonomia é desenvolver a noção do controle sobre o próprio corpo. Considerando que a criança tende naturalmente a focar os temas de seu brincar criativo em torno de questões importantes para ela, não é surpreendente que, para os menores de 2 ou 3 anos, o banheiro se torne infinitamente divertido. Ava, com 28 meses de vida e começando a se interessar pelo uso do penico, pediu ao pai para pegar um dragão de papel que estava pendurado na parede. "Ela amassou um pouco de papel e o fez sair do dragão", ele contou. "Depois fingiu limpar seu traseiro. Ela me pediu ajuda para fazer a fralda do dragão. Estamos sempre colocando fraldas em algum boneco ou levando os animais de pelúcia ao penico."

Crianças pequenas como Avas, estão nos primeiros estágios da capacidade de se envolver em brincadeiras criativas. Durante os próximos anos, dependendo de seus interesses e oportunidades, ela poderá contar as próprias histórias, criar canções, inventar amigos imaginários, pintar quadros, construir com blocos ou esculpir com argila. Se suas explorações criativas puderem florescer, ela vai viver incontáveis horas de prazer e a incrível sensação de poder proveniente da geração de criações próprias e únicas.

Depois da sobremesa em uma reunião de várias gerações da mesma família, Marley, nossa residente de 4 anos, pediu licença para sair da mesa enquanto os adultos tomavam café e continuavam conversando. Ela retornou depois de alguns minutos exibindo um diáfano vestido de baile e começou a dançar em torno da mesa, inventando uma canção. Ela começou a cantar suavemente, mas, à medida que dançava e ia mergulhando mais e mais no processo, sua voz ganhou força, paixão e volume.

A ARMADILHA DA PRINCESA 263

Aproximando-se de um glorioso final, ela começou a criar a dramática conclusão da canção. Abrindo os braços, ela cantou apaixonada: "EU... SOU... DEUS!" Marley sustentou a última nota por alguns instantes. Finalmente, ela respirou fundo e concluiu: "EU CRIO TODOS OS MUNDOS!"

Se as crianças em idade pré-escolar têm a possibilidade de continuar gerando brincadeira à medida que vão crescendo, sua forma e conteúdo vão se tornar cada vez mais complexos. O brincar dramático pode ser transformado em peças de verdade, desenhos e pinturas tornam-se mais elaborados, os projetos de construção podem virar verdadeiras proezas de engenharia. Um colega conta uma história sobre os filhos nessa idade: "Eles encontraram um enorme peixe morto na praia", ele lembra. "Queriam levá-lo para mostrar aos adultos, mas não queriam ter de tocar no peixe. Então, eles passaram horas elaborando um complexo aparato de transporte feito de algas e gravetos que encontraram na praia e carregaram o peixe para casa triunfantes." Ele pensou por um momento: "Foi como se estivessem brincando de recolher caça."

Pense na própria infância e em suas recordações das brincadeiras que mais apreciava. Quantos anos você tinha quando produziu as brincadeiras mais alegres e envolventes? Muitas pessoas com quem converso localizam as melhores lembranças entre os 6 e os 10 anos.

— E quando você escrever seu livro sobre faz de conta — diz um amigo que tem cerca de 30 anos —, espero que inclua criar as

264 EM DEFESA DO FAZ DE CONTA

regras para o próprio jogo de bola. Na escola, meus amigos e eu brincávamos horas seguidas exatamente assim.

— Fingíamos ser órfãos — diz outro amigo. — Vivíamos todo tipo de aventuras.

— Nós brincávamos com bonecas e suas casas, e construíamos fortes, muitos fortes — conta outra.

Quando as crianças são incentivadas a agir como adolescentes poucos anos depois de terem saído das fraldas, perdem os prazeres da infância média. E perdem anos de brincar criativo. De acordo com um estudo, os americanos entre 9 e 12 anos passam apenas um minuto por dia envolvidos em brincadeiras de faz de conta. Em 1997 — depois de Elkind e Postman terem começado a escrever sobre uma infância reduzida —, o tempo médio era de 15 minutos. A quantidade de tempo que crianças entre 6 e 8 anos dedicam ao brincar criativo diminuiu de 25 para 16 minutos nesse mesmo período.[30]

Psicólogos desenvolvimentistas acreditam que as crianças crescem em ritmos próprios, mas que não existem atalhos verdadeiros pelos estágios do desenvolvimento. A estrada para a perda da média infância tem início cedo. Começa quando se treina um bebê para depender de telas para ter entretenimento e de produtos que são vendidos para proporcionar diversão e conforto. Antes de serem capazes de pedir por isso, decoramos seus berços, roupas, brinquedos e fraldas com personagens da mídia e os colocamos diante de telas em toda oportunidade que surge. Eles aprendem a ir buscar seu prazer nas coisas oferecidas

A ARMADILHA DA PRINCESA

pela mídia eletrônica. Quando as crianças chegam à pré-escola, os personagens que amavam antes são associados ao universo dos bebês. "Isso é de bebê!", ouvimos sobre brinquedos, jogos e programas que eles adoravam havia poucos meses. Se as crianças são treinadas desde o berço a obter prazer primário de produtos gerados pela mídia, provavelmente irão procurar outras marcas mais sofisticadas. Quando entram na "infância média", o período agora chamado de "fase intermediária", as crianças começam a receber fortes mensagens comerciais para abandonar completamente os brinquedos e se conectar.

É na infância que os pais têm a melhor chance de pelo menos tentar adiar a imersão da criança em uma cultura comercial embrutecedora. Os bebês não pedem para ser postos diante de telas. Quanto mais essa exposição for adiada, mais chances os bebês terão de desenvolver a capacidade de fazer as coisas acontecerem, resolver problemas, criar a própria diversão — gerar brincadeira criativa. Mas existem forças poderosas impelindo-nos a entregar nossos bebês e crianças às telas.

11

Brincar para viver

*O que todos nós ganhamos
com o faz de conta*

Quando Cassidy, aos 2,5 anos, finalmente descobriu como despir até a última peça de suas roupas, apareceu na sala totalmente nua. Em pé diante dos pais perplexos, ela abriu os braços triunfante e proclamou orgulhosa:

— Eu fugi das minhas roupas!

Depois de rir dessa história com o pai de Cassidy, eu me descobri consciente do confinamento representado por minhas roupas de uma maneira que raramente me ocorre: a pressão de um elástico, o tecido imobilizando meu joelho, o couro castigando meus pés cansados. De repente, fui inundada por preciosas lembranças de nudez, recordando um outono recente em um lago, numa encosta de montanha em Vermont ou um momento em que me havia deitado nua na cama enquanto a

268   EM DEFESA DO FAZ DE CONTA

brisa da primavera entrava por uma janela aberta. De repente, eu também queria fugir das minhas roupas.

Não compro a ideia romântica da infância como um período de idílio livre de problemas. A minha certamente não foi assim, e já passei muito tempo ajudando crianças a lidar com a totalidade de sentimentos sombrios e dolorosos que têm raízes no medo e na raiva. Fico nervosa quando ouço alguém enaltecendo, com tom nostálgico, a "inocência da infância", porque o conceito é sempre evocado no contexto de uma negação dos sentimentos profundos das crianças, negar a elas informação sobre sexualidade ou mentir sobre questões difíceis.

Para as crianças que crescem em ambientes razoavelmente protegidos, a inocência é uma combinação de cognição imatura e falta de experiência. Nossa visão disso pode ser muito comovente. Quando minha neta tinha 3 anos — período em que a guerra do Iraque não dava sinais de arrefecimento —, nós a levamos ao Canobie Lake Park, um maravilhoso parque de diversões a uma hora de casa. Enquanto percorríamos a extensa coleção de brinquedos para crianças com menos de 1,45m de altura, encontramos um que consistia de aviões de combate equipados com uma metralhadora estilizada. Minha neta não perguntou sobre as armas, e eu não apontei para elas, mas, assim que a acomodamos no aviãozinho, fiquei curiosa sobre o que ela faria com a metralhadora. Enquanto as outras crianças atiravam alegremente em todas as direções, Marley passou todo o tempo da brincadeira com o rosto bem próximo da base de encaixe da arma, examinando-a. Mais tarde, quando perguntamos o que ela havia feito no avião, ela explicou: "Estava tirando fotos." Marley pensou que a metralhadora era uma câmera.

É difícil não deixar escapar um suspiro sonhador diante da inocência infantil sobre armas, aviões de combate ou matança generalizada. Aos 3 anos, Marley era uma felizarda — a violência e o mundo da guerra ainda não haviam invadido sua consciência. Diferentemente das crianças do Iraque, ou de qualquer criança vivendo em uma zona de guerra ou de extrema pobreza urbana, ela não tinha nenhuma experiência direta disso. Aparentemente, ela também não teve nenhum contato com a violência da mídia. Mais cedo ou mais tarde — e imagino que será mais cedo —, as armas não poderão mais ser câmeras.

O quanto protegemos as crianças da injustiça global, da dor e do sofrimento depende muito da sorte e de nossos valores. Mas, independentemente do que fizermos, é inevitável que elas amadureçam e, no processo, percam a inocência. Não é inevitável, porém, que se tornem cínicas, frias, mortas para as maravilhas do mundo ou dominadas pela impotência diante de um grande desafio. No triunfante sucesso de uma criança de 2 anos que se livrara da constrição representada pelas roupas reside não só o melhor da infância, mas também algumas das melhores qualidades de ser humano — as capacidades de se maravilhar, dominar habilidades, descobrir possibilidades e

270 EM DEFESA DO FAZ DE CONTA

se alegrar —, que são, junto com outras qualidades como amor e compaixão, essenciais à saúde espiritual e psicológica.

O constante fascínio das crianças pequenas é uma das razões pelas quais gostamos tanto de estar com elas. Elas veem com um olhar de descoberta, um olhar virgem, aquilo que já estamos cansados de conhecer. Tome o despir-se como exemplo, uma atividade que, exceto quando é uma preliminar para o sexo, certamente está entre as experiências mais mundanas: uma atividade necessária para a transição a outro estado ou atividade — tomar banho, ir dormir, arrumar-se para ir trabalhar ou passear. Porém, para Cassidy, ser capaz de remover as próprias roupas é fonte de encantamento e euforia. Ela se surpreende com a própria competência e se delicia com a liberdade recém-conquistada. Até aquele momento, até aprender a soltar velcros e presilhas, talvez até botões e zíperes, ela estava literalmente presa nas roupas. Logo ela vai dominar a tarefa ainda mais complexa de vesti-las, e vai procurar determinar aquilo que usa. "Eu me vesti sozinha", anuncia uma menina de 4 anos com grande orgulho. "E até fechei os botões!"

Não é inevitável que percamos a capacidade de fascínio conforme ultrapassamos a infância. De fato, ele é um componente essencial para criatividade. A história de Isaac Newton sendo atingido na cabeça por uma maçã e descobrindo a gravidade parece ser apócrifa mas é uma boa metáfora para a necessidade de espanto e fascínio na descoberta científica. Até aquele ponto, todos caminhávamos pela vida aceitando como certo o fato de que os objetos caíam. Descobrir novas maneiras de compreender o mundo envolve um primeiro passo para reconhecer o extraordinário no que os outros veem como ordinário ou nem sequer veem. Albert Einstein, por exemplo, se encantava com a bússola que sempre apontava para o norte e, na vida adulta, esse fascínio por bússolas o levou a explorar forças invisíveis como os campos magnéticos.[1] A arte também depende desse fascínio. Uma qualidade que diferencia grandes artistas visuais de excelentes artesãos é sua maneira única de ver — a qualidade da luz iluminando uma folha, o padrão deixado pelas ondas na areia, uma ruga específica num rosto envelhecido — o que quer que notem no mundo que o restante de nós não percebe.

O fascínio é essencial para a espiritualidade. Abraham Joshua Heschel, um grande rabino, ativista e filósofo do século XX, inventou o termo "assombro radical", que começa com uma sensação de admiração com o mundo que existe à nossa volta e com o fato de fazermos parte dele — fascinar-se com o milagre da nossa respiração; com a vontade; com a majestade do mundo natural, e nosso lugar nele, incluindo o reconhecimento daquilo que podemos e não podemos controlar.[2] Mas Heschel também sugere que nos maravilhemos com nossa capacidade de admiração. Não é só fabuloso que a árvore diante da minha janela floresça ano após ano ou que um girassol completo e complexo possa surgir de uma simples semente? Também é incrível que eu esteja vivo e seja capaz de experimentar

272 EM DEFESA DO FAZ DE CONTA

esse fascínio. Naqueles momentos — no meio da tensão e da agitação da vida diária —, quando somos capazes de apreender a maravilha do nosso maravilhar-se, temos uma consciência intensificada da vida.

Se, conforme Cassidy amadurecer, tiver a chance de continuar com sua exploração lúdica do mundo — incluindo nela a profundidade, a amplitude e os limites de sua competência para afetar o ambiente e a liberdade de relatar suas experiências para quem as quiser ouvir —, vai acabar podendo refletir sobre suas experiências, e elas terão mais significado para ela. Existe pouco espaço para o assombro radical — ou mesmo para a boa, velha e simples admiração — em uma vida dominada pelas insistentes distrações de telas que piscam, toques de celular, apitos, sirenes e intermináveis informações para serem processadas. Além de uma grande dose de humildade, precisamos de tempo e espaço para saborear a experiência por si mesma. Precisamos poder brincar.

Também existe uma ligação entre manter a capacidade de brincar e a brincadeira na vida adulta e realizar nosso potencial único para ter uma vida satisfatória — para buscar experiências congruentes com quem realmente somos e pelas quais encontramos significado e propósito na vida. Brincar é nossa primeira experiência com o prazer e o desafio de motivação intrínseca — de escolher se engajar em uma atividade por seu valor inerente, não porque ela nos traz alguma recompensa externa ou satisfaz um impulso biológico. A volição é um componente central para a aquisição do que o psicólogo Mihaly Csikszentmihalyi chama de "experiência ótima" ou "fluxo", que ele descreve como se sentir competente, em sintonia com o mundo e totalmente vivo.[3] Ao descrever fluxo, Csikszentmihalyi estabelece uma importante distinção entre prazer e satisfação. Prazer é a sensação de contentamento e equilíbrio que experimentamos quando nossas necessidades sensoriais são supridas. O prazer pode ser restaurador, mas não leva ao crescimento ou à mudança. Diferentemente do prazer, a satisfação e a experiência ótima são adquiridas com esforço — quando superamos desafios, por exemplo, adquirimos novas habilidades ou exploramos novas ideias. Experiência ótima envolve satisfação, mas não necessariamente prazer.

Para as crianças, fluxo é incorporado na alegria que elas irradiam ao brincar. Para os adultos, as tarefas que conduzem à experiência ótima podem não ser exatamente brincadeira, mas, além da volição, a maneira como abordamos aquelas tarefas contém muitas qualidades do brincar; saborear uma atividade por si mesma, concentração intensa e certa insegurança manifesta em desafios difíceis, mas superáveis, e que levam a uma sensação de proficiência.

O trabalho de Csikszentmihalyi o tem levado a pessoas que podem transformar até uma atividade repetitiva, aparentemente tediosa, em experiência ótima. Ele descreve um operário que realizava um trabalho muito sujo e aborrecido em uma fábrica e encontrou meios de desafiar-se estabelecendo objetivos rela-

274 EM DEFESA DO FAZ DE CONTA

cionados à velocidade ou ao entendimento de como funcionava todo o maquinário. De certa forma, ele estava "brincando" com seu trabalho, e era essa capacidade de brincar, não a circunstância externa de seu trabalho, que o tornava agradável.[4]

Quando se trata de ter uma vida significativa, a forma que a nossa criatividade assume não é importante. Em vez disso, o que importa é que somos capazes de ter acesso a ela, que reconhecemos sua existência e incentivamos sua expressão. É no brincar que somos livres para sermos criativos e, como lembro repetitivamente no meu trabalho terapêutico com crianças, o faz de conta é uma ferramenta para entrar em contato com quem realmente somos. Isso me leva a Cassidy mais uma vez. Quando contei a história dessa menina a Tim Kasser, psicólogo do Knox College cujo trabalho sobre motivação intrínseca, materialismo e sentido moldou meu pensamento sobre o brincar, ele se deteve imediatamente no aspecto metafórico da alegria da criança. As roupas podem ser representações das demandas da sociedade e das constrições impostas pela socialização. Seu impulso de livrar-se das roupas nos leva a pensar num combate contra exigências sociais e nosso desejo de escapar das convenções da sociedade. O mundo de Cassidy se expandiu e sua compreensão do sentido de estar vestida se alterou para sempre. Agora que ela pode removê-las à vontade, suas roupas e o motivo pelos quais ela as usa terão um significado inteiramente novo.

Com a ajuda dos pais, Cassidy vai lidar com as complexidades de viver em uma sociedade cujos costumes ditam quando e onde ela pode remover suas roupas. Nesse processo, ela vai começar a aprender o sentido de convenções sociais e que ter adquirido a capacidade de fazer alguma coisa — como tirar as roupas, por exemplo — não significa necessariamente que pode fazê-lo quando quiser. Enquanto depara com essas restrições do mundo externo, pode brincar com elas em um mundo imaginário sobre o qual tem domínio. Uma das brincadeiras que Cassidy apreciou nesse período envolvia dar muitas ordens aos pais quando eles brincavam juntos. Embora as demandas da socialização se imponham sobre sua liberdade, embora ela subjugue alguns de seus desejos à convenção social, se ela ainda assim tiver a chance de continuar brincando, terá oportunidades para estimular, preservar e proteger seu self verdadeiro, espontâneo, criativo.

Não sou contra a socialização em si. Eu me preocupo quando forças de socialização tornam-se muito dominantes e, especialmente, quando elas emanam de motivações antissociais como ganância ou a consolidação de poder. Todavia, como vivemos em uma sociedade de interdependência, precisamos levar em conta o outro. Se nos importamos com as outras pessoas e, se acreditamos, como eu acredito, que a vida traz uma dívida inerente com o restante do mundo, então temos a obrigação de equilibrar nossas necessidades e desejos com o que é melhor para a sociedade. Ao mesmo tempo, precisamos identificar o exagero e reconhecer a diferença entre sabedoria e um gráfico de vendas. Para isso, temos de desenvolver, em primeiro lugar, uma noção de self em relação aos outros. Precisamos saber quem somos e o que valorizamos.

Dei uma palestra recentemente, em uma conferência, na qual cada palestrante era solicitado a identificar a maior ameaça à infância nos tempos atuais. Não é surpreendente que a mudança climática tenha sido citada com maior frequência. Eu, no entanto, mencionei a ganância. Se, para encher os cofres corporativos, mergulhamos as crianças em uma cultura comercial destinada a treiná-las desde o berço para valorizar o consumo acima de tudo, criaremos uma população insaciável de consumidores cegos para tudo que não seja a satisfação imediata de suas necessidades. A ganância é um componente significativo do aquecimento global. Depois da conferência, enquanto me dedicava a escrever este livro, comecei a pensar sobre os elos entre a comercialização do brincar das crianças e o aquecimento global. Comecei pensando no excesso de embalagens e em como os plásticos são produzidos, que uma das estratégias do mercado de brinquedos é convencer a criança de que um não é suficiente e que a proposta de bonecas como Barbie e Bratz é vender seus acessórios. Possibilitar o brincar criativo dá às crianças a chance de construírem mais recursos internos e de serem menos dependentes de fontes externas para o prazer e a satisfação. Se as incentivamos a aprimorar sua imaginação e sua inventividade, elas se tornarão menos propensas a precisar da novidade transitória de um novo brinquedo para gerar entusiasmo e manter seu interesse. Deixando as crianças desenvolverem sua capacidade inata para o brincar

BRINCAR PARA VIVER

criativo, nós as ajudamos a desenvolver habilidades e valores que se prestam à preservação do planeta e de seus recursos naturais.

Por outro lado, ao impedir as crianças de brincar, nós as privamos de chances de se conhecerem em relação ao resto do mundo. Um problema de educar crianças em meio a valores culturais dominados pelo capitalismo irrestrito e promulgados pela mídia sempre presente é que se torna cada vez mais difícil resistir à sedutora insistência de expectativas e demandas comercialmente construídas. Se não sabemos quem somos — se não podemos nos apegar à noção de nós mesmos em meio às distrações do brilho ofuscante, do barulho ensurdecedor e dos engodos psicologicamente sofisticados —, então é menos provável que saibamos a diferença entre o que queremos e o que nos dizem para querer. Temos menos chance de questionar e resistir à coerção social, mesmo que, em última análise, ela seja prejudicial a nós mesmos e às outras pessoas. Podemos nos tornar bons consumidores, mas péssimos cidadãos.

As ligações entre apoiar a democracia e apoiar o brincar — e a ameaça que uma sociedade dominada pelo mercado representa para ambos — tornaram-se muito claras para mim em 2007, quando o Presidente George W. Bush enalteceu Julie Aigner-Clark, criadora do Baby Einstein, em um discurso. Depois de me recuperar do choque, percebi como era adequado que aquele presidente em particular elogiasse Aigner-Clark como um exemplo estelar de empreendimento. A Baby Einsten Company (que ela vendeu para a Disney por mais de 20 mi-

278 EM DEFESA DO FAZ DE CONTA

lhões de dólares em 2001) e a administração Bush realmente tinham muito em comum. Ambas se haviam especializado no marketing brilhantemente planejado, completamente bem-sucedido, falso e mentiroso para promover suas marcas. O exemplo mais terrível do marketing mentiroso e da manipulação da preocupação na administração Bush é a guerra no Iraque — vendida para nós através de alegações não comprovadas de armas de destruição em massa e pelo exagero de uma ligação inexistente entre Saddam Hussein e Osama bin Laden. Como comentado no Capítulo 3, a Disney comercializou a marca Baby Einstein através de declarações não fundamentadas de que seus vídeos eram educativos para bebês e pelo exagero de uma ligação inexistente entre sua marca e o aprendizado. Ambos exploram a apreensão como ferramenta de marketing. Ambos se apoiaram na construção de uma mídia cuja plateia era passiva e receptiva.

Com essa comparação, não quero tornar trivial o dano causado pela guerra no Iraque ou a contínua tragédia da matança ocorrida. É claro que nenhum bebê morreu assistindo ao Baby Einstein. Na melhor das hipóteses, os vídeos para bebês podem ser divertidos; na pior, meramente inócuos. Mas o fato é que companhias de mídia como a Disney, que comercializam de forma mentirosa o tempo de exposição à tela como benéfico para os bebês, estão causam danos reais. Particularmente relevante para o estado futuro de nossa união democrática é a pesquisa que sugere que, quanto mais tempo os bebês passam diante da tevê,

BRINCAR PARA VIVER 279

menos tempo têm para o brincar criativo.[5] As habilidades que as crianças aprendem brincando — pensamento crítico, iniciativa, curiosidade, solução de problemas e criatividade, bem como as qualidades mais efêmeras de autorreflexão e empatia — são essenciais para o progresso e a proteção de uma sociedade democrática. Esses valores contrastam com aqueles que as crianças aprendem com uma mídia comercialmente dominada: lealdade impensada à marca, compra impulsiva, noção de que o valor pessoal é definido pelos bens possuídos e crença no consumo como a solução para todos os males. Não vamos esquecer que, depois do ataque ao World Trade Center, o governo norte-americano aconselhou que os cidadãos fossem às compras.

Uma possível consequência para o sucesso da indústria da mídia para bebês na fraude perpetrada contra os pais americanos é que, privados de brincar e saturados de telas, os bebês vão crescer e se tornar adultos dependentes de telas, sem vontade ou capacidade para questionar o que lhes é vendido. Durante o desenvolvimento da Guerra do Iraque, Andrew Card, chefe de gabinete da administração Bush, foi questionado sobre por que o governo esperou até setembro para promover a invasão. Ele respondeu: "De um ponto de vista de marketing, não se introduzem novos produtos em agosto."[6] Queremos criar uma geração de consumidores empedernidos, treinados desde o berço para comprar a guerra como qualquer outro produto ou queremos criar cidadãos democratas? Se sua escolha é a segunda, então temos de encontrar meios para apoiar o direito da criança a brincar.

Quando expandirmos nossa ideia de brincadeira para além de atividades banais discretas e passarmos a pensar no brincar como uma ferramenta essencial para a vida — para encontrar significado, experimentar quem realmente somos e entender o poder e os limites do nosso lugar no mundo —, a escolha de incentivar o faz de conta será uma postura moral, ética e sociopolítica. É estranho pensar no faz de conta como contracultura, mas em nosso tempo, em nossa sociedade em particular, ele é. A cultura dominante é tão veementemente contra o brincar criativo que temos de tomar medidas ativas — em casa, na nossa comunidade, em um nível político — para garantir sua presença na vida das crianças.

12

Sasha, suas ervilhas estão te chamando

Incentivar a brincadeira em uma cultura disposta a esmagá-la

Quando minha filha tinha quase 2 anos, entrou naquele maravilhoso e terrível estágio do desenvolvimento caracterizado pela palavra "não"; ela a repetia muito — mesmo para coisas que, na verdade, queria fazer. Era um prazer ver desabrochar sua noção de self, e eu me alegrava com sua determinação e força de caráter. Mas, ao mesmo tempo, era difícil conviver com ela em alguns momentos. Um dia, quando eu me queixava com minha amiga Zoe, cuja filha era um ano mais velha que a minha, sobre nossas disputas diárias por poder, ela disse casualmente:

— Sabe de uma coisa, Susan? Acho que aqueles fantoches são muito úteis.

282 EM DEFESA DO FAZ DE CONTA

— Oh! — exclamei entusiasmada. — Fantoches! Que grande ideia! Nunca pensei nisso!

Uma expressão peculiar se estampou em seu rosto.

— Susan — ela respondeu com aquele tom de irritação debochada que só toleramos nos amigos mais íntimos —, eu aprendi isso com você.

Lembrar-se de brincar com nossos filhos e de nos manter apegados ao nosso espírito lúdico enquanto os criamos pode ser difícil. Evitar conflitos desnecessários é uma de muitas razões para brincar com as crianças. A pura alegria dessa atividade é motivo mais do que suficiente. Não importa se brincar facilita o aprendizado, promove a capacidade de solucionar problemas, engendra empatia, constrói habilidades sociais e lança a base para uma vida rica e significativa. Depois de minha esclarecedora conversa com Zoe, frases como "Sasha, suas ervilhas estão te chamando!" se tornaram um recurso padrão para arrancá-la daquilo em que estivesse absorvida no momento em que o jantar era servido. As meias de Sasha discutiam sobre qual delas teria o privilégio de ser calçada primeiro, assim como as mangas de suas camisetas. O faz de conta não é um toque de mágica, mas a vida com uma criança de 2 anos tentando conquistar autonomia pode ficar um pouco mais fácil e muito mais divertida quando lançamos mão dessa ferramenta.

Por mais difícil que possa ser para um pai ou mãe estressados se lembrar de brincar com seus filhos, as crianças nunca tiveram tanta dificuldade para brincar sozinhas. Praticamente

SASHA, SUAS ERVILHAS ESTÃO TE CHAMANDO   283

tudo em nossa sociedade prega contra isso. O faz de conta floresce melhor quando uma comunidade de adultos responsáveis dá as crianças presentes que não podem ser comprados: tempo, espaço e silêncio. Alguns dos maiores obstáculos para o brincar criativo das crianças são rasgos em nosso tecido social, enraizado no capitalismo desenfreado. O brincar erode quando o interesse pessoal vai de encontro ao interesse público; quando negligenciamos parques e playgrounds públicos; quando retiramos o apoio e a ajuda antes dados a escolas públicas; quando contaminamos a saúde pública com interesses comerciais; quando lucros corporativos passam a ser prioridade, em detrimento do bem-estar da criança, inundando-a com o incessante barulho de aparatos e parafernálias que as impedem de ouvir a própria voz, que é inigualável.

As crianças são privadas do brincar quando as escolas eliminam a educação física, o recreio e as aulas de arte; quando a política educacional determina que elas sejam tratadas como objetos, mesmo na Educação Infantil, em vez de aprendizes ativos e em desenvolvimento; quando pais que podem pagar por isso as sobrecarregam com aulas de "aprimoramento" e esportes organizados. Elas são impedidas de brincar quando os pais destituídos de recursos financeiros e de tempo não têm alternativa senão deixá-las sozinhas em casa depois da escola, período em que horas de mídia eletrônica parecem uma opção mais segura do que deixá-las se aventurar em um mundo que parece — e em alguns casos realmente é — ameaçador.

No nível nacional, é preciso trabalhar por políticas que apoiem as famílias, proporcionem às crianças educação significativa, lhes preservem espaço aberto e as protejam do marketing corporativo. Períodos de licença remunerada, horários de trabalho flexíveis, salários equiparados e férias remuneradas dariam algum alívio aos pais estressados. O mesmo vale para o atendimento universal à criança. Se as creches e os programas extracurriculares fossem adequadamente manejados por profissionais pagos de forma justa e treinados para facilitar o brincar criativo, essas instituições dariam às crianças oportunidades que elas não têm em casa para o faz de conta.

Precisamos encontrar meios de garantir às crianças as oportunidades para se envolver com a natureza — a propósito, para isso temos que garantir que haverá natureza suficiente para esse envolvimento. Interagir com o mundo natural inspira criatividade. J. K. Rowling, autora da série Harry Potter, atribui sua imaginação ao tempo que passou crescendo em uma área bastante isolada perto da Floresta de Dean, na Inglaterra.[1] Pesquisas respaldam sua observação pessoal, sugerindo que ocorrem mais brincadeiras criativas em espaços da natureza, preferíveis aos playgrounds tradicionais.[2] Políticas educacionais que estimulam o impulso inato da criança para a exploração ativa, em vez de tratá-las como receptáculos para fatos, incentivariam, por definição, o brincar criativo. Não que eu seja contra os fatos. Na verdade, percebo a importância de aprender tabuada, mesmo com o fácil acesso às calculadoras.

SASHA, SUAS ERVILHAS ESTÃO TE CHAMANDO   285

Mas também acredito que a escola deva ajudar as crianças a aprender como aprender e que brincar é um componente essencial para o aprendizado ativo.

Precisamos parar de confundir comércio e comunidade. As corporações não hesitam em preencher a lacuna que surge quando perdemos a vontade política de construir uma sociedade baseada nas responsabilidades e nos benefícios das instituições publicamente apoiadas. Isso tem um preço alto. Um espaço para brincar no McDonald's não é o mesmo que um parque público. Ronald McDonald indo às escolas para promover a atividade física não substitui a educação física ou o recreio. Escolas relatam que as crianças parecem gostar da última tendência de usar o jogo Wii da Nintendo, Dance Dance Revolution, como educação física na escola.[3] Mas, com chance e apoio adequado, elas também gostariam de correr por aí — e de se libertar da mensagem deprimente de que as telas são essenciais à vida.

As telas me remetem ao incômodo que os autores Dimitri Christakis e Fred Zimmerman descreveram como "o elefante na sala de estar".[4] A necessidade de incentivar o brincar requer que se desestimule a dependência da criança da mídia e da cultura comercial. Como o cantor, compositor e ativista Raffi Cavoukian gosta de dizer, precisamos "destelar" as crianças. Eu acrescentaria que também devemos fazer o melhor possível para adiar ao máximo a exposição delas às telas. E, enquanto estou escrevendo tudo isso, volto a ouvir a voz de Audrey:

286 EM DEFESA DO FAZ DE CONTA

AUDREY: Isso é tãããão século passado.

EU: É pensamento futurista.

AUDREY: É esquisito.

EU: É vanguarda.

AUDREY: É indigesto.

EU: É apaixonado.

AUDREY (*ultrajada*): Quer dizer que uns 15 minutinhos na frente da tevê de vez em quando vão destruir a infância de um bebê?

EU: Não. Quer dizer que a decisão de quando e como introduzir a mídia de tela na vida de uma criança deveria ser tomada com seriedade — assim como a determinação de quanto tempo ela deve ficar exposta.

AUDREY: Não somos apenas antitela... somos pró-culpa!

A última coisa que quero é deixar os pais se sentindo culpados. Por isso acredito que devemos trabalhar pela mudança social, mesmo que essa pareça ser uma tarefa monumental. É difícil ser pai hoje em dia, e nossa sociedade não apoia políticas que poderiam tornar o processo mais fácil. Enquanto isso, desde a década de 1980, quando a preocupação generalizada com as "crianças-chave" (cuja denominação deriva do fato de terem a chave de casa e passarem muito tempo sozinhas nela, desde a hora que chegam da escola até o momento em que pai e/ou mãe chegam do trabalho) tornou-se uma mina de ouro para empresas que patrocinam a programação da tevê depois do

SASHA, SUAS ERVILHAS ESTÃO TE CHAMANDO 287

horário escolar, profissionais de marketing nos têm vendido a ideia de que a mídia de tela é essencial para o cuidado com as crianças.[5] O que preocupa é que eles têm sido tão bem-sucedidos que alguns pais com quem converso acreditam ser inadequados à tarefa de criar seus filhos sem as telas. "Como posso tomar um banho?", "Como podemos viajar de carro?", "Como posso preparar o jantar?", essas são queixas comuns. Ironicamente, isso é como uma profecia que se autorrealiza. Quando as crianças se tornam dependentes da mídia eletrônica, para evitar o tédio ou se acalmar, suas famílias têm maior probabilidade de passar a depender das telas para funcionar.

Quanto mais pudermos adiar a incorporação da mídia de tela à rotina diária das crianças, mais oportunidades elas terão para o desenvolvimento daquelas habilidades e atributos que as impedirão de desenvolver tal dependência e permitirão o brincar criativo. Considerando o número de bebês em contato diário com telas, e a porcentagem de pais que acreditam que elas são benéficas, é claro que a mídia e as indústrias do marketing estão fazendo um excelente trabalho convencendo os pais de que as telas são essenciais para educar as crianças. Por isso precisamos atribuir responsabilidade às companhias por suas campanhas publicitárias. Com esse propósito, na primavera de 2006, a Campaign for a Commercial-Free Childhood formulou uma queixa na Federal Trade Commission (FTC) contra três companhias de mídia para bebês: Disney's Baby Einstein, Brainy Baby e BabyFirstTV, por propaganda enganosa.[6] Acreditamos

288   EM DEFESA DO FAZ DE CONTA

que as companhias de mídia que afirmam que um produto é educativo devem fornecer a documentação requerida para comprovar a veracidade dessa afirmação. Nesse momento, nossa queixa ainda está sendo analisada. Não tenho nenhuma ideia de como o FTC vai agir, mas sei que, desde que registramos a queixa, a Baby Einstein realizou modificações em seu site, alterando algumas das afirmações mencionadas em nossa reclamação. Esperamos que o FTC estabeleça a política de eliminar a divulgação desses vídeos como educativos, a menos que as empresas possam apresentar pesquisa documentando que os bebês realmente aprendem com eles.[7]

Tenho escrito em todos os lugares sobre a necessidade de estabelecer limites sociais para o marketing corporativo cujo alvo são as crianças. Também precisamos encontrar uma maneira de fornecer aos pais, especialmente aos futuros pais, informação honesta — não o exagero do marketing patrocinado por empresas — sobre os prós e contras da mídia de tela, o valor do brincar criativo e como facilitar o faz de conta mesmo no contexto de vidas dominadas pelo estresse.

AUDREY: A Nickelodeon quer que eu brinque.

EU: Está falando sobre o canal de tevê?

AUDREY (*fazendo careta*): Hum, hum.

EU: É mesmo?

AUDREY: Sim. E o Presidente Clinton e a Heart Association estão apoiando a Nick a me ajudar a brincar. Eu visito o

SASHA, SUAS ERVILHAS ESTÃO TE CHAMANDO 289

site Let's Just Play todos os dias, e lá tem links com vários tipos de sugestões para eu brincar e permanecer saudável. Acho que podem ser sugestões muito boas. (*Ela faz uma pausa.*) A Nickelodeon se importa comigo.

EU: Você *acha* que as sugestões podem ser boas? Não tem certeza?

AUDREY: Não de verdade. Toda vez que acesso o site, acabo me distraindo. Gosto de ver o que há de novo com meus personagens favoritos da Nick — como... como Bob Esponja, Dora e Jimmy Neutron. E sabe de uma coisa? Quando clico em suas imagens, posso brincar com eles on-line. De graça! É muito legal. Não tenho tempo para olhar as sugestões sobre brincadeiras. (*Ela muda de assunto.*) Ah, sim, isso me faz lembrar. Na próxima vez em que sairmos de férias...

EU (*preparada para alguma coisa, mas sem saber ao certo o quê*): Sim?

AUDREY: Podemos ficar no Holiday Inn? Eles têm suítes Nickelodeon! Soube disso no Let's Just Play, também.[8]

Na melhor das hipóteses, um site de propriedade de uma corporação com links para jogos on-line e anúncios sobre férias em suítes da marca envia mensagens confusas sobre a brincadeira. Na pior das hipóteses, esses sites destroem o brincar. Quando uma empresa de mídia como a Nickelodeon tem muito a lucrar mantendo as crianças coladas na tela, por que ela

290   EM DEFESA DO FAZ DE CONTA

promoveria o brincar? Como as corporações são obrigadas por lei a colocar o lucro dos acionistas acima de tudo, não existe nenhuma possibilidade de a Nickelodeon, ou qualquer outra companhia de mídia, incentivar integralmente a criança a brincar. Uma nação de crianças brincando seria prejudicial aos lucros da Nick.

O que torna campanhas como a Let's Just Play, da Nickelodeon, ainda mais confusas é sua parceria com organizações de saúde pública como a American Heart Association, respeitadas figuras públicas como Bill Clinton e conselhos de educadores e profissionais da saúde que podem ter recebido alguma coisa por seu apoio. Nos Capítulos 2 e 3, descrevi como as corporações seduzem pais e crianças e os afastam do brincar. As comunidades de educação e saúde pública também são passíveis de sucumbir a essa sedução. Dinheiro para consultoria, patrocínio para pesquisa e a promessa de publicidade abrangente para organizações sem fins lucrativos, destituídas de recursos, criam interesses duplos, e às vezes conflitantes, para educadores e guardiões da saúde pública. É provável que haja conflitos em aceitar dinheiro para pesquisa ou soluções para um problema social de uma companhia que está lucrando com esse problema, além de causá-lo e sustentá-lo.

Alguns colegas da área da saúde pública me dizem que é inútil tentar estabelecer limites sobre o domínio do corporativismo norte-americano, e que programas corporativos como o Let's Just Play, da Nickelodeon, são melhores do que nenhum

SASHA, SUAS ERVILHAS ESTÃO TE CHAMANDO 291

esforço. Eu não concordo. Explorando o abismo causado pela redução do apoio público para o brincar, programas como os da Nickelodeon nos induzem a crer que não há diferença entre patrocínio público e os dólares corporativos gastos para promover uma marca. Estudos sobre as campanhas da indústria do cigarro contra o fumo, por exemplo, sugerem que esse tipo de esforço não funciona.[9]

Argumentos semelhantes para o apoio à coopção corporativa do brincar — da variedade "se não pode com eles, junte-se a eles" — surgem frequentemente na luta para convencer os pais a dar aos bebês uma chance de crescer e se desenvolver sem precisarem depender das telas. Levando em conta a falta de pesquisa para mostrar que o tempo de tela é benéfico aos bebês, o pequeno mas crescente corpo de pesquisa sugerindo que ele pode ser prejudicial e a recomendação da American Academy of Pediatrics sobre não expor crianças menores de 2 anos a telas, deveria ser relativamente simples convencer os pais a manterem as crianças longe das telas durante os primeiros anos de vida. Os bebês não pedem para assistir à tevê. Crianças com menos de 3 anos não estão sujeitas à pressão dos amiguinhos. Os pais têm mais controle sobre as atividades de seus filhos durante os dois primeiros anos de vida do que em qualquer outra fase. Permitir às crianças alguns poucos anos isentos de exposição a telas vai dar a elas uma chance de desenvolver as habilidades e os atributos que se prestam ao brincar criativo e irá ajudá-las a não se tornarem adultos dominados pela mídia

292   EM DEFESA DO FAZ DE CONTA

e pelos produtos vendidos por ela. É mais fácil inculcar bons hábitos do que romper com hábitos negativos. Porém, 40 por cento dos bebês de 3 meses são consumidores regulares de mídia de tela.[10] Apesar da ampla evidência de que as crianças estão passando tempo demais diante de telas e tempo insuficiente brincando, a comunidade da saúde pública está longe de se reunir para discutir o assunto.

O argumento que ouço com mais frequência dos colegas para não apoiar publicamente a recomendação da AAP é mais ou menos este: "Não que eu pense que é bom para as crianças consumir altas doses de mídia de tela — ou mesmo para os bebês expostos a ela, mesmo que minimamente —, mas é claro que os pais estão comprometidos com o uso de vídeos para bebês; eles não querem ouvir sobre seus danos potenciais." Outro argumento é: "Companhias de mídia e marketing têm todo o poder e o dinheiro, e os pais não vão ouvir nossas sugestões. Além do mais, é arriscado. Podemos ser destruídos pela imprensa controlada pelas corporações." Finalmente, temos este: "Se os pais estão contando com a mídia para criar seus bebês e filhos pequenos, vamos fazer vídeos para bebês que sejam, pelo menos, considerados e apropriados à idade. É melhor que os bebês assistam a um vídeo feito só para eles do que, digamos, *Lost*, ou reprises de *Família Soprano*."

Gosto de *Lost* e *Família Soprano*, mas não acho que sejam boas opções de entretenimento para crianças. Concordo que os pais estressados, sobrecarregados e sem nenhum apoio, que consomem, eles mesmos, muita mídia eletrônica, podem não querer ouvir que o tempo de tela não é bom para os bebês. Mas também acredito que os pais mereçam informação honesta e que a comunidade de saúde pública deveria ter integridade suficiente para tomar uma posição, tomando por base as melhores evidências disponíveis, sobre o que é melhor para as crianças.

Um obstáculo para que a comunidade de saúde pública adote posições firmes — como seguir a recomendação da AAP sobre bebês e mídia de tela — que possam prejudicar os lucros corporativos é que, na ausência de recursos públicos adequados, são as empresas que patrocinam as pesquisas sobre saúde e educação, além de outros tipos de projetos, e podem atrair publicidade sem precedentes para os projetos de instituições sem fins lucrativos. É uma maneira efetiva de silenciar a oposição. Pouco depois de a Coca-Cola ter dado um milhão de dólares à American Academy of Pediatric Dentistry (AAPD), o CEO da AAPD, Dr. John Rutkauskas, disse que a relação entre refrigerantes e cáries "não é clara".[11] Apesar das tentativas de negá-lo, pesquisas sugerem que aceitar fundos para pesquisa de empresas interessadas nos resultados parecem afetar as descobertas.[12] Quando a fronteira entre corporações e a comunidade de saúde pública são confusas, os pais perdem acesso às fontes objetivas de informação que os ajudariam a fundamentar decisões sobre determinados enigmas, como qual papel a mídia deveria desempenhar na vida das crianças.

Um bom exemplo de como isso ocorreu no controverso tópico dos vídeos para bebês surge quando a Sesame Workshop decidiu entrar no ramo da mídia para bebês e convencer a Zero to Three, uma das mais respeitadas agências de saúde pública para crianças pequenas, a se associar a eles na *Sesame Beginnings*, uma série de vídeo para bebês de 6 meses.[13] Assim que passou a ter interesse em uma série de vídeos para bebês, a Zero to Three perdeu a credibilidade como fonte objetiva de informação para os pais sobre a questão. O fato de aquele Sesame Workshop ter convencido um respeitado pesquisador acadêmico a dar consultoria sobre a série e aceitar recursos para pesquisar, a eficácia do estudo é igualmente preocupante. Há um inerente conflito de interesses em ser consultor em um projeto e depois conduzir sua pesquisa de fundamentação.

Precisamos de recursos públicos para a pesquisa de saúde sobre a mídia, particularmente a voltada para bebês, e sobre o brincar em geral, assim como é necessário apoiar as organizações de defesa de modo que não se sintam tentadas a formar parcerias que possam comprometer sua eficiência.

Promover o brincar exigirá um esforço unificado para mudar comportamentos que se tornaram arraigados. Precisamos investir em educar as pessoas sobre o brincar da mesma forma que investimos na modificação de comportamentos relativos ao uso do cinto de segurança ou ao hábito de fumar. Quando o abandono do brincar passar a ser considerado um problema de saúde pública, ficará claro que precisamos de uma campanha

SASHA, SUAS ERVILHAS ESTÃO TE CHAMANDO   295

massiva de saúde pública, livre de parcerias corporativas, promovendo mensagens claras e objetivas sobre a importância do brincar e como fazer isso acontecer. A campanha precisa ter como alvo os políticos, educadores, profissionais da área de saúde, professores de creche e pais — especialmente futuros pais. Precisamos promover o brincar e alternativas ao tempo de tela não só nos consultórios dos pediatras, nas clínicas e nos hospitais, nas creches, nas escolas, mas nos consultórios de obstetras, nos cursos para gestantes e em clínicas de pré-natal também.

A boa notícia é que há crescente interesse no brincar e na noção de que ele deve ser tratado como uma questão sociopolítica. Em agosto de 2007, quando a Mattel e outras companhias de brinquedos fizeram recalls de brinquedos contendo chumbo, o *New York Times* publicou um editorial sugerindo que uma solução para os pais era parar de comprar brinquedos comerciais para seus filhos.

> Não é possível, para uma criança pequena, pelo menos, defendê-la de sua inevitável transformação em uma consumidora leal e adiar a aquisição das habilidades de reconhecimento preciso de marca?
>
> Talvez ela não precise de um caminhão falante ou de uma Barbie com a casa de praia em Malibu. Deixe-a batucar na panela com uma colher de pau. Dê a ela papel e lápis. Deixe-a brincar com a própria narrativa, não com a de Dora, a Aventureira, ou de Bob Esponja.[14]

Organizações de defesa, como a Alliance for Childhood e a American Association for the Child's Right to Play (AACRP), estão trabalhando para devolver o brincar à infância americana. A Alliance não poupa esforços para incorporar o brincar às salas de aula, e a AACRP está trabalhando para resgatar o recreio. Ambas estão envolvidas em devolver o brincar às comunidades locais através de trabalhos com departamentos de parques e recreação e levando tudo isso de volta às escolas. É animador saber que acampamentos tradicionais de verão baseados em brincadeiras e exploração da natureza estejam ressurgindo.[15]

Também admiro o novo movimento No Child Left Behind, que trabalha para incentivar escolas e grupos comunitários a assegurar à criança tempo em espaços abertos. Ele se baseia na premissa de que, a menos que intervenhamos, as crianças crescerão permanentemente separadas da natureza, o que vai prejudicar seu desenvolvimento social, emocional e cognitivo.

Da perspectiva de promover mudança social, é útil que os ambientalistas e defensores do brincar estejam começando a colaborar com a criação de espaços abertos que permitem o brincar criativo — e ambos deveriam estar trabalhando para limitar o acesso do marketing corporativo às crianças. Os objetivos desses três movimentos estão interligados. Quanto mais as crianças podem brincar criativamente, menos dependentes são do consumo de brinquedos e apetrechos cujas produções e embalagens prejudicam o meio ambiente e menor será a probabilidade de que tenham a aquisição como valor primário. Quanto mais as

SASHA, SUAS ERVILHAS ESTÃO TE CHAMANDO 297

crianças forem protegidas do marketing corporativo, mais provável será que brinquem criativamente. Quanto mais aprendem o valor do ambiente, mais conscientes serão do impacto ambiental dos produtos que a propaganda as convence a comprar e maior a probabilidade de passarem mais tempo na natureza, o que facilita o brincar criativo. Há sinais de que esse misto de colaboração e fertilização já estão ocorrendo. Recentemente, pela primeira vez, a Campaign for a Commercial-Free Childhood foi convidada para participar de uma conferência nacional sobre o meio ambiente e recebeu um segundo convite, para outra conferência sobre ambiente, alguns dias mais tarde. Em 2006, a CCFC fez parcerias com grupos ambientais e de trabalho para convencer a TIAA-CREF, o maior fundo de pensão do mundo, a remover a Coca-Cola de sua conta de opção social, porque as políticas da companhia para o marketing para crianças, trabalho e ambiente não são socialmente responsáveis. Uma das maneiras pelas quais a Coca-Cola atinge o mercado infantil é através dos brinquedos ligados à marca.

"Mas a mudança social leva tempo", lamenta um pai durante uma de minhas exposições em uma reunião de pais e professores. "O que devo fazer com meus filhos agora? Não somos o tipo de família que pode desligar as tomadas e se mudar para o bosque. Eu me importo com imaginação e criatividade, mas quero viver em uma cidade e mandar meus filhos para a escola — e não quero desistir completamente da cultura comercial. O que os pais como eu devem fazer?"

Incentivar as crianças a brincar é, provavelmente, mais fácil para os pais que criam seus filhos fora da cultura dominante — aqueles que abrem mão da televisão e alfabetizam seus filhos em casa. Também ajuda se eles puderem pagar para mandar os filhos a escolas diferentes, que excluem o comercialismo e promovem o pensamento criativo, crítico, e se vivem em uma comunidade que apoia seus valores. Assim eles não precisam lidar com tantas mensagens contrárias. Mas essas opções não são financeiramente plausíveis, ou mesmo atraentes, para muitas pessoas. Por mais que abandonar tudo às vezes me pareça atraente, não foi assim que criei minha família e seria hipócrita recomendar tal atitude. Em vez disso, meu marido e eu escolhemos impor limites e fronteiras, mesmo vivendo e participando da cultura dominante. Evidentemente, isso era mais fácil antes, quando meus filhos eram pequenos, do que hoje. Meu enteado tem agora 36 anos, minha filha tem 20, e as ameaças ao brincar são significativamente piores hoje do que antes, quando eles eram pequenos. Vivo em uma comunidade urbana conhecida por seus valores progressivos; foi fácil encontrar uma pré-escola voltada para o brincar, que não era tão ameaçado nas escolas quanto hoje. Podíamos pagar por colônias de férias que reforçavam nossos valores. Também foi muito útil a unidade entre as opiniões minhas e de meu marido com relação às nossas crenças sociais e políticas.

Mas, mesmo com todo esse apoio, e em uma época relativamente mais fácil, tivemos de fazer um esforço consciente para manter distantes as ameaças. Tínhamos, e ainda temos, uma

SASHA, SUAS ERVILHAS ESTÃO TE CHAMANDO   299

televisão — mas só um aparelho, e limitávamos o tempo diante dele. Era política da família não comprar brinquedos anunciados na tevê, mas não os jogávamos fora, como fazem algumas famílias, quando chegavam como presentes de aniversário ou outras datas comemorativas. Em outras palavras, fazíamos o melhor possível diante das circunstâncias.

Há muitas medidas que as famílias podem tomar para incorporar em sua vida o brincar criativo. Se queremos que nossos filhos brinquem, por exemplo, podemos pensar seriamente sobre os brinquedos que escolhemos para eles e — pelo menos enquanto são pequenos — sobre aqueles que os deixamos escolher. Lembre-se de que:

- Tendemos a comprar muitos brinquedos para nossos filhos.
- Os brinquedos vendidos pela mídia comercial e os brinquedos ligados aos programas da mídia tendem a limitar o brincar criativo da criança, em vez de incentivá-lo.
- Quando se trata de escolher brinquedos que encorajam o brincar criativo, menos é mais. Brinquedos que se movem e falam têm menos valor criativo, porque privam a criança da oportunidade de movê-los e falar por eles.
- Brinquedos que podem ser utilizados de muitas maneiras diferentes incentivam o brincar criativo, assim como os brinquedos que promovem o brincar não orientado. Um kit de blocos para construir que só pode formar uma coisa diminui o valor criativo de brincar com blocos.

- Se pensamos no que os bebês realmente querem e precisam, não há razão para comprar para eles brinquedos eletrônicos ou baseados em personagens da mídia. Eles não pedem tais produtos. O mundo inteiro é um brinquedo para um bebê. Eles podem se apaixonar por qualquer ursinho ou criatura de aparência engraçada que se torne familiar para eles, independentemente de seu status de estrela. Além do mais, criaturas genéricas não aparecem em papel de bala e caixa de cereal — não têm o propósito de vender a você ou ao seu bebê outros produtos.

- É verdade que tomar um banho pode ser um desafio se você está sozinho em casa com uma criança de dois anos, e que isso torna atraente a ideia de contar com os vídeos para bebês. Mas, se você dá importância ao brincar e quer tomar um banho, certifique-se de que a criança esteja segura, tenha algo de interessante ao seu alcance — e seja rápido. Mesmo que fique irritada nos poucos minutos em que é deixada sozinha, a criança pequena encontra nessa situação uma boa lição sobre como se distrair sozinha. Ter de divertir-se ou acalmar-se por breves períodos de tempo pode ser um trampolim para a criatividade e para o desenvolvimento da capacidade de gostar de brincar sozinha.

- O momento de preparar o jantar é outro em que os pais recorrem à exposição a telas para bebês e crianças pequenas. Em vez disso, tente manter na cozinha uma gaveta bem baixa cheia de objetos seguros com os quais as crian-

SASHA, SUAS ERVILHAS ESTÃO TE CHAMANDO   301

ças possam brincar e explorar. Mudar o conteúdo da gaveta de vez em quando sempre cria novidade e vai ajudar a manter as crianças distraídas enquanto você cozinha. Balanços de bebê, cadeirões e cercados podem ajudar a manter as crianças seguras se você precisa trabalhar na cozinha. Tente deixar alguns brinquedos acessíveis com que a criança possa se ocupar ou tente ouvir música, cantar, conversar com ela enquanto cozinha. Um pouco de água com sabão e alguns copos plásticos podem ocupar crianças pequenas por um bom tempo.

Se queremos que as crianças brinquem, precisamos impor limites para a mídia de tela e a cultura comercial. Isso se torna incrivelmente difícil conforme elas crescem, especialmente se não estão acostumadas com esses limites desde o início. Quando a criança cresce, as escolhas relacionadas a brinquedos e brincadeiras se tornam mais complicadas. A menos que você viva realmente afastado da sociedade prevalecente, é provável que o chamado bem financiado e frequentemente irresistível da mídia e do marketing as influencie e ao seu brincar. Quando as crianças começam o ensino fundamental e sua identificação primária começa a se deslocar da família, as preferências e os padrões dos amigos passam a ter mais peso. Os pais têm controle significativamente menor sobre a escolha das companhias das crianças, que começam a passar o tempo livre depois das aulas com amigos cujas famílias têm valores diferentes dos seus.

302 EM DEFESA DO FAZ DE CONTA

Talvez elas permitam mais televisão, comprem mais comida industrializada ou brinquedos ligados à mídia, ou permitam mais videogames e tempo no computador do que na sua casa.

O que acontece, então, depende de você, dos seus valores e do temperamento, dos interesses, das vulnerabilidades e das inclinações de seu filho. Algumas crianças são menos suscetíveis à influência dos colegas. Outras se interessam mais por agradar aos adultos. Algumas são menos assertivas sobre seus desejos. Outras são mais aquisitivas. O importante é lembrar que, quanto mais tempo as crianças passam diante de telas e com brinquedos comerciais quando ainda são pequenas, menos chances terão de brincar e obter os benefícios do brincar — e menos recursos terão para gerá-lo. A menos que possamos garantir tempo e espaço para a brincadeira, isso simplesmente não vai acontecer. As telas, não o faz de conta, são os passatempos-padrão para as crianças de hoje.

Precisamos agir em conjunto para criar uma sociedade que incentive o faz de conta. Enquanto isso, toda oportunidade que pudermos proporcionar às crianças para brincar será um presente para elas. Se você está procurando meios para facilitar o brincar dentro de sua família, talvez queira considerar algumas das seguintes ideias.

- Separe um tempo sem nenhuma atividade — livre de aulas, esportes organizados e telas — na vida de seus filhos para que eles tenham a chance de gerar o próprio brincar criativo.

SASHA, SUAS ERVILHAS ESTÃO TE CHAMANDO 303

- Dê a seu filho chances para brincar sozinho. Se eles têm idade suficiente para ser responsáveis e a vizinhança é segura, incentive-os a brincar fora de casa e proporcione oportunidades para que eles inventem os próprios jogos longe da intervenção de adultos. Para crianças que ainda são pequenas demais para ficar sem supervisão, caixas de papelão ou uma tenda feita de lençol sobre duas cadeiras pode criar uma deliciosa ilusão de independência.

- Se você permite à criança acesso regular à mídia de tela, estabeleça um limite de tempo e institua a tradição de um período — mesmo que seja só uma noite por semana — livre de telas. Use esse tempo para os jogos, para ler em voz alta, fazer coisas bobas como sair, cozinhar, desenvolver projetos de artesanato, desfrutar da natureza ou qualquer outra coisa que se possa fazer para facilitar o brincar e a criatividade.

- Certifique-se de que existe realmente equilíbrio na vida de seu filho entre atividades comercialmente induzidas e brincar criativo. Tenha consciência de suas escolhas e lembre-se de que os programas de tevê, os jogos de computador e os sites da web podem entreter, mas, em sua maioria, não promovem o brincar criativo.

- Reconheça a diferença entre material para arte e projetos pré-fabricados que limitam a criatividade. Quando eu era criança, minha mãe não gostava dos livros de colorir pelas limitações que impunham à expressão criati-

304 EM DEFESA DO FAZ DE CONTA

va; isso não me impedia de adquiri-los de vez em quando. Tenho boas lembranças de pintar esses livros, mas elas se relacionam ao aperfeiçoamento de uma habilidade (pintar dentro das linhas), não com a alegre experiência de transportar-me — com amigos ou sozinha — para mundos de minha própria criação.

- Invista, desde a infância, em brinquedos que promovam o brincar não orientado. Excelentes sugestões de brinquedos indicados para todas as faixas etárias podem ser encontradas em www.truceteachers.org, o site do Teachers Resisting Unhealthy Children's Entertainment (Truce) [Professores Que Resistem ao Entretenimento Pernicioso para Crianças]. Respeite os interesses e as predileções de seus filhos. Alguns preferem construção, mecânica ou projetos de arte ao brincar que envolvem dramatização. Blocos para montar ajudam a criança a desenvolver consciência visual e espacial, equilíbrio, noções rudimentares de matemática e, num nível mais profundo, habilidades para a solução de problemas, incluindo paciência, resistência, curiosidade e tenacidade. Kits de brinquedos de médico, chapéus de bombeiro, e outros acessórios e roupas há muito tempo têm sido considerados nos círculos da educação infantil como úteis para auxiliar a criança na exploração do mundo adulto. Sempre penso que uma das lições mais importantes que a criança pode aprender vem da experiência física de encaixar peças de quebra-cabeça. Se uma peça não se encaixa de um jeito, tente outra posição. Se não der certo, tente outra peça. É uma excelente metáfora para a solução de todo tipo de problema.

- Quando for procurar pré-escolas ou creches, escolha os programas curriculares baseados no brincar, com atividades que não incluam assistir a filmes e vídeos como forma de entretenimento.

- Se você gosta de um bom filme e quer compartilhar essa experiência com seus filhos, mas não quer se ver enredado na rede comercial, tente alugar títulos que vocês possam apreciar juntos. Falando em filmes, faça um esforço para ler para as crianças o livro no qual um filme é baseado antes de expô-lo ao material na tela. Não sou contra a transformação de livros em filmes, mas certifique-se de que as crianças são expostas antes à versão impressa para dar a elas uma chance de experimentar as próprias visões de seus personagens favoritos, antes que Hollywood imponha as imagens que considera mais adequadas.

Viajar de carro ou de trem, ou esperar em um restaurante ou consultório médico, pode ser estressante para a família, razão pela qual os defensores da mídia de tela encontraram um mercado próspero nas telas portáteis, incluindo aquelas que podem ser adaptadas aos bancos traseiros dos automóveis Mas essas também podem ser oportunidades para o brincar, se as crianças

306 EM DEFESA DO FAZ DE CONTA

não dependem da mídia de tela para irem de um lugar ao outro sem se sentirem entediadas ou irritadas.

Em 2005, quando a indústria dos telefones celulares começava a comercializar a ideia de programas de mídia em celulares como ferramentas para entreter as crianças, um porta-voz da Verizon anunciou: "Os pais que passam algum tempo com uma criança estão descobrindo que [downloads de vídeos em telefones celulares] é uma grande diversão... digamos, na sala de espera do dentista ou na fila do caixa do supermercado."[17] Ken Heyer, pesquisador de mercado da ABI Technologies, colocou a questão dessa maneira no *New York Times*: "É realmente conveniente porque chega uma hora em que você não quer brincar de adivinhar..."[18]

Tempo de espera pode ser irritante, mas também é uma oportunidade para ajudar a criança a desenvolver recursos internos para lidar com o tédio. A questão de brincar de adivinhar, jogo sobre o qual o sr. Heyer falou com tanto desdém, é que qualquer brincadeira que exija que crianças pequenas encontrem e identifiquem objetos que as cercam por cor ou tamanho ajuda a formar o hábito de se envolver com o ambiente. É verdade que só podemos brincar de adivinhar por algum tempo, mas existem outras brincadeiras que podem sustentar a interação da criança com o ambiente. Quando minha filha aprendeu a ler, sempre que tínhamos tempo de sobra e placas ou anúncios à nossa volta, fazíamos uma brincadeira baseada em quantas letras podíamos encontrar em uma palavra ou frase numa placa ou num cartaz — como "entretenimento", "Não

Fume", ou "antialérgico". Quando ela era pequena, brincávamos de forma cooperativa. Quando ela cresceu um pouco, passamos a competir.

Jogos envolvendo papel e lápis, como forca ou adedanha podem ser feitos com guardanapos em restaurantes. Se jogos com palavras não são os seus favoritos, até os pequenos de quatro anos podem participar de brincadeiras com desenhos. Minha família gostava de uma na qual alguém desenhava uma cabeça, dobrava o papel, outra pessoa desenhava a parte superior do corpo e dobrava o papel, outra desenhava a parte inferior do tronco e dobrava o papel, e a última pessoa desenhava as pernas — um jogo que pode ser feito com guardanapos. Jogos de contar também ajudam a passar o tempo. Um que aprendi com minha mãe, e que fazia com minha filha sempre que íamos a pé a algum lugar, envolve adivinhar o número de quadrados na calçada entre o lugar de onde partimos e algum ponto determinado no mesmo quarteirão.

É verdade que, se você permite a exposição da criança a telas quando viaja de carro, usa o transporte público ou vai ao consultório do pediatra, os períodos de espera podem se tornar menos estressantes e mais fáceis de administrar. Mas essa conveniência tem um preço. Ela fomenta dependência de telas para enfrentar o dia e impede a criança de desenvolver o hábito de notar e se envolver com o mundo que a cerca.

Em um tempo em que muitos brinquedos e a mídia para crianças eliminam o brincar criativo, podemos incentivar ativamente as crianças a desenvolver o hábito de imaginar além das histórias que ouvem e das imagens que veem. Faça perguntas sobre conteúdos que não tenham respostas diretas. Por exemplo, eu estava contando a história de Cachinhos Dourados e os três ursos para um visitante de 2 anos recentemente e, quando cheguei à parte em que Cachinhos Dourados encontra a casa dos ursos na floresta, perguntei:

— E de que cor era a casa?

Houve um momento de silêncio. Quando a mãe já começava a explicar que o livro que tinham em casa não mencionava a cor da casa dos ursos, a menina gritou:

— Vermelha!

Peça à criança para participar das histórias que você conta — para contribuir com o que ela visualiza, para ir além do texto e acrescentar alguma coisa que ela mesma crie.

Tente compartilhar as atividades que você mais aprecia com seus filhos, especialmente quando são pequenos. Eu, por exemplo, adoro animar objetos inanimados, o que pode ser uma constante fonte de alegria e admiração para crianças pequenas. Como me lembrou minha amiga Zoe, falar por intermédio de fantoches, animais de pelúcia, bonecas ou ervilhas é uma maneira esplêndida de atrair a atenção das crianças e frequentemente uma boa forma de ajudá-las a superar a contrariedade das tarefas desagradáveis ou expô-las a um ponto de vista que elas tenham dificuldade de aceitar. Quando os pais dão voz à criatura de fantasia que espelha entusiasticamente a relutância da criança em ir para a cama, jantar, ficar com a babá ou qualquer outra coisa, sempre descobrem que a criança responde assumindo o papel parental. Com grande satisfação, as crianças se mostram compreensivas, mas firmes, rígidas, às vezes até duras ao fazer essas criaturas realizarem exatamente aquilo que elas mesmas não querem fazer. Elas também se encantam com a ideia de ser um bom exemplo ou demonstrar exatamente como executar uma tarefa específica que antes se recusavam a cumprir.

Quando minha filha entrou no primeiro ano, ela se admirava menos quando eu fazia suas meias falarem, mas estava, então, em um ponto distinto de seu desenvolvimento cognitivo, social e emocional. Sua capacidade de raciocínio permitia que ela antecipasse as consequências de não se vestir ou não jantar, o que não acontecia quando ela era menor. Além do mais, afirmar sua independência não era mais uma motivação primária, como quando ela estava com 2 anos, ou como voltaria ser num futuro próximo.

Lembre-se de que o faz de conta proporciona oportunidades maravilhosas para as crianças ensaiarem desafios da vida. Consultas médicas, vacinas ou o primeiro dia na escola são campos férteis para o faz de conta de pais e filhos. E, se você escolhe assumir o papel da criança, ela tem então o benefício de adotar o papel dos adultos, de estar no controle e dividir com o mundo suas percepções, das irritações diárias aos conflitos mais profundos.

Quando Sarah, 4 anos, quis brincar de "Você é criança e eu sou adulta", a mãe dela — assumindo o papel da filha — começou a assistir à tevê, uma solicitação que era sempre fonte de conflito entre elas. Ela se surpreendeu ao ouvir a menina dizer "Não" em tom firme. A mãe insistiu na solicitação. "Por favor, só um pouquinho! Por favor!" A menina se manteve firme. "Não! Não é saudável para você! Quero que você faça coisas saudáveis." É comum ouvirmos nossa voz emergindo da boca de um filho brincando de ser adulto. Quando eu lecionava na pré-escola, via crianças brincarem de casinha no que chamávamos de "canto das fantasias", onde havia um fogão de madeira, pia, mesa, vários utensílios de cozinha e muitas roupas e acessórios descartados por adultos. Ouvi uma delas dizer alegremente para outra:

— Olá, meu bem. Quer gim-tônica?

É impressionante a quantidade de situações observadas e internalizadas pelas crianças que emergem durante as brincadeiras.

Posteriormente, a mãe de Sarah me enviou o seguinte e-mail:

Recentemente Sarah tem-se interessado por morte. Há pouco tempo, ela disse: "Espero que você e papai não morram enquanto ainda somos pequenas, porque então teríamos de nos acostumar com outra pessoa." Eu respondi: "Bem, essa pessoa seria Tia Katie; ela cuidaria de vocês se papai e eu morrêssemos." Sarah quis saber: "E quem cuidaria de nós enquanto Tia Katie estivesse no avião vindo nos buscar???" Relacionei todos os amigos que moram perto de nós e poderiam cuidar delas enquanto Katie estivesse a caminho. Enfim, desde esse dia, sua brincadeira preferida tem sido "Vamos fingir que perdi papai e mamãe e você é minha nova mamãe e está me falando sobre minha nova casa e meus novos brinquedos e minha nova irmãzinha".

Mesmo depois de tantos anos brincando com crianças, ainda considero espantoso e maravilhoso que, quando têm oportunidade, as crianças se voltem instintivamente para o faz de conta como um meio rico e satisfatório de trabalhar os desafios que enfrentam.

As gerações anteriores consideravam comum o fato de crianças usarem seu tempo livre para brincar. Hoje, isso não é mais possível. Como o panda gigante, brincar é uma espécie em extinção. É muito fácil balançar a cabeça para o estado da infância hoje em dia e suspirar com nostalgia pelos tempos idos, enaltecendo os bons e velhos tempos quando brincávamos na rua depois da escola, quando o microchip era só um brilho nos olhos de Jack Kilby, e Nickelodeon, segundo nossos pais e avós era só uma caixa de música na qual introduziam moedas para fazê-la funcionar, uma precursora da jukebox. Não podemos voltar no tempo, mas, pelo bem de nossos filhos, não podemos aceitar o *status quo*. Temos de seguir em frente e fazer um esforço consciente, concentrado, para salvar o faz de conta para as gerações futuras. A consequência de milhões de crianças crescendo privadas do brincar criativo é uma sociedade destituída de alegria, criatividade, pensamento crítico, individualidade e sentido — todas as coisas que fazem valer a pena ser humano. Deixemos a criança brincar. Ao defendermos o faz de conta defendemos a nós mesmos.

Fontes

Alliance for Childhood — www.allianceforchildhood.org

Campaign for a Commercial-Free Childhood (CCFC) —
www.commercialexploitation.org

International Play Association (IPA) — www.ipaworld.org/

The Media Center, Judge Baker Children's Center —
www.jbcc.harvard.edu

Media Education Foundation — www.mediaed.org

National Association for the Education of Young Children —
www.naeyc.org

Teachers Resisting Unhealthy Children's Entertainment
(Truce) — www.truceteachers.org

Sugestões de leitura

Bok, Sissela. *Mayhem: Violence as Public Entertainment*. Reading: Addison-Wesley, 1998.

Cantor, Joanne. *"Mommy I'm Scared": How TV and Movies Frighten Children and What We Can Do to Protect Them*. San Diego: Harvest, 1998.

Carlsson-Paige, Nancy, com Diane E. Levin. *Who's Calling the Shots: How to Respond Effectively to Children's Fascination with War Play and War Toys*. Philadelphia: New Society Publishers, 1990.

Cordes, Colleen, com Edward Miller. *Fool's Gold: A Critical Look at Computers in Childhood*. College Park, MD: Alliance for Childhood, 2000.

Cavoukian, Raffi, com Sharna Oifman. *Honrar a criança: Como transformar este mundo*. São Paulo: Instituto Alana, 2009.

Elkind, David. *The Power of Play: How Spontaneous, Imaginative Activities Lead to Happier, Healthier Children*. Cambridge: De Capo Press, 2007.

Erikson, Erik. *Infância e sociedade*. Rio de Janeiro: Jorge Zahar Editora, 1976.

Freud, Anna. *O ego e os mecanismos de defesa*. Rio de Janeiro: Civilização Brasileira, 1972.

Gotz, Maya, com Dafna Lemish, Amy Aidman e Heysung Moon. *Media and the Make-Believe Worlds of Children: When Harry Potter*

316　　EM DEFESA DO FAZ DE CONTA

Meets Pokemon in Disneyland. Mahwah, NJ: Lawrence Erlbaum Associates, 2005.

Jenkinson, Sally. *The Genius of Play: Celebrating the Spirit of Childhood.* Gloucestershire, UK: Hawthorn Press, 2001.

Kasser, Tim. *The High Price of Materialism.* Cambridge, MA: MIT, 2002.

Kasser, Tim, com Allen D. Kanner, eds. *Psychology and Consumer Culture: The Struggle for a Good Life in a Materialistic Society.* Washington, DC: APA Books, 2004.

Levin, Diane E. *Remote Control Childhood? Combating the Hazards of Media Culture.* Washington, DC: National Association for the Education of Young Children, 1998.

Linn, Susan. *Crianças do consumo: a infância roubada.* São Paulo: Instituto Alana, 2006.

Olfman, Sharna, ed. *All Work and No Play: How Educational Reforms Are Harming Our Preschoolers.* Westport, CT: Praeger Publishers, 2003.

_____. *Childhood Lost: How American Culture Is Failing Our Kids.* Westport, CT: Praeger Publishers, 2003.

Paley, Vivian Gussin. *A Child's Work: The Importance of Fantasy Play.* Chicago: University of Chicago Press, 2004.

Piaget, Jean. *A representação no mundo da criança.* Aparecida: Ideias & Letras, 2005.

Postman, Neil. *O desaparecimento da infância.* Rio de Janeiro: Graphia, 1999.

Singer, Dorothy G., com Jerome E. Singer. *The House of Make-Believe: Play and the Developing Imagination.* Cambridge, MA: Harvard University Press, 1990.

_____, (orgs). *The Handbook of Children and Media.* Thousand Oaks, CA: Sage, 2001.

_____. *Imaginação e jogos na era eletrônica.* Porto Alegre: Artmed Editora, 2007.

SUGESTÕES DE LEITURA

Thomas, Susan Gregory. *Buy, Buy Baby: How Consumer Culture Manipulates Parents and Harms Young Minds*. Boston: Houghton Mifflin, 2007.

Winnicott, Donald W. *O brincar e a realidade*. Rio de Janeiro: Imago, 1975.

Notas

Introdução

1. Gabinete do Alto Comissariado das Nações Unidas para os Direitos Humanos, "Convenção dos Direitos da Criança: Resolução da Assembleia Geral 44/25", 20 de novembro de 1989, disponível em www.onu-brasil.org.br/doc_crianca.php
2. Tim Kasser realiza um excelente trabalho de discussão do materialismo e da felicidade em seu livro *The High Price of Materialism* (Cambridge, MA: MIT Press, 2002). Ver também o Capítulo 8 do livro de Juliet Schor, *Nascidos para comprar: uma leitura essencial para orientarmos nossos filhos na era do capitalismo.* (São Paulo: Editora Gente, 2009).

Capítulo 1: Em defesa do fingimento

1. Ao longo do livro, a menos que tenha indicado em contrário, mudei os nomes e as características de identificação das crianças cujas brincadeiras descrevo, a fim de proteger sua identidade.
2. Ver Sally Jenkinson, *The Genius of Play: Celebrating the Spirit of Childhood* (Glocestershire, UK: Hawthorn Press, 2001); David Elkind, *The Power of Play: How Spontaneous, Imaginative Activities Lead to Happier, Healthier Children* (Cambridge: De Capo Press, 2007); e Vivian Gussin Paley, *A Child's Work: the Importance of Fantasy Play* (Chicago: University of Chicago Press, 2004).

320 EM DEFESA DO FAZ DE CONTA

3. Minha colega Diane Levin cunhou a expressão "desordem do déficit de resolução de problemas" como uma condição da infância moderna na qual as crianças não têm tempo suficiente para o brincar criativo. Ver Barbara Meltz, "There Are Benefits to Boredom", *Boston Globe*, 22 de janeiro de 2004, H1.
4. Ver Lev S. Vigotsky, "Play and Its Role in the Mental Development of the Children", in Jerome S. Bruner, Alison Jolly, e Kathy Sylva, *Play: Its Role in Development and Evolution* (Nova York: Basic Books, 1976), pp. 536-52.
5. Kathleen Roskos e Susan B. Neuman, "Play as an Opportunity for Literacy", em Olivia N. Saracho e Bernard Spodek (orgs.). *Multiple Perspectives on Play in Early Childhood* (Albany, NY: SUNY Press, 1998), pp. 100-116.
6. Comunicação pessoal de Sandra Hofferth, dados não publicados do Child Development Supplements para o Michigan Panel Study of Income Dynamics, um estudo longitudinal de trinta anos, incluindo informação sobre o uso do tempo das crianças, 5 de setembro de 2006.

Capítulo 2: Esgotado

1. Claire Hemphill, "In Kindergarten Playtime, a New Meaning for 'Play'", *New York Times*, 26 de julho de 2006, B8.
2. Donald F. Roberts, Uhla G. Foehr, Victoria Rideout, e Molly Ann Brodoie, *Kids and Media @ the New Millennium* (Menlo Park, CA: Henry J. Kaiser Family Foundation, 1999), p. 61.
3. Uma excelente discussão sobre televisão e imaginação infantil pode ser encontrada em Dorothy G. Singer e Jerome L. Singer, *The House of Make-Believe: Play and the Developing Imagination* (Cambridge, MA: Harvard University Press, 1990), pp. 177-98. Os Singer se referem aos seus estudos anteriores de *Mister Roger's Neighborhood*, que mostram que o programa tinha uma influência positiva sobre a imaginação.

NOTAS 321

4. Ver Susan Linn, *Crianças do consumo: a infância roubada*. São Paulo: Instituto Alana, 2006, e Sthephen Davis, *Say Kids! What Time Is It? Notes from the Peanut Gallery* (Boston: Little, Brown, and Company, 1987), pp. 90-97.

5. Chris Marlowe, "Verizon Adds Nick Content to Cell Phones", *Hollywood Reporter Online*, 6 de maio de 2005.

6. Doreen Carvajal, "A Way to Calm a Fussy Baby: 'Sesame Street' by Cellphone", *New York Times,* 18 de abril de 2005, C10.

7. Ibid.

8. Roberts, *Kids and Media @ the New Millennium* (referência completa na nota 2), p. 78.

9. Mike Shields, "Web-based Marketing to Kids on the Rise", *Media Week*, 25 de julho de 2005, disponível em http://www.commericialfreechildhood.org/news/webbasedmarketingonrise.htm (último acesso em 14 de agosto de 2005).

10. Elizabeth S. Moore, *It's Child Play: Advergaming ant the Online Marketing of Food to Children* (Menlo Park, CA: Henry J. Kaiser Family Foundation, 2006), p. 4.

11. Para uma boa análise da literatura sobre televisão e faz de conta, ver Patty Valkenberg, "TV and the Child's Developing Imagination", em Dorothy G. Singer e Jerome L. Singer, *Handbook of Children and the Media* (Thousand Oaks, CA: Sage Publications, 2001), pp. 121-34.

12. Maya Götz, Dafna Lemish, Hyesung Moon e Amy Aidman. *Media and the Make-Believe Worlds of Children: When Harry Potter Meets Pokemon in Disneyland* (Mahwah, NJ: Lawrence Erlbaum Associates, 2005)

13. Ver M. M. Vibbert e L. K. Meringoff, "Children's Production e Application of Story Imagery: A Cross-Medium Investigation", *Technical Report* n° 23 (Cambridge, MA: Project Zero, Harvard University, 1981). Ver também Patti M. Valkenberg, "Television and the Child's Development Imagination", in Singer e Singer, *Handbook of Children and the Media*, pp. 121-34.

322   EM DEFESA DO FAZ DE CONTA

14. Daniel R. Anderson, "Television Is Not an Oxymoron", *Annals of the American Academy of Political and Social Science* 557 (1998), pp. 24-38.

15. C. Denison, "The Year of Playing Dangerously", *Boston Globe Magazine*, 8 de dezembro de 1985, pp. 14-16, 99-107, 110.

16. Patricia Marks Greenfield *et alii*. "The Program-Length Commercial", em Gordon Berry and Joy Keiko Asamen, (orgs.), *Children and Television: Images in a Changing Sociocultural World* (Newbury Park: Sage Publications, 1993), p. 53.

17. Jeanne McDowell, "Pitching to Kids: Nickelodeon Is Taking Its Brands Beyond TV — A Hotel, Cell Phones, Even Cars", *Time*, 5 de agosto de 2005, A22.

18. Victoria Ricleout, Elizabeth Vandewater, and Ellen Wartclla, *Electronic Media in the Lives of Infants, Toddlers and Preschoolers* (Menlo Park, CA: Henry J. Kaiser Family Foundation, 2003), p. 28.

19. Daniel Hade, "Storyselling: Are Publishers Changing the Way Children Read?" *Horn Book Magazine* 78 (2002): 509-17.

20. Dan Anderson citado em Barbara F. Meltz, "Marketers See Babies Noses as Pathway to Profit", *Boston Globe*, 19 de maio de 2005, HI.

21. Para uma boa discussão em profundidade dos brinquedos ligados à mídia e seu impacto no brincar das crianças, ver o trabalho de Diane Levin's, em particular *Remote Control Childhood? Combating the Hazards of Media Culture* (Washington. DC: National Association for the Education of Young Children, 1998). Também Barbara Meltz, "The Best Holiday Toys Are Open-ended Ones", *Boston Globe*, 2 de dezembro de 2002, HI. Várias colunas de Meltz no *Boston Globe*, para as quais ela entrevista especialistas em desenvolvimento infantil, têm abordado o impacto da cultura comercial sobre o brincar. Ver, por exemplo, "They Don't Need Bells & Whistles", 30 de novembro de 2000, H1, e "When You Give a Toy You Endorse Values", 2 de dezembro de 2004, H3.

NOTAS 323

22. Michel Marriott, "Amanda Says 'You Don't Sound Like Mommy,'" *New York Times*, 25 de agosto de 2005, C9.

23. "Toy Industry Experiences 4% Decline in Sales for the Year", [Vendas das indústrias de brinquedo têm queda de 4% por ano] *Los Angeles Times*, 13 de fevereiro de 2006, C6.

24. Anne D'lnnocennzio, "Toy Makers Seek to Tout High-Grade Items," Associated Press, 8 de fevereiro de 2007 (último acesso em Factiva, 11 de julho de 2007).

25. Michel Marriott, "Amanda Says 'You Don't Sound Like Mommy. (referência completa na nota 22).

26. Edward Miller, "Dolls That Talk Too Much", *New York Times*, 26 de agosto de 2005, Carta ao Editor, A18.

27. Joan Almon, "Educating Children for a Healthy Life" (discurso proferido no VI Simpósio Anual de Infância e Sociedade, Point Park University, Pittsburgh, Pennsylvania, 9-10 de junho de 2006).

Capítulo 3: O golpe do bebê

1. Os três foram citados no release de imprensa da Campaign for a Commercial-Free Childhood "Stop Branding Babies: CCFC Urges Noted Public Health Organization to Get Out of the Baby Video Business", março de 2006, disponível em http://commercialfreechildhood.org/pressreleases/sesamebcginnings.htm (último acesso em 18 de junho de 2007).

2. American Academy of Pediatrics, "News Briefs", 3 de outubro de 2005, disponível em http://www.aap.org/advocacy/releases/ocet05studies.htm (último acesso em 11 de julho de 2007).

3. Victoria Rideout, *Parents, Children, and Media: A Report from the Kaiser Family Foundation* (Menlo Park, CA: Kaiser Family Foundation, 2007), 7.

4. Victoria Rideout e Elizabeth Hamel, *The Media Family: Electronic Media in the Lives of Infants, Toddlers, Preschoolers and Their Parents* (Menlo Park, CA: Kaiser Family Foundation, 2006), p. 26.

324   EM DEFESA DO FAZ DE CONTA

5. Frederick J. Zimmerman, Dimitri A. Christakis e Andrew N. Meltzoff, "Television and TV Viewing in Children Younger than Three Years", *Archives of Pediatric and Adolescent Medicine* 161, n° 5 (2007), pp. 473-79.
6. Ibid.
7. Rideout e Hamel, *The Media Family* (referência completa) na nota 4
8. O telefone pode ser visto no site brasileiro da Fisher-Price, fisher-price.com/br
9. Rideout and Hamel, *The Media Family*, p. 15. (referência completa na nota 4).
10. Zimmerman *et alii*, "Television and TV Viewing in Children Younger than Three Years" (referência completa na nota 5).
11. Ver Daniel R. Anderson e Tiffany A. Pempek, "Television and Very Young Children", *American Behavioral Scientist* 48, n° 5 (2005): pp. 505-22; ver também Bernard G. Grela, Marina Krcmar e Yi-Jiun Lin, "Can Television Help Toddlers Acquire New Words?" Speechpathology.com, 17 de maio de 2004, disponível em http://www.speechpathology.com/Articles/article_detail.asp?article_id=72 (último acesso em 10 de julho de 2006); Patricia K. Kuhl, Feng-Ming Tsao e Huel-Mel Liu, "Foreign-Language Experience in Infancy: Effects of Short-Term Exposure and Social Interaction", *Proceedings of the National Academy of Science* 100 (2003), pp. 9096-101.
12. Elizabeth A. Vandewater, David S. Bickham, e June H. Lee, "Time Well Spent? Relating Television Use to Childrens Free-Time Activities", Pediatrics 117, n° 2 (2006), pp. 181-91.
13. A declaração Santiago com seus assinantes pode ser encontrada no site da James S. McDonnell Foundation: http://www.jsmf.org/declaration/ (último acesso em 2 de junho de 2007).
14. Ver Laura K. Certain e Robert S. Kahn, "Prevalence, Correlates, and Trajectory of Television Viewing Among Infants and Toddlers", *Pediatrics* n° 109 (2002), pp. 634-42; Dimitri Christakis e Fred Zimmer-

NOTAS   325

man, "Early Television Viewing Is Associated with Protesting Turning Off the Television at Age 6", *Medscape General Medicine* 8, n° 2 (2006): p. 3, disponível em http://www.medscape.com/viewarticle/531503 (último acesso em 6 de junho de 2006).

15. Bruce Horovitz, "Six Strategies Marketers Use to Make Kids Want Things Bad", *USA Today,* 22 de novembro de 2006, IB.

16. Fred Zimmerman e Dimitri Christakis, "Children's Television Viewing and Cognitive Outcomes: A Longitudinal Analysis of National Data", *Archives of Pediatrics and Adolescent Medicine* 159, n° 7 (2005), pp. 619-25.

17. Darcy A. Thompson e Dimitri A. Christakis, "The Association Between Television Viewing and Irregular Sleep Schedules Among Children Less Than 3 Years of Age," *Pediatrics* 116, n° 4 (2005), pp. 851-56.

18. Dimitri Christakis *et alii*, "Early Television Exposure and Subsequent Attentional Problems in Children", *Pediatrics* 113, n° 4 (2004): pp. 708-13.

19. Barbara A. Dennison *et alii*, "Television Viewing and Television in Bedroom Associated with Overweight Risk Among Low-Income Preschool Children", *Pediatrics* 109 (2002), pp. 1028-35.

20. Zimmerman e Christakis, "Children's Television Viewing and Cognitive Outcomes"; Fred Zimmerman *et alii*, "Early Cognitive Stimulation, Emotional Support, and Television Watching as Predictors of Subsequent Bullying Among Grade School Children", *Archives of Pediatric and Adolescent Medicine* 159, n° 4 (2005), pp. 384-88.

21. The Write News, "Teletubbies Say 'Eh-Oh' to the Internet on Their First Official Website", 7 de abril de 2003, disponível em http://www.writenews.com/1998/040798.htm (último acesso em 10 de julho de 2007).

22. Tom Scotney, "Eh-Oh! How Fab Four Won Over the World", *Birmingham Post,* 31 de março de 2007, 3 (último acesso em Lexis-Nexis em 10 de julho de 2007).

326   EM DEFESA DO FAZ DE CONTA

23. De acordo com suas embalagens, títulos como Language Nursery, Baby Beethoven e Baby Mozart são para crianças de zero a três anos.

24. Anne Becker, "Billion-Dollar Babies; Can Disney's Little Einsteins teach preschoolers, Outdo Dora — and Make Money?" *Broadcast & Cable*, 13 de fevereiro de 2006, disponível em http:www.commercialfreechildhood.org/news/billiondollarbabies.htm (último acesso em 10 de julho de 2007); Don Oldenberg, "Experts Rip 'Sesame' TV Aimed at Tiniest Tots", *Washington Post*, 21 de março de 2006, Cl.

25. The Disney Company's Baby Einstein web site: http://disney.go.com/disneyvideos/preschool/babyeinstein/ (último acesso em 15 de julho de 2007).

26. Marina Krcmar, Bernard Grela e Kirsten Lin, "Can Toddlers Learn Vocabulary from Television? An Experimental Approach", *Media Psychology* 10 (2007), pp. 41-63.

27. Kuhl, Tsao e Eiu, "Foreign-Language Experience in Infancy".

28. Frederick J. Zimmerman, Dimitri A. Christakis, Andrew N. Meltzoff, "Associations between Media Viewing and Language Development in Children Under Age 2 Years", *Journal of Pediatrics* 151, n° 4 (2007), pp. 364-68.

29. Comunicação pessoal com Steveanne Auerbach, "Dr. Toy", 22 de fevereiro de 2007.

30. Para uma boa discussão sobre o desenvolvimento de Leapfrog, ver Susan Gregory Thomas, *Buy Buy Baby: How Consumer Culture Manipulates Parents and Harms Young Minds* (New York: Houghton Mifflin, 2007), p. 27.

31. Eauren Foster, "Toymakers Are Looking to Technology to Give Sales a Lift", *Financial Times,* 11 de fevereiro de 2006, p. 19 (acessado em Fuctiva, 11 de julho de 2007).

32. Site dos produtos Leapfrog: http.//www.leapfrog.com/

33. Descrição igualmente encontrada no site da Leapfrog.

NOTAS

34. Dimitri Christakis, em entrevista a Alison Aubry, *All Things Considered*. National Public Radio, 14 de dezembro de 2005.

35. Ver Grela, Krcmar e Lin, "Can Television Help Toddlers Acquire New Words?"; ver também Kuhl, Tsao e Eiu, "Foreign-Language Experience in Infancy".

36. "DVD Features", coleção de DVDs Disney Baby Einstein — Official Baby Einstein web site: www.babyeinstein.com

37. "Thomas and Friends Brand", Thomas and Friends web site: http://www.thomasandfriends.com/usa/online_thomas_and_friends_brand_info.htm (último acesso em 7 de julho de 2007).

38. Citado em Chris Marlow, "Verizon Adds Nick Content to Cell Phones", *Hollywood Reporter Online*, 6 de maio de 2005 (último acesso em Factiva, 10 de julho de 2007).

39. Eu me estendo nesse assunto em *Crianças do consumo*, especialmente no Capítulo 2.

40. Ver Thomas, *Buy Buy Baby* (referência completa na nota 30).

41. "Sesame Workshop 2006 Annual Report", 17, disponível em http://www.sesameworkshop.org/aboutus/pdf/SesameWorkshop2006.pdf (último acesso em 16 de julho de 2007); "Sesame Workshop Launches New Sesame Beginnings Products at JPMA", release para imprensa. Sesame Workshop web site: http://www.sesameworkshop.org/aboutus/inside_press.php?contentId=14223458 (último acesso em 16 de julho de 2007).

42. De acordo com o relato de Susan Gregory Thomas, havia 750 à venda na Amazon (in *Buy Buy Baby*, p. 25).

43. Don Walker, "Goo-Goo Rah Rah: Though Firm Sees a Winner in 'Baby Badger', Critics Throw a Flag", *Milwaukee Journal Sentinel*, 11 de agosto de 2006, disponível em http://www.commercialfreechildhood.org/news/googoorahrah.htm (último acesso em 30 de setembro de 2006).

44. Baby Pro Sports web site: http://www.babyprosports.com/ (últimos acesso em 30 de setembro de 2006).

328 EM DEFESA DO FAZ DE CONTA

45. "About: Research", Baby Pro Sports web site: http://www.babypros-ports.com/research.asp (último acesso em 30 de setembro de 2006).

Capítulo 4: Romance verdadeiro

1. De acordo com Winnicott, os pais não precisam ser perfeitos, mas só "suficientemente bons". O mesmo pode ser dito sobre os ambientes. Ver D. W. Winnicott, *O brincar e a realidade* (Rio de Janeiro: Imago, 1975).
2. Ibid.

Capítulo 5: Michael

1. Lynette K. Freidrich-Cofer, "Environmental Enhancement of Pro-social Television Content: Effect on Interpersonal Behavior, Imagi-native Play, and Self-Regulation in a Natural Setting", *Developmental Psychology* 15 (1979), pp. 637-46.

Capítulo 7: Kara

1. Donald W. Winnicott. *O ambiente e os processos de maturação* (Porto Alegre: Artmed, 1983).

Capítulo 8: Angelo

1. Ver Bruno Bettelheim, *A psicanálise dos contos de fadas*. 21ª ed. São Paulo: Paz e Terra, 2007.

Capítulo 9: Soc! Tum! Pof!

1. "Transformer's Marketing More than Meets the Eye", Campaign for a Commercial-Free Childhood web site: http://commercialfreechil-dhood.org/transformers.htm (último acesso em 8 de julho de 2007).
2. Althea Huston-Stein, Sandra Fox, Douglas Greer, Bruee A. Watkins, e Jane Whitaker, "The Effects of Action and Violence on Children's So-cial Behavior", *Journal of Genetic Psychology* 138 (1981), pp. 183-91.

NOTAS   329

3. American Academy of Pediatrics, "Joint Statement on the Impact of Entertainment Violence on Children", 26 de julho de 2000, disponível em www.aap.org/advocacy/releases/jstmtevc.htm (último acesso em 8 de julho de 2007).

4. Center for Communication and Social Policy, *National Television Violence Study Year Three* (Thousand Oaks, CA: Sage Publications, 1998).

5. Aletha C. Huston, Edward Donnerstein, Hal ford Fairchild, Norma D. Feshbach, Phyllia A. Katz, John P. Murray, Eli A. Rubinstein, Brian E. Wilcox e Diana Zuckerman, *Big World, Small Screen: The Role of Television in American Society* (Lincoln, NE: University of Nebraska Press, 1992).

6. Douglas A. Gentile e Craig A. Anderson, "Violent Video Games: The Newest Media Violence Harvard," em Douglas A. Gentile (org.) *Media Violence and Children* (Westport, CT: Praeger Publishing, 2003), pp. 131-52.

7. NDP Group, "Report FROM the NPD Group Shows 45 Percent of Heavy Video Gamers Are in the Six- to 17 Year-Old Age Group", release para imprensa 19 de setembro de 2006, disponível em: http://www.npd .com/press/relcases/press_ O60919a.html (último acesso em 11 de julho de 2007).

8. Mike Snider, "Video Games: Grand Theft Auto: Vice City", *USA Today*, 27 de dezembro de 2002, DS.

9. Site da Entertainment Software Ratings Board: http://www.esrb.org/ratings/ratings_guide.jsp (último acesso em 9 de julho de 2007).

10. Douglas A. Gentile e Ronald Gentile, "Violent Video Games as Exemplary Teachers", trabalho apresentado na reunião bienal da Sociedade de pesquisa em Desenvolvimento Infantil, abril de 2005.

11. National Institute on Media and the Family, "First-Ever Summit on Video Games and Youth a Success: Medical and Health Experts Agree Video Game Violence Contributes to Aggressive Behavior in Youth", release para imprensa, 6 de novembro de 2006, disponí-

330 EM DEFESA DO FAZ DE CONTA

vel em: http://www.mediafamily.org/press/20061031.html (último acesso em 11 de julho de 2007).

12. Federal Trade Commission Report, "Marketing Violent Entertainment to Children", 7 de abril de 2007, disponível em http://www.ftc.gov/reports/violence/070412MarketingViolentEChildren.pdf (último acesso em 16 de julho de 2007).

13. John P. Murray, Mario Eiotti e Paul T. Ingmundson, "Children's Brain Activations While Viewing Televised Violence Revealed by MRI", *Media Psychology* 8 (2006), pp. 25-37.

14. Ver Gerard Jones, *Brincando de matar monstros: por que as crianças precisam de fantasia, videogames e violência de faz de conta* (São Paulo: Conrad, 2004).

15. Seymour Feshbach e Robert D. Singer. *Television and Aggression: An Experimental Field Study* (San Francisco: Jossey-Bass, 1971).

16. Ver Diane E. Levin, *Teaching Young Children in Violent Times: Building a Peaceable Classroom* (Cambridge: New Society Publishers, 1996).

17. Ver o trabalho de Diane Levin e Nancy Carlsson-Paige, *The War Play Dilemma*, 2ª ed. (Nova York: Teachers College Press, 2006), e *Who's Calling the Shots* (St. Paul, MN: New Society Publishers, 1987).

18. Comunicação pessoal com Marissa Clark, 18 de janeiro de 2007.

19. Dafna Lemish, "The School as a Wrestling Arena: The Modeling of a Television Series", Communication 22, nº 4 (1997), pp. 395-418.

20. Em uma carta para o Federal Trade Commission, the Campaign for a Commercial-Free Childhood relatou que anúncios dos Transformers apareciam no canal Nickelodeon em 25 de junho de 2007, durante *Jimmy Neutron* e *Padrinhos Mágicos*, ambos classificados adequados para crianças a partir de 2 anos, disponível em http://wvvw.commercialfreechildhood.org/pressreleases/transformersftclctter.pdf/08/07 (último acesso em 9 de julho de 2007).

21. Comunicação pessoal com Diane Levin, 18 de novembro de 2006.

22. Ibid.

NOTAS 331

23. Albert Bandura, "Influence of Models' Reinforcement Contingencies on the Acquisition of Imitative Responses", Journal of Personality and Social Psychology 1 (1965): p. 589-95.

Capítulo 10: A armadilha da princesa

1. Sempre gostei de *A psicanálise dos contos de fada*, de Bruno Bettelheim (São Paulo: Paz e Terra, 21ª ed., 2007), que lança um olhar psicodinâmico sobre o que os contos de fadas podem significar para as crianças e como as ajudam a lidar com os desafios do desenvolvimento.

2. Ver o comentário de Joseph Campbell sobre a história de Conto de fadas em, *The Complete Grimm's Fairy Tales*, de Jacob e Wilhelm Grimm (New York: Pantheon, 1972), p. 833-64.

3. Bettelheim, *A psicanálise dos contos de fadas*.

4. *The Complete Grimm's Fairy Tales*, 128.

5. Ibid., 258.

6. Para uma interessante discussão sobre as diferenças, ver Bettelheim, *A psicanálise dos contos de fadas*, pp. 250-67.

7. Comunicação pessoal com Clint Hayashi, gerente de comunicações corporativas da Disney Consumer Products, Disney, Inc., 9 de março de 2007; Wendy Donahue, "Princesses Reign Supreme", *Buffalo News*, 4 de março de 2007, G13.

8. O filme *Mickey Mouse Monopoly: Disney, Childhood and Corporate Power* (Media Education Foundation, 2001) faz um trabalho muito bom ao discutir racismo e sexismo nos filmes da Disney.

9. Os outros são a Viacom, que possui a Nickelodeon e Time Warner, da qual faz parte o Cartoon Network.

10. "Kristie Kelly for Disney Fairytale Weddings", YouTube web site: http://www.youtube.com/watch?v=2M5WlQJCbyw (último acesso em 10 de julho de 2007).

11. "Disney-Princess (2003)", Adland web site: http://commercialarchive.com/108397.php (último acesso em 17 de julho de 2007).

332   EM DEFESA DO FAZ DE CONTA

12. "MGA Entertainment Introduces the Girls with a Passion for Fashion, Bratz!" *Business Wire*, 11 de junho de 2001 (último acesso em Factiva, 11 de julho de 2007); Brent Feigner, "Bringing up Bratz; MGA Entertainment's Isaac Larian Won't Settle for Second Best", *Playthings* 104 n° 6 (junho de 2006) (último acesso em Factiva, 11 de julho de 2007).

13. Para uma discussão interessante, ver Ariel Levy, *Female Chauvinist Pigs: Women and the Rise of Raunch Culture* (New York: Free Press, 2005), p. 9.

14. Apesar de as descrições do produto no site MGA mencionarem um "bar de sucos" (ver "Bratz Formal Funk F. M. Limo," no site da MGA Entertainment http://www.mgae.com/products/new_fall_products_2003/_bratz/fmCruiserLimoBike.asp (último acesso em 11 de julho de 2007), Peter DeBenedittis comenta que os copos incluídos lembram claramente taças de champanhe (ver "Research: Alcohol Toys: Examples", Peter DeBenedittis, Media Literacy web site: http://medialiteracy.net/purchase/toys2.html (último acesso em 11 de julho de 2007).

15. Woolworth's web site: http://www.woolworths.co.uk/ww_p2/product/ index.jhtml?pid=50717538.

16. Michael Precker, "Animated Debate for Many Arab-Americans", *Dallas Morning News,* 12 de julho de 1993, Cl (último acesso em Factiva, 11 de julho de 2007).

17. Ver Heather May, "Study Finds Even Toddlers Know Gender Expectations", *Salt Lake Tribune,* 14 de julho de 2007 (último acesso em Factiva, 11 de julho de 2007; ver também Kurt Kowalski, "The Emergence of Ethnic and Racial Attitudes in Preschool-Aged Children", *Journal of Social Psychology* 143, n° 6 (2003): 677-90.

18. "Disney First: Black Princess in Animated Film", MSNBC web site: http://www.msnbc.msn.com/id/17524865/ (último acesso em 10 de julho de 2007).

NOTAS 333

19. Jayne O'Donnell, "Marketers Keep Pace with Tweens": Fashion-Minded Girls Prove Rich, but Fast-Moving Target", *USA Today*, 11 de abril de 2007, Bl.

20. Sharon Kennedy Wynne, "Site-Seeing with the Kids", *St. Petersburg Times*, 29 de junho de 2007, e Katherine Snow Smith, "All Dolled Up", *St. Petersburg Times*, 9 de julho de 2007, E3.

21. Rheyne Rice citado na Reuters, "Mattel Unveils Online Barbie Community", *Los Angeles Times*, 19 de abril de 2007, C3.

22. American Psychological Association, Força-Tarefa Sobre a Sexualização das Meninas, *Report of the APA Task Force on the Sexualization of Girls 2* (Washington, DC: American Psychological Association, 2007), disponível em www.apa.org/piAvpo/sexualization.html (último acesso em 8 de abril de 2007).

23. O'Donnell, "Marketers Keep Pace with 'Tweens'".

24. Centers for Disease Control, "Youth Risk Behavior Surveillance — United States 2005", 9 de junho de 2006, 78, Table 44, disponível em http://www.cdc.gov/mmwr/PDF/SS/SS5505.pdf (último acesso em 11 de julho de 2007).

25. Ver em particular David Elkind *Sem tempo para ser criança*. (Porto Alegre: Artmed, 2003) e *All Grown Up and No Place to Go*, 2nd ed. (Reading, MA: Addison-Wesley, 1988).

26. Ver Neil Postman, *O desaparecimento da infância* (Rio de Janeiro: Graphia, 1999).

27. Ellyn Spragins, "Out of the Classroom. Back in the House", *New York Times*, 3 de agosto de 2003. C9 (último acesso em Factiva, 12 de julho de 2007).

28. Kelli Kennedy, "College Grads Moving Back Home to Boomer Parents... and Staying", Associated Press, July 30, 2006 (último acesso em Factiva, 11 de julho de 2007).

29. Kid Power 2007! web site: http://kidpowerx.com/cgibin/templates/document.html?topic=445£event=12748&document=92748#panel_can_kgoy_and_kysl_coexist (último acesso em 11 de julho 2007).

334 EM DEFESA DO FAZ DE CONTA

30. Comunicação pessoal com a pesquisadora Sandra Hofferth, 2 de julho de 2005.

Capítulo 11: Brincar para viver

1. Walter Isaacson. *Einstein: sua vida, seu universo.* (São Paulo: Companhia das Letras, 2007).
2. Abraham J. Heschel. *Who Is Man?* (Stanford CA: Stanford University Press, 1965), pp. 81-93.
3. Ver Mihaly Csikszentmihalyi. *A descoberta do fluxo: psicologia do envolvimento com a vida cotidiana* (Rio de Janeiro: Rocco, 1999).
4. Ibid.
5. Elizabeth A. Vandewater, David S. Bickham, e June H. Lee, "Time Well Spent? Relating Television Use to Children's Free-Time Activities", Pediatrics 117, n° 2 (2006), pp. 181-91.
6. Frank Rich, "Never Forget What?" *New York Times,* 14 de setembro de 2002, A15.

Capítulo 12: Sasha, suas ervilhas estão te chamando

1. Susan Linn, "Harry, We Hardly Knew Ye (Harry Potter)", *CommonWealth,* Primavera 2000, p. 92-94.
2. Ver Mary Ann Kirkby, "Nature as a Refuge in Children's Environments," *Children's Environments Quarterly* 6, n° 1 (1989), pp. 7-12. Ver também Patrick Crahn, Fredrika Martensson, Bodil Lindblad, Paula Nilsson, Anna Ekman, "Ute Pa Dagis" (Creche ao Ar Livre), *Stad und Land* (Cidade e País), p. 145 (Hasselholm, Sweden: Norra Skane Offset, 1997).
3. Amber Mobley, "Movin' to the Music", *St. Petersburg Times,* May 17, 2007, E1.
4. Ver Dimitri Christakis e Fred Zimmerman, *The Elephant in the Living Room* (New York: Rodale Press, 2006).
5. Levo essa discussão mais adiante em *Crianças do consumo.*

NOTAS 335

6. Campaign for a Commercial-Free Childhood web site: http://www.commercialfreechildhood.org/babyvideos/ftccomplaint.htm; http://www.commercialfreechildhood.org/babyvideos/babyfirst complaint.htm (último acesso em 8 de julho de 2007).

7. Quando este livro estava no prelo, a CCFC recebeu uma carta do FTC dizendo que, uma vez que a Disney e a Brainy Baby haviam modificado suas afirmações e prometido não fazer alegações sem fundamento sobre os benefícios educacionais de seus produtos, eles não viam necessidade de tomar medidas relativas à nossa queixa. A mensagem que a FTC está mandando às corporações é "Tudo bem enganar os pais e, se você for pego, prometa que não vai fazer outra vez, e não haverá consequências".

8. Site "Let's Just Play" da Nickelodeon: http://www.nick.com/myworld/letsjustplay/ (último acesso em 7 de julho de 2007).

9. Melanie Wakefield, Yvonne Terry-McElrath, Sherry Emery Henry Saffer, Frank J. Chaloupka, Glen Szczypka, Brian Flay, Patrick M. OMalley e Eloyd D. Johnston, "Effect of Televised, Tobacco Company-Funded Smoking Prevention Advertising on Youth Smoking-Related Beliefs. Intentions, and Behavior", *American Journal of Public Health* 96, n° 12 (2006), pp. 2154-60.

10. Frederick Zimrnerman *et alii*, "Television and DVD/video Viewing in Children Younger than 2 years", *Archives of Pediatric and Adolescent Medicine* 161, n° 5 (2007), pp. 473-79.

11. Alien D. Kanner e Joshua Colin, "Does Coke Money Corrupt Kids Dentistry?" *Mothering*, março/abril 2005, p. 48.

12. Ver Jane Levine, Joan Dye Cussow, Diane Hastings e Amy Eccher, "Authors' Financial Relationships with the Food and Beverage Industry and Their Published Positions on the Fat Substitute Olestra", 93, n° 4 (2003), pp. 664-69. Último acesso em 12 de julho de 2007; Mark Barnes e Patrick S. Horeneio, "Financial Conflicts of Interest in Human Subjects Research: The Problem of Institutional Conflicts", *Journal of Law, Medicine and Ethics* 30, n° 3 (2002), pp. 390-402 (último

336 EM DEFESA DO FAZ DE CONTA

acesso em Factiva, 12 de julho de 2007); Jerome P. Kassirer, "Financial Conflict of Interest: An Unresolved Ethical Frontier", *American Journal or Law and Medicine 11,* n° 2-3, (2001), pp. 149-79 (último acesso em Factiva, 12 de julho de 2007); and "Guideline Authors Influenced by Industry Ties, Study Says", *Drug Marketing* 4, n° 6 (2002) (último acesso em Factiva, 12 de julho de 2007).

13. Don Oldenburg, "Experts Rip 'Sesame' TV Aimed at Tiniest Tots", *Washington Post,* 2 de março de 2006, C 1.

14. "Child's Play," editorial, *New York Times,* 20 de agosto de 2007, A18.

15. Jenna Russell, "Nature Makes a Comeback: In a Techno World, Traditional Camps Flourish," *Boston Globe,* 7 de julho de 2007, Al.

16. Para uma excelente discussão sobre a importância de uma ligação com a natureza para o desenvolvimento da criança, ver *Last Child in the Woods: Saving Our Children from Nature-Deficit Disorder,* de Richard Louv (Chapel Hill, NC: Algonquin of Chapel Hill, 2006).

17. Michele M. Melendez, "Calling on Kids; Cell Phone Industry Aims at Youngest Consumers", *Grand Rapids Press,* 3 de julho de 2005, F4.

18. Ken Heyer, um pesquisador de Mercado da AB1 Technologies, citou em Doreen Carvajal, "A Way to Calm a Fussy Baby: 'Sesame Street' by Cellphone", *New York Times,* 18 de abril de 2005, C10.

Índice

A Lista de Schindler (filme), 226
abandono, medos de, 184-86
Abigail (brincando de princesa), 235, 243-45, 252-53
adedanha, 307
Aigner-Clark, Julie, 277
Aird, Enola, 249
alfabetização, desenvolvimento de, 26
Alliance for Childhood, 59, 296, 313
Almon, Joan, 59
Amazing Allysen, 58
Amazing Amanda, 57-59
American Academy of Pediatric Dentistry (AAPD), 293
American Academy of Pediatrics (AAP), 69, 291-93
American Association for the Childís Right to Play (AACRP), 296
American Heart Association, 290
ambientes de holding, 99, 100, 102, 113-14, 145; invasor, 100; brincar relacionado a, 98, 100

andaime, 260-64
Andersen, Hans Christian, 236
Anderson, Dan, 53
Angelo (tentativa dos adultos de proteger), 200-13, 232
Anna (1 ano), jantando, 71-73
aparelhos de gravação doméstica, 50
aquecimento global, 276
areia, brincar, 118
armadilha da princesa, 235-65; adiar, 265; e puberdade precoce, 255-59; e contos de fadas, 235-42; e ideal de mulher, 245; e megamarcas, 242-49, 264-65; e infância média, 254, 258-60, 264; e andaime, 260-64; e estereótipos sociais, 244-50, 252, 253-56
arte, 114, 118-19; jogos de desenhar, 307;
cavalgando a realidade interior e exterior, 112; suprimentos para, 302-5; e fascínio, 272
Arthur, 84

338 EM DEFESA DO FAZ DE CONTA

assombro radical, 271-72

Auerbach, Steveanne (Dra. Brinquedo), 78

ausência de verbalização, 208-11

autoconforto, 68, manter as crianças seguras, 301

autocontrole, aprendendo, 107

autoexpressão, 27, 93, 114, 119, 171-72

autonomia, desenvolvimento de, 260-61

autorreflexão, 279

Baby Da Vinci (Disney), 77-78

Baby Einstein (Disney), 77, 82, 277-78, 287-88

BabyFirstTV, 287

Baby Galileo (Disney), 77

BabyPro, 88

Baby Wordsworth (Disney), 77

bandeiras, significado simbólico de, 111

Barbie, 254

BarbieGirls.com, 255

bebês: aprendizando ativo por, 74, 260-61; divertindo-se, 68, 301; telefones celulares para, 70; babás eletrônicas para, 87, 88; explorações por, 31-33, 71-74, 76, 80-81, 84-85; aprendizado e desenvolvimento, 71, 77, 81, 260-61, 264-65; limitando tempo de tela para, 291; Magic Moments Learning Seat

para, 79-82; e megamarcas, 245-46, 264-65; no estágio sensório-motor, 71; movimento de, 31; pais afastados de envolvimento com, 82, 265, 287,293 ; esconder, 32, 103, 261; brincar como natural para, 30, 31, 33, 108; respostas para, 100; mídia de tela voltada para, 65, 68-69, 71, 74, 82, 84-85, 87, 89, 278-79, 287, 291, 294; autoconforto, 68, 301; noção de identidade, 99, 260-61; socialização de, 73 e *Teletubbies*, 76, toque desenvolvido em, 31, 71; brinquedos para, 299-301, e objetos transicionais, 108-11; vocalização de, 31

Beth (professora), 147

Blocos com brincar, 96, 118

Bob Esponja (Nickelodeon), 52

bonecas Bratz, 246-47, 254

Bonne Bell, 254

Boston Childrenís Hospital, 14, 93, 126, 221

Boston City Hospital, 125

Brainy Baby, 287

Branca de Neve, 237-38

Brazelton, T. Barry, 69

Brian (na pré-escola), 147-48

brincar: capacidade do adulto para, 272-73; fronteiras comportamentais no, 164-68, 191-92, 195, 201; como tijolo para construção da vida, 25, 282-83; criativo (*ver*

ÍNDICE

brincar criativo); dramático, 263; esforço requerido no, 81; como espécie em extinção, 18, 28, 311; como um fim em si mesmo, 102; ambientes de, 97-101; experiência de, 102, 272-74; liberdade de expressão em, 157; crescimento pelo, 35, 100-1; propriedades curativas de, 25, 35, 42, 93, 96; e saúde, 15, 18, 26, 30, 93, 97; capacidade humana para, 15; motivação intrínseca em, 272; aprendendo pelo, 26, 74, 101-2, 228; movimento implicado em, 102; como atividade natural (inata), 27, 30, 44, 108; não direcionado, 304; oportunidades proporcionadas pelo, 38, 44, 302-5; espaço aberto para, 28, 45-6, 89; fingir (ver faz de conta); promoção de, 295; realidade refletida no, 205-7; repetitivo, 103, 224-26, 231-33; reversibilidade de ações no, 159-61; autodescoberta pelo, 35, 277; autoexpressão pelo, 27, 93, 114, 119; habilidades adquiridas por meio de, 26, 42, 64, 279, 282-83; contar histórias no, 37, 118; simbólico, 34; tema de, 96; trabalho terapêutico de, 37-38, 116-19; tempo para, 28-30, 38; único para cada criança, 27; como não lucrativo, 16, 229; violento (ver violência); teorias de Winnicott sobre, 92-100; como trabalho das crianças, 101-2

brincar criativo: comercialismo como ameaça ao, 15-19, 28-29, 60, 251, 279-80; estágios desenvolvimentais do, 260-61, 263-64; pensamento divergente abrigado no, 64-65, 232, 279; imaginação exercitada no, 60, 64, 102, 262-64; e saúde mental, 26; aberto, 64, 296; e mídia de tela, 47-51, 224, 278; tempo empregado em, 264, 274, 302; brinquedos que encorajam, 299; sentimentos reais expressos no, 113; violência como barreira para, 224-26; teorias de Winnicott sobre, 93-98; maravilhas do, 16-17, 269-70

brinquedos: escolhendo, 299-301, 305; chips de computador introduzidos em, 56-60, 81; brincar criativo incentivado por, 118, 299; segurando, 34; coordenação visomotora desenvolvida em, 81; impacto nas crianças, 229-31, 251, 254-55; interativos, 59; kits embalados em unidades pré-ordenadas, 63; chumbo em, 295; ligados a produtos comerciais, 297; ligados à mídia de tela, 52-55, 58, 77, 87-89, 218-19, 228-30, 299; e índices de amadurecimento, 255-57; estereótipos incorporados

340 EM DEFESA DO FAZ DE CONTA

nos, 244-56; violência promovida por, 228-31, 251

Budismo, vídeos *Zen Baby*, 89

Bush, George W., 277-78

Butterscotch (pônei de brinquedo), 58

Cachinhos Dourados, 308

Calvin e Haroldo (Watterson), 109

Campaign for a Commercial-Free Childhood (CCFC), 15, 287, 297, 313

Card, Andrew, 279

Carlsson-Paige, Nancy, 227, 232

Cassidy (fascínio), 267, 270, 272, 274-75

Cat-a-lion, 47, 128, 182-83

catarse, 222

Cavoukian, Raffi, 285

Centro de Mídia no Judge Baker Children's Center (Boston), 14, 313

Chan, Kenyon, 250

Christakis, Dimitri, 80, 285

cérebro, córtex frontal do, 255; impacto da violência no, 221, 230

ciência, e fascínio, 270-72

Cinderela, 236, 237, 241, 243, 245

Clark, Marissa, 225

Clinton, Bill, 290

Coca-Cola, 293, 297

Come-come, 54

comercialismo: crianças como alvo de, 15-16, 48-53, 59, 65, 75, 227, 231, 244-45, 254-56, 265, 288-90; e ganância, 276, 283; de adoráveis personagens da midiáticos; 16, 243-44; estratégias de marketing, 16-18, 77-82, 86-88, 227, 230, 244, 279, 305-6; fontes de renda sustentadas por, 16, 243; de embalagens, 16, 62-63; obsolescência planejada em, 18; e lucratividade, 16, 229, 243, 283; de mídia de tela, 46-55, 76, 231, 244-45, 277, 279, 291-92; e estereótipos sociais, 248-50; como ameaça ao faz de conta, 15-19, 28, 60, 251, 280; valores baseados em, 244-49, 253-54, 279, 296-97

conceitos abstratos, habilidade da criança para apreender, 223

conformidade, promoção de, 64

Congresso de Política Pública, da Juventude e de Videogames (2006), 220

contar histórias, 37, 118, 225

contos de fadas, 222-23, 235-42; como megamarcas, 242-45; estereótipos sociais em, 240-42; violência em, 222-23, 237-39

Corner Co-op pré-escola, 38-39, 147-48, 175

creche (escola), 284, 286, 305

creche: escolher, 305; inadequada, 89

crianças. *Ver* bebês

ÍNDICE

crianças: anúncios voltados para, 48-50, 59, 75, 226, 230, 288-90; bullying, 76; desenvolvimento cognitivo das, 73, 76, 81, 259-60, 309; lidando com trauma, 128; e gratificação adiada, 85; emoções de (ver emoções); extensão de, 257-59; capacidade imaginativa de, 34, 60, 64, 252, 262-64, 308; comportamento imitativo de, 128, 134, 228, 231; inocência das, 267-69; sites da internet voltados para, 254-55; desenvolvimento do julgamento de, 255, 259; crianças-chave, 286; aprendizado e desenvolvimento, 26, 71, 74, 76, 85, 101-2, 259-65, 307; índices de amadurecimento de, 160, 255-61; conteúdo de mídia direcionado para,48, 49-51, 52, 65, 75, 84-89; nomes de, 319n1; índices de obesidade de, 75; sobrecarga de atividades de, 46, 89, 283; papéis parentais assumidos por, 309-12; pressão dos colegas sobre, 302; em restaurantes, 82-85; imagens rígidas de personagens de tela, 53-54, 236, 251-52; preocupações com segurança de, 31, 45, 46, 148, 159-61, 199, 203, 227, 283; autopercepção de, 187-89, 277; sensação de fascínio, 270-72; atividade sexual de, 257; protegendo de problemas, 200-13, 269; socialização de, 74, 255-65, 275; no terceiro mundo, 15; brinquedos para (ver brinquedos); e verdade, 171-73, intermediários e pré-intermediários, 254, 265; singularidade de, 27; e violência, 218-33, 237-39, 251; e fascínio, 270-72

Crianças do Consumo (Linn), 18, 60, 76, 127-28

crianças pequenas. *Ver* dois anos de idade

Cristianismo, vídeos *Praise Baby*, 89

Csikszentmihalyi, Mihaly, 273

ìcultura da vulgaridadeî, 247

Dance Dance Revolution, 285

democracia: pensamento divergente necessário na, 64-65; incentivando, 277-78

desordem de estresse pós-traumático, 221

desordem do déficit de solução de problemas, 320n3

Disney: grupo *Baby Einstein*, 77, 82, 277-78, 287-88; lealdade à marca promovida por, 87, 246, 251; impacto cultural de, 245-47; e Peter Pan, 51; personagens princesas de, 235-37, 242-46, 252; e estereótipos sociais, 247-49, 251; brinquedos licenciados por, 76, 243

diversidade, 247-50

dois anos de idade: brincar no banheiro, 262-63; e hora de dormir, 36-37; mudanças no brincar de, 33-35; desenvolvimento cognitivo de, 73, 81; e gratificação adiada, 85, babás eletrônicas para, 87; explorações de, 71, 72, 82-83, 267, 270, 271, 274-75; imaginações de, 34; independência em, 309; desenvolvimento da linguagem em, 73-74, 76, 77, 81; limitando tempo de tela de, 291; novos usos para objetos, 34, 282; ìnâoî, 281; em restaurantes, 82-85; e estereótipos sociais, 249; brincar simbólico de, 34

Dora, a Aventureira, 84

Dragon, Oliver J. ìOllieî, 47

DVD players, 48, 50, 68, 85, 221

educação: escolarizar em casa, 298; aprendizado por repetição, 30; mídia de tela como veículo pobre para, 70-71, 76-82; aulas estruturadas de aprimoramento, 30, 45, 283; ensinando para testar, 45

ìefeito Mozartî, 88

Einstein, Albert, 271

Eisner, Michael, 88

ìelaboraçãoî, 102

Elkind, David, 69, 257, 264

Elmo, 60

Emily (cobertor de segurança), 110-11

Emma (injeções), 167-68

emoções, 25; lidando com, 39, 198-200, 208; expressão de, 193-96, 232-33; saídas para, 107-8, 171-72, 232-33; estresse das 160, 166-68

empatia, 279, 282

ensinar em casa, 298

entrenimento educativo, 81-82, 85

Erikson, Erik, 96, 260-61

escolas: levando o brincar para, 295-96; crianças como objetos em, 283; propósito de, 284; recreio eliminado nas, 30, 283; aprendizado por imitação nas, 31; professores como modelos nas, 41; ensinando para testar, 45

esconder, 32, 103, 261

espaço ao ar livre: diminuição, 28, 45, 46, 89, 283; brincar em, 303; recuperação de, 296

espaço transicional, 111, 112

espiritualidade, fascínio em, 271

espontaneidade, construtiva, 100

esportes, organizados, 30-31, 46, 283

estereótipos sociais, 48, 239-42, 244-56

Exército dos Estados Unidos, treinamento do, 220

experiência ótima, 273-74

experimentação, incentivando, 63

falso self, 107, 113, 172

Family Communications, 14, 46

ÍNDICE · 343

fantoche: autora desenvolvendo o uso de, 92, 96, 126-27, 169; influência comportamental de, 126-28; personagens de, 54, 169; interações com, 113-15, 164; múltiplas personas de, 190-91; histórias criadas por, 118, 308; como ferramentas terapêuticas, 92-93, 116-19, 190; e crianças de três anos de idade, 160-62; em espaço transicional, 113; uso em terapia, 14, 24-25, 92-93; estrelando vídeos, 126-28, vozes de, 192-93

fascínio, 270-72

faz de conta: comercialismo vs., 15-19, 28, 60, 251, 280; como mecanismo de elaboração, 18, 35-36, 145, 310; fantasia no, 27-28, 40, 160-61, 167; medos elaborados pelo, 39; para futuras gerações, 311-12; e significado da vida, 28-29, 35, 274; novos papéis testados no, 35, 309; incentivando, 302-5; como brincadeira de fingir, 26-29, 119, 159-61, 164, 191; respostas como influência no, 191; espaço seguro para, 114, 283; tempo passado em, 64, 274, 283

Federal Communications Commission (FCC) 52

Federal Trade Commission (FTC), 220, 287-88

felicidade, chave para a, 17

filmes, classificação 13 anos, 218

filmes: sucesso, 52, antigo, 305; lendo o livro antes, 305; brinquedos relacionados com, 52; violência nos, 217-19, 221-22, 226

Fischer Price, Aprender e Brincar, 70

Flash Gordon, 48, 51

Flash Gordon no Planeta Marte, 48

fluxo, 273

fontes, 313

Freud, Anna, 96

Freud, Sigmund, 96

ganância, 276, 283

genocídio, 249

Grand Theft Auto, série, 219-20

Guerra nas Estrelas, 52

Guerra nas Estrelas, a vingança dos Sith, 217-18

habilidades de solução de problemas, desenvolvimento de, 26, 64, 279, 282, 304

habilidades sociais, desenvolvimento de, 26, 282

Harry Potter, série, 53, 55, 284

Head Start, 91

Heschel, Abraham Joshua, 271

Heyer, Ken, 306

holding, ambiente de, 99, 100, 102, 113, 114, 145

Holocausto, 226

Hotel Ruanda (filme), 226

Homem-Aranha, 218, 229-30, 251

344 EM DEFESA DO FAZ DE CONTA

Howdy Doody (TV), 48
Hulk (filme), 218
Hussein, Saddam, 278

Iill Fly Away (TV), 226
imaginação: crianças, capacidade de, 34, 60, 64, 252, 262-64, 308; controlada pela mídia de tela, 53-54, 231, 251; criando personagens, 60, exercício de, 60, 64, 102, 262; ao ouvir contos de fadas, 222; e vida interior, 96; estimulando, 50, 51, 284; pensamento divergente, 64; e fascínio, 270-72
ambiente "invasor", 100
impulso, controle, 108
interação social, 28-29
International Play Association, 313
Internet: crianças visadas por, 254-55; marketing em, 49-50
inventividade. *Ver* brincar criativo
Iraque, guerra no, 278, 279
Irmãos Grimm, contos de, 237-38, 241
Isabella, vocalizações de, 31

Jessica (brincar repetitivo), 103
Jewish Museum (Cidade de Nova York), 60
Joey (morte da irmã), 148-59
jogos, aprendendo por, 306-7
jogos de contar, 307
Jordan Marsh Christmas Caravan, 124-26

Judaísmo, *Oy Baby* vídeos, 89
Julia (repetindo tema), 224

Kaiser Family Foundation, 49
Kara (quatro anos de idade), 172-96
Kasser, Tim, 274
Kennedy, James T., 123
Kid Power conferência de marketing (2007), 258
Korean Institute for Old-Fashioned Childrenís Play, Songs, and Tales, 43
Kukla, Fran, e Ollie (TV), 47

Leapfrog (companhia), 78-82
Lego Comcentration Camp Set (Libera), 60-64
leitura: maturidade cognitiva exigida para, 222-23, 259-60; criatividade promovida por, 50, 306; e releitura, 51; notas de testes de, 75
Letís Just Play site, 289-90
Levin, Diane, 227-28, 232
Levine, Gail Carson: *Ella Enfeitiçada*, 239
Libera, Zbigniew, 60-64
Linn, Susan: como recreadora infantil, 91; como psicóloga, 24; como terapeuta com fantoches, 14, 24, 92-94, 116-19; carreira de vaudevile, 123-26; como ventríloqua, 14, 24, 47, 123-26; progra-

ÍNDICE

mas de vídeo criados por, 14, 46, 127

livros: criatividade promovida na leitura, 50; ligado à mídia, 53; filmes feitos a partir de, 305; relendo, 51

Lyman, Sammy, 124-26

Magic Moments Learning Seat, 79-82

Maguire, Gregory; *Wicked*, 239

Mahoney, Jerry, 47

maneiras, e falso self, 113

Marcum, J. Paul, 49

marketing: crianças protegidas de, 296; estratégias comerciais, 16, 17-18, 77-82, 86-88, 227, 230, 244, 279, 305-6; enganoso, 287-88; necessidade de limitar, 288; para uma audiência passiva, 278-79

Marley: no parque de diversões, 268-69; autoconforto, 68; cantando, 263; domínio, desenvolvimento da sensação de, 102-3

materialismo, 17

Mattel, 295

Max (três anos de idade); jantando, 71-74

McDonald, Ronald, 285

Media Education Foundation, 313

medo, lidando com, 39, 199

Megan; e novo bebê, 103-7, 114, 196

meninas: idade da puberdade, 255, 260; aprendendo a comprar, 255; e armadilha da princesa, 235-65; sexualização de, 256-57

meninos; e violência, 217-33, 251

Michael (lidando com mudança de escola), 129-45

mídia. *Ver* mídia de tela

mídia de tela: nos assentos traseiros dos carros, 86-87, 307; nos telefones celulares, 84, 306; comercialismo da, 46-49, 50-55, 76, 231, 244-45, 277, 279, 291-92; e brincar criativo, 47-51, 224, 278; como babá eletrônica, 87, 89, 287, 306; extensão de, 49, 50; como formadora de hábito, 56, 68, 74; imaginação prejudicada por, 53-54, 231, 251; impacto da, 55, 229-31; interativa, 50; produtos licenciados vendidos pela, 52, 68, 76, 88, 291, 301, 303; limitando acesso a, 291, 301, 33; enganos parentais sobre, 292-96; visão repetitiva de programas, 52, 231-33; estereótipos mostrados por, 47-48; como ferramentas de îensinoî, 70-71, 76-82; brinquedos ligados a, 52-55, 58, 77, 87-89, 218-19, 228-30, 299; não regulamentada, 220, 291; violência exibida pela, 214, 217-33

Mídia eletrônica. *Ver* mídia de tela

346 EM DEFESA DO FAZ DE CONTA

Miller, Ed, 59
Mini Einstein (Disney), 77
Mister Rogerís Neighborhood (TV), 14, 46, 126
morte, lidando com, 175-76, 186, 192-94
MP3 players, 48, 50, 221
mudança social, trabalhando por, 286-302
MySpace, 254

Nações Unidas: Convenção sobre os Direitos da Criança, 15
National Association for the Education of Young Children, 313
natureza, atividades na, 284, 296
Newton, Issac, 270
Nick.com, 49
Nickelodeon, 48, 49, 55, 84, 226; *Pistas de Blue,* 84, site Letís Just Play, 289-90; e *Bob Esponja,* 52
Nintendo; Wii, 285
No child Left Behind, 30, 296
normas (exigências) sociais, adaptação a, 274-75; resistência a, 44
Números e Rimas (vídeo), 77-78

obesidade, 75
objetos transicionais, 108-12
Olho-Tonto Moody (fic.), 53
Olivia (três anos de idade), 162-64
Optimus Prime, 230
Oy Baby (vídeo), 89

padrões de sono, 75
papel e lápis, jogos, 307
parques, menos acesso a, 46
Pata, Audrey: em seminário acadêmico, 169-71; diálogos da autora com, 94-95, 113, 171, 286, 288-89; conversando no hospital, 24; interações de crianças com, 92, 128, 135, 197-98; e Emma, 167-68; apaixonado por, 250-51; e Kara, 174-89, 192-95; mensagens transmitidas por, 107-8; e Michael, 130-45; e Nickelodeon, 288-91; carreira de vaudevile de, 124-26
pensamento divergente, 64-65
Pequeno Construtor, 62-63
Perrault, Charles, 237-41
pesquisa, fundo corporativo para, 290, 293-94
Peter Pan, 47, 51
Phyen, Haemoon, 43
Piaget, Jean, 71, 96
Pistas de Blue (Nickelodeon), 84
Pokémon, 231
postman, Neil, 257-58, 264
potencial de sonho, 102, 114
Power Rangers, 229, 251
Praise Baby, vídeos religiosos, 89
prazer vs. satisfação, 273
pré-escola, tempo para brincar reduzido na, 30, 45-46
programas de vídeo: para bebês, 68-71, 87-89, 294; em celulares, 84-85,

ÍNDICE

221,306; Family Communications, produtora, 14; marketing de, 87-88, 306; promovendo religião, 89; *Ver também* mídia de tela
provas, padronizadas, 45
psicoterapia, 111-12
Public Broadcasting System (PBS), 76
Pouissant, Alvin F., 69

quatro anos de idade: brincar agressivo de, 225; em papéis maternais, 110, 310-11; brincar repetitivo de, 167, 238-40

raciocínio, desenvolvimento de habilidade de, 26
rádio, criatividade promovida por, 50
raiva: lidando com, 194-95; não expressa, 107
Rauscher, Frances H., 88n
recreio, eliminação do, 30, 283
repetição, 102, 167, 224-26, 231-33
responsabilidade, 287
ressonância magnética, 221
Rich, Michael, 221
Rogers, Fred, 14, 46, 126-27
Rowling, J. K., 284
Rutkauskas, John, 293

Sam (sabre de luz), 217, 218
Sarah: como irmã mais velha, 110; no papel de mãe, 310-11

satisfação, 272
satisfação vs. prazer, 273
Saxe, Susan, 115
Schultz, Charles, *Snoopy*, 109
Seabury, Ruth Tingley, 124-25
segurança, cobertores, 108-11, 112
self: falso, 107, 113, 172; verdadeiro, 113
Sesame Beginnings (vídeo), 294
Sesame Workshop, 49, 88, 294
sexualização, 256-57
símbolos religiosos, 111
situações extremas, lidando com, 128
Smurfs, 250
Snoopy (Schultz), 109
Sofia (três anos de idade), 199
Sophie (dois anos de iaade): e a hora de dormir, 36-37
Stoppard, Tom, 239
Stripe-O, o Palhaço, 124
super-heróis, 225, 230-32

Teachers Resisting Unhealthy Childrenís Entertainment (Truce), 304, 313
Team Baby, 88
tecnologia: avanço, 46-47, 84, 223, 256-57; alcance da, 48; brinquedos munidos de, 56-60, 81; vista como panaceia, 16, 17, 283; reconhecimento de voz, 59
telefones celulares, 48-50; para bebês, 70; conteúdo de mídia em, 84-85, 221, 306

348 EM DEFESA DO FAZ DE CONTA

Teletubbies (TV), 76

televisão: propaganda na, 49; programação depois do horário escolar, 286-87; crianças ocupadas por, 31, 46; desfiles de moda na, 256; desregulamentação pelo governo, 52; como formadora de hábito, 74; produtos licenciados vendidos por, 52, 76-78; limitando acesso a, 299; e obesidade, 75; e padrões de sono, 75; como ferramenta de lensinoî, 70-71, 78; violência na, 218-33. *Ver também* mídia de tela

The War Play Dilemma (Levin e Carlsson-Paige), 227-28

Thomas e Seus Amigos, 82, 84

TIAA-CREF, 297

Tilstrom, Burr, 47

Transformers (filme), 218, 226, 230

trauma: protegendo de, 200-13; estresse do, 221

três anos de idade: e controle, 199; jantando, 71-73; e fantoches, 160-64

Truce (Teachers Resisting Unhealthy Childrenîs Entertainment), 304, 313

Vale, Felicia, 125

VCRs, 52

Verizon, 49, 306

video games, interativos, 219, 220

Vila Sésamo (TV), 87

violência, 214, 217-33; brincar criativo inibido por, 224-26; efeitos sobre o cérebro, 221, 230; nos contos de fadas, 222-23, 237-39; força de, 223-24; ferimentos da, 226; limitando acesso a, 226-28; comercializada para vender produtos, 227-30; em filmes, 218, 221, 226; brinquedos e jogos que promovem, 219-20, 228-30, 251

volição, 272-73

Walt Disney Company. *Ver* Disney

Watterson, Bill: *Calvin e Haroldo*, 109

Webkins.com, 255

Wii (nintendo), 285

Winchell, Paul, 47

Winnicott, D. W., 91-100: sobre potencial onírico, 102, 114; sobre o falso self, 107, 172; *O Brincar e a Realidade*, 92; sobre objetos transicionais, 108-11; sobre espaço transicional, 111

World Wrestling Entertainment, 226

Zen Baby (vídeo), 89

Zero to Three, 87, 294

Zimmerman, Fred, 285

Este livro foi composto na tipologia Garamond Premier Pro,
em corpo 12/16, e impresso em papel off-white 80g/m²
pelo Sistema Cameron da Distribuidora Record
de Serviços de Imprensa S.A.